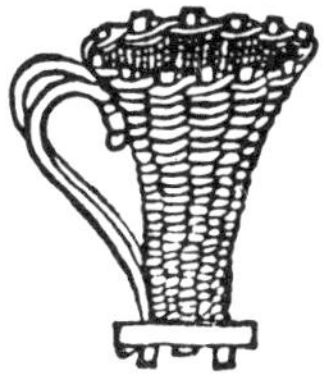

Ein- und Zusprüche

Heinrich Böll

Ein- und Zusprüche

Schriften, Reden und Prosa
1981–1983

Kiepenheuer & Witsch

Umschlag Hannes Jähn, Köln
Gesamtherstellung Bercker, Kevelaer
ISBN 3 462 01646 6

Inhalt

Vorwort zu Walter Warnach, *Wege im Labyrinth*

Wo kämen wir hin, wenn wir uns auf jenen Mechanismus verlassen wollten, den »Funktionieren des Marktes« zu nennen man übereingekommen ist? Der Markt funktioniert nicht einmal da, wo er überschaubar und berechenbar sein könnte: als Arbeitsmarkt oder Markt für Brotgetreide. Arbeitsmarkt? Die kühne und für das Oberhaupt der katholischen Kirche wahrhaft revolutionäre Feststellung, daß Kapital durch Arbeit entstehe, legt den Gedanken nahe, daß die wahren Arbeitsmärkte die Börsen sind. Vor dreißig Jahren schrieb Walter Warnach in der *Welt des Schmerzes*: »Die kapitalistische Wirtschaftsordnung ist nichts anderes als der bewußt oder unbewußt blasphemische Versuch, den Schmerz in den Dienst zu nehmen und sich zum Vollstrekker des Fluches der Erde aufzuwerfen.« Zitieren ist gleichbedeutend mit »herausgreifen«, aber ich denke, hier habe ich einen Satz herausgegriffen, der entscheidend ist, bezeichnend für das Werk Walter Warnachs, und ich greife einen weiteren Satz aus diesem Werk heraus, nicht um »auszuwiegen«, sondern als notwendigen Gegensatz – einen Satz, der sich auf die »marxistisch verwalteten Länder« bezieht: »Sie heben den Fluch der Erde nicht auf, dafür segnen sie die Arbeit.« Nahegelegte Gedanken eines Christen, Ergebnisse langen Nachdenkens, tiefer Meditation, die einer nur annehmen kann, wenn er den gesamten Text liest, aus dem sie sich *ergeben.* Ergebnisse des Denkens, der Meditation, der Zeitbeobachtung aus mehr als dreißig Jahren werden hier vorgelegt, werden auf den *Buch*-Markt gebracht, der sich noch nicht ganz dem Diktat des Verkaufscomputers ergeben hat, aber nahe daran ist, sich dem Zittern jenes Zeigers zu ergeben, der – ängstlich wie ein nervöses rhythmusgestörtes Herz – »den Markt beobachtet« und den Mut zu verlieren scheint, jenen Mut, der den Verleger von Büchern von denen unterscheidet, die notfalls auf »staatliche Subventionen« hoffen können, wenn sie nur genügend Arbeitsplätze in Rechnung bringen können. Was hier vorgelegt wird, ist das Werk – ich wage den Ausdruck –

eines Gläubigen, der seinem Denken keine Grenzen setzt, also keinem entgegenkommt, nicht in die durchaus marktfreundliche Kategorie des Häretikers oder »Häretikers« fällt, und ebensowenig – was ebenfalls marktfreundlich wäre – Kompromisse macht, nicht sich selbst, nicht anderen gegenüber, schon gar nicht in seiner Sprache, die sich dem Verschleiß nicht beugt und nicht eingängig zu machen versucht, was nicht so leicht eingängig zu machen ist.
Ist Erfolg immer auch Wirkung oder nur Wirkung Erfolg? Es gibt wenige Bücher, die auf mich so viel Eindruck gemacht und Einfluß genommen haben wie *Widerstand heute,* ein Buch des verstorbenen Werner von Trott zu Solz, das unter der Verantwortung Walter Warnachs bei Schwann in Düsseldorf erschien; ein Buch, in dem vorausgesehen und heraufbeschworen wurde, was viele Jahre später in der Bundesrepublik sichtbar wurde: Unruhe, Unruhe in einer und über eine allzu selbstgefällige Demokratie allzu rasch Demokratisierter. Die »unruhige Jugend«, vielzitiert, vielbeschworen, gefürchtet, sie wollte wissen, wo ihre Eltern denn *herkommen.* Sie weiß es bis heute nicht, und »Im Gespräch mit der Jugend« wird sie es nicht erfahren, von selbstgefälligen gesellschaftlichen Gruppen und Parteien wird sie immer nur Rechtfertigung, Veteranenstolz, Anbiederung oder Herablassung erfahren.
Erfolg, was ist das? Wäre er nur Wahl- oder Verkaufserfolg, dann allerdings bräuchten wir nicht mehr aus-, nur noch einzupacken. Wie stark das Einpackdenken verbreitet wurde, zeigt sich an den Korruptions- und Bestechungsfällen, die jetzt buchstäblich wie Pilze aus dem Boden schießen. Wo wäre da Platz für einen Gedanken, der sich in der »verlorenen Niederlage« ausdrückt? Nicht jener Vorgang, der mit »Vergangenheitsbewältigung« zu einem tödlichdummen Schlagwort geworden ist, zu einem Marktmechanismus, dem man sich naiv ergibt oder den man zynisch funktionalisiert und absolviert wie eine Litanei, in der sich Rechtfertigung und Reue in abgewetzten Formeln ergänzen und bedingen. Wer könnte Auschwitz je »bewältigen«? Wer könnte je begreifen, daß nicht die Niederlage der Sturz war, sondern das, was nach ihr folgte: der Verlust – nein, nicht der Reue, die läßt sich leicht funktionalisieren – der Besinnung über das, was deutschenmöglich war?

Einpacken und abhauen? Vor was abhauen? Vor der Vergangenheit, der Gegenwart oder der Zukunft? In *Die christliche Ordnung und das Labyrinth des Christen* schreibt Walter Warnach über die Herrschaft, »die in die Hände von Christen übergeht. Der Traum vom ›christlichen Staat‹ und seiner ›christlichen Lebensordnung‹ ist dann, so weiß man sich zu überzeugen, nicht länger nur Traum mehr. Der Bankrott des Humanismus, die totale Orientierungslosigkeit nach 1945 schien seine Realisierung geradezu zu fordern. – Und nun? – Europa diesseits des Eisernen Vorhangs träumt bereits sehr unruhig, und man braucht kein Prophet zu sein, um vorauszusagen: Das Erwachen wird furchtbar sein... Das Christentum, das Frieden mit einer Welt geschlossen hat, in der es nur Erniedrigte gibt, kann nur verraten haben.« Ich greife wieder einmal heraus, was zurück muß in den Zusammenhang des zitierten Aufsatzes, der 1961 in der Zeitschrift *Labyrinth* erschien, um die herum nach *Widerstand heute* Werner von Trott zu Solz, Grieshaber, Warnach und ich uns als Herausgeber gefunden haben. *Labyrinth* – wie man auf dem Markt sagen würde – »lebte« nicht lange, es ging im Labyrinth des Marktes verloren und lebt doch intensiver fort als manches, was dem Markt gefällig war, und manches, was dem Markt gefiel, lebte aus den Gedanken, die das *Labyrinth* bestimmten. Mein Roman *Ansichten eines Clowns* war eine Fortsetzung von *Labyrinth*, war Widerstand gegen die selbstgefälligen Kräfte und Gruppen, die zu ihrem unantastbaren Eigentum erklärten, zu ihrem *eigenen Besitz*, was man nicht besitzen kann wie etwas katasteramtlich Verbrieftes: Christentum und Demokratie.

Nur zögernd greife ich hin und wieder etwas heraus, was wieder in den Zusammenhang dieser Publikation gebracht werden muß, die eine mehr als dreißigjährige publizistische und kritische Tätigkeit umfaßt, eine Publikation, die sich selbst einen – möglicherweise auch für den Autor – überraschenden Zusammenhang gibt. Das Wort »verlorene Niederlage« kann bedeuten: statt Besinnung Besinnungslosigkeit, nicht so sehr auf die bezogen, die sich *nicht* metaphysisch definieren, ganz auf die, die sich mit »christlich« einen Hintergrund und eine Rechtfertigung geben, die nur metaphysisch verstanden werden kann. Leben wir im Labyrinth der Besitz-Christen? Für Besinnung, Rückbesinnung als meditative Anleitung das Wort von der »verlorenen Niederlage« – haben nicht Humanismus, Aufklärung *und* Christentum in Auschwitz ihre Niederlage erfahren? Sie lassen sich nicht auf die immer wieder neu aufgelegte Verdummungsformel Kommunismus-Antikommunismus reduzieren, und ich greife noch einmal heraus aus einem Aufsatz, den Walter Warnach 1961, ebenfalls in *Labyrinth,* veröffentlicht hat unter dem Titel »Die babylonische Gefangenschaft der Natur«: »Hüben wie drüben stürzt man sich mit einer Beflissenheit, die nur Deutsche aufbringen, in die politischen und gesellschaftlichen Organisationsformen, die die beiden Weltmächte jeweils bereit hielten, im Osten gejagt von der nur zu vertrauten Drohung der totalitären Gewalt, im Westen gehetzt von dem Gespenst des Hungers, der Obdachlosigkeit und des wirtschaftlichen Ruins, halb auch schon verlockt von den Wunschbildern des westlichen Wohlstands und dem rasch sich erholenden Vertrauen in die eigene, längst bewährte Tüchtigkeit.« Besinnungslos kapitalistisch, besinnungslos kommunistisch und – für die, die das Christentum besitzen, die es gepachtet zu haben glauben – *besinnungslos christlich?* Ich verweise auf die wenigen »Herausgreifungen«, die ich schon vorgenommen habe; sie sind nur als Hinweise zu verstehen auf ein *christliches* Denken oder das Denken eines Christen, der sich als *Deutscher* versteht (»Die Deutschen sind im wahren Sinne Deutsche, wenn sie mehr sind als Deutsche«, heißt es in dem Aufsatz »Chimären vor Schloß A...haus oder Die verlorene Niederlage«).

Ein solches Denken kann sich nicht in einer Sprache ausdrücken, die Feuilletonredakteure jubeln läßt, es ist tief, auch dunkel und doch *gegenwärtig.* Ließe das darauf schließen, daß auch unsere Gegenwart tief, dunkel ist? Der Gedanke des Leidens und des Opfers steht im Vordergrund des Warnachschen Denkens, nicht nur, aber *auch* der Gedanke der leidenden Kirche, die nicht nur dort als solche zu verstehen ist, wohin allein parteipolitische Plattheit sie plazieren möchte, nicht nur dort, wo sie von atheistischen Systemen verfolgt und unterdrückt ist, sondern auch dort – oder gerade dort –, wo sie als Institution an der Herrschaft teilhat, an Erniedrigung, Unterdrückung mitschuldig ist und Brot *nur* als Brot des Herrn gleichermaßen an Satte und Hungrige gibt und sich um den Markt, auf dem das Brotgetreide gehandelt wird, nicht sorgt. Gedanken, die mir kommen, wenn ich Warnachs Gedanken *nach*denke. Und geschrieben ist das alles von einem Zeitgenossen für Zeitgenossen, natürlich *auch* für die, die das Christentum als ihren Besitz betrachten, und doch, scheint mir, mehr noch für die, denen das Wort »christlich« nicht einmal mehr andeutungsweise Hoffnung oder Vertrauen einflößt; geschrieben auch von einem Deutschen. Werden doch die »sehen, denen nichts über ihn verkündet wurde« und die »verstehen, die nichts gehört haben«. Und haben die, die vom Christentum Besitz ergriffen haben, denen es zur Ruhe, zur Beruhigung und zum politischen Schlagwort dient, »taube Ohren«? *Nach*denken bedeutet ja nicht, einen Denkanstoß kopfnikkend einverständlich in seiner vollen Wörtlichkeit zu übernehmen und damit einzukapseln, Nachdenken setzt in Bewegung, ist Denken *danach.*

Der Erfolg Walter Warnachs ist nicht listenmäßig erfaßt oder erfaßbar: seine Freunde, seine Schüler, Korrespondenzpartner und die Autoren, die er – in den meisten Fällen gegen die Gesetze des Marktes – herausgebracht hat, sind Beweise dafür, wie seine Aufsätze und Reden; die Aufmerksamkeit, mit der er Zeitgenossen aufnimmt und einordnet – das alles macht seine Wirkung aus, die manches Mal in anderer, verwandelter Form auf dem Markt sichtbar wird. Nur Joseph Beuys selbst könnte ermessen, was die sehr frühe Einordnung und auch Rechtfertigung, die er durch Warnach erfuhr, für ihn bedeutet hat, nicht etwa nur für seinen Erfolg, auch für eine mögliche innere Bestätigung, ohne die jeder verloren ist, der sich mitten ins Marktgetümmel begibt. Ich selbst verdanke Warnach mehr, als er weiß und ich hier ausdrücken könnte, vor allem, was die beiden Körper betrifft, aus denen wir beide hervorgegangen sind: Deutschland und die katholische Kirche. Warnachs Gedanken sind nicht meine: ich denke sie *nach,* gerate, gerade weil er nicht Dogmen verbreitet, zugleich in ihre Nähe – und von ihnen weg – anderswohin. Das könnte so klingen, als wäre Walter Warnach einer der ominösen »Stillen im Lan-

de« oder gar eine verborgene »graue Eminenz«; er ist beides nicht, spricht offen und öffentlich, er veröffentlicht, und es ist der Sinn dieser Publikation, was verstreut war und verlorenzugehen drohte, zu sammeln und in seinen Zusammenhang zu bringen; es ist der Zusammenhang eines gläubigen Zeitgenossen, der sich dem Denken ausgesetzt hat.
Der so deutsche Walter Warnach, vom Ausgang her Romanist, hat eine intensive Bindung an die französischen Autoren des »renouveau catholique«, an Bernanos, Péguy, Bloy und Simone Weil, die als Mystikerin zu bezeichnen ich mir erlaube, gerade weil sie sich der Kirche verweigerte. Ein wenig von diesem spirituellen Feuer hätte dem deutschen Katholizismus gutgetan, und es gab ja auch bis in die dreißiger Jahre hinein Einwirkungen und Ansätze, Hoffnungen, die nur in Einzelnen wirksam geblieben sind. Die »verlorene Niederlage« und das Labyrinthische kennzeichnen den deutschen Nachkriegskatholizismus, für den Spiritualität – es gab entsprechende Hirtenbriefe – geradezu verdächtig war, in einem traurigen Ausmaß. Auch er hat die Niederlage verloren, hat sich gesonnt, gesielt und geaalt in den fragwürdigen Gewinnen, die die Niederlage brachte. Was hat diese reichste Kirche der Welt anderes zu bieten als ihren materiellen Reichtum, der oft genug gönnerhaft auftritt; was an denen, die man die »Neureichen« nennt, rührend und hilflos wirken kann, was an diesen »Zöllnern und Sündern« manchmal geradezu schamhaft wirkt – das wirkt an einer »neureichen Kirche« peinlich bis erbarmungswürdig, diese Haut, aus der sie nicht herauskann! Ich wage nicht, Walter Warnach als einzigen dagegen zu halten, der nicht nur gläubig und wachsam, auch treu ist; er hätte hilfreich sein können und kann es noch sein, ganz gewiß, was das unselig-unglückselige Verhältnis der Kirche zur bildenden Kunst angeht. Warnach nennt den Dadaismus die Antwort auf die Materialschlachten des ersten Weltkriegs. Was konnte die Antwort der Kunst auf Auschwitz und Hiroshima sein? Der historische Auftritt von Beuys in Aachen, wo er mit dem umgeknickten Kreuz provozierte und von Katholiken die Nase blutig geschlagen bekam, weil er ihnen blasphemisch erschien? Ist Blasphemie möglicherweise die letzte, verzweifelte Wahrnehmung Gottes, der ja in der Lä-

sterung immerhin noch wahrgenommen wird, während man ihn im Himbeerwasser der scheinbar »heilen Welt« möglicherweise ertränkt? Ich will nichts aus dem, was Warnach über Gegenwartskunst, was er über den Ordnungswunsch, den Ordnungssinn der abstrakten Kunst sagt, »herausreißen«. Was er über Gegenwartskunst zu sagen hat, könnte auch dienlich sein, das unselig-unglückselige Verhältnis der katholischen Kirche zur Literatur der Gegenwart zu beleben. Schon in der *Welt des Schmerzes* spricht er vom »Leistungstaumel«, spricht von der »gnadenlosen Ordnung«, hinter der ich entdecke, was man später, heute immer häufiger, »Sachzwang« nennt. Möglich, daß die kirchliche Kunst, die sich dann leichtfertig gleich »christlich« nennt, im Rausch des Wiederaufbaus, in der Verschwendungssucht des Neureichtums, einem Leistungstaumel erlegen war und sich rasch verschliß: der Markt jedenfalls war groß und gierig, es waren Boom-Zeiten, in denen früh schon »Beuys mit dem armen Material Bildzeichen« setzte.

Da wäre noch viel zu zitieren, auf vieles hinzuweisen, mag das alles, chronologisch geordnet, das eine sich aus dem anderen ergebend, seinen Zusammenhang und auch seine Entwicklung zeigend, für sich sprechen. Es ist das Verdienst von Karl-Dieter Ulke, das Verstreute gesammelt und zu dieser Publikation angeregt zu haben.

1981

Vorwort in eigener und anderer Sache

Es waren gewissen Töne und Untertöne in einigen Kommentaren zum Ausgang meines Prozesses gegen Herrn Walden, die mich veranlaßt haben, einer erweiterten Neuauflage dieser Dokumentation zuzustimmen. Als diese Dokumentation vor zehn Jahren erschien, war ich für mehrere Wochen in der Sowjetunion unterwegs, in verschiedenen »Missionen«, zu denen ich weder verpflichtet noch beauftragt war. Da meine »Mission« weder offiziell, nicht einmal offiziös war, sondern lediglich freundschaftlichen Impulsen entsprang, sehe ich immer noch nicht – und noch lange nicht – eine Veranlassung, ihre Art zu erklären. Eins nur kann ich sagen: eine Erholungsreise war es *nicht,* und was hier dokumentiert wird, diese »liebliche heimatliche Begleitmusik«, hat sie keineswegs erleichtert. Dieser »Mission« wegen, deren Ergebnisse sich Jahre später zeigten, war ich zum Schweigen verpflichtet, während andere sich – wie man in Köln sagt – den Mund »fusselig« quatschten und mir anläßlich dieser Reise in die Sowjetunion mehr Pflichten, Verantwortung und Erfolgszwang aufredeten, als ein ganzes diplomatisches Korps hätte auf sich nehmen können. Es wurden außerdem ausreichend Verdächtigungen ausgestreut, die nur meine russischen Freunde, die ebenfalls zum Schweigen verurteilt waren, hätten widerlegen können. Möglich, daß ich eines Tages die Zeit finde, aus ein paar Notizen und Erinnerungen diese Reise exakt zu rekonstruieren. Ein Detail möchte ich nennen: während in der Springerpresse ablief, was man getrost eine Kampagne nennen kann, war einer meiner Vertrauten in Moskau, fast ein Freund, der Korrespondent der *Welt,* der verstorbene Ulrich Fromm, der meine Position durchaus erkannte, dem aber, wie er mir erzählte, aus seinen Berichten herausgestrichen wurde, was mich auch nur annähernd als »positiv« hätte erscheinen lassen können. Noch einmal: möglich, daß ich das alles einmal eines Tages exakt rekonstruiere. Hinzu kam, daß meine Reise in die Zeit heftigster Auseinandersetzungen um die Ostpolitik der Regierung Brandt fiel und damit zum zusätzlichen Vehikel politischer Polemik wurde.

Was hier dokumentiert wird, ist die sechswöchige Begleitmusik, die liebliche heimatliche »Volksmusik«. Was hatte ich verbrochen?
Auf eine kurze Formel gebracht: mich dagegen gewehrt, daß man Menschen Mörder nannte, denen noch kein Mord nachgewiesen worden war, auch der Mord an dem Polizeibeamten in Kaiserslautern war noch nicht *nachgewiesen.* (Daß der *Spiegel,* ohne mich zu fragen, den Titel meines Artikels änderte, steht auf einem anderen Blatt.) Die Selbstverständlichkeit, daß man niemanden einen Mörder nennen darf, dem noch kein Mord nachgewiesen worden ist, hätte offenbar einer umfänglichen Erklärung bedurft, und es war mein Fehler, daß ich diese nicht lieferte. Man darf eben hierzulande bei den eifrigen, rasch – wohl allzurasch – konvertierten *Neu*-Demokraten nichts als selbstverständlich voraussetzen. Der Artikel war polemisch, er hatte seine Zeit, entsprach ihr und der Stimmung, die damals herrschte. Er war polemisch, aber nicht verleumderisch; er entsprach dem, was ich mir unter Meinungsfreiheit vorstelle; was er außerdem war: er war beleidigend, beleidigend für Herrn Springer, und ich hätte mich nicht gewundert, wäre auch nicht andeutungsweise etwa »gekränkt« gewesen, wenn Herr Springer mich wegen Beleidigung oder Beschimpfung verklagt hätte. Eben das hat er nicht getan; wenn man da von »Schlagabtausch« spricht, müßte man doch bitte auch feststellen, zwischen wem die Schläge ausgetauscht werden; Herr Springer hat nicht getan, was sein Recht gewesen wäre, und er hätte wahrscheinlich vor jedem Gericht auch Recht bekommen, und ich hätte mich ohne Gegenklage diesem Urteilsspruch gebeugt – er hat *nicht direkt* zurückgeschlagen, er hat das seinem – ich nenne es getrost so – »Kardinalskollegium« überlassen; daß diese Kardinäle gleichzeitig Ministranten sind, ist nicht einmal ein Widerspruch: bei hohen Messen, die ein Papst feiert, ministrieren ja auch Kardinäle, und sie fungieren auch gelegentlich als Schleppenträger, schwenken Weihrauchfässer etc., halten Kerzen. Wenn ich auf Springers Kardinalskollegium zu sprechen komme, bin ich gleich bei Herrn Walden, der nun in Gefahr gerät, nach dem Karlsruher Urteil als Märtyrer der Meinungsfreiheit in die Geschichte der Publizistik einzugehen.

Ich sehe einen Zusammenhang zwischen dem *Spiegel*-Artikel vom Januar 1972 und dem Walden-Kommentar von November 1974, ich sehe diesen Zusammenhang als Springer-Zusammenhang; ich sehe meinen Rechtsstreit mit Herrn Walden als einen Rechtsstreit mit der Springer-Presse. Meine letzte Äußerung in Sachen Baader-Meinhof-Problematik fiel im Frühjahr 1972; zugegeben: ich habe resigniert, hatte nicht mehr die Kraft, in diese Begleitmusik hinein *Selbstverständlichkeiten* zu erklären, etwa die Unterschiede zwischen Beleidigung, Beschimpfung, Polemik und *Verleumdung* zu erläutern. Unterschiede, die weder den »Linken« noch den »Rechten«, schon gar nicht dieser berühmt-berüchtigten lauthals schreienden »Mitte«, die merkwürdigerweise immer als die »Schweigende« Mehrheit bezeichnet wird, geläufig waren. Es herrschte fast eineinhalb Jahre Ruhe, eine trügerische Ruhe, bis dann im Frühjahr 1974 in Zusammenarbeit mit einer Polizeibehörde der Springer-Presse – die Schlagzeilen auf der Titelseite waren fast einen Meter hoch – der Lapsus unterlief, eine Haussuchung als bereits vollzogen zu melden, die noch *gar nicht stattgefunden* hatte! Wüste, wilde, verheerende Folgen – ich habe das alles öffentlich erklären und belegen können, und weder der Polizeipräsident von Köln noch die Springer-Presse konnten diesen Belegen widersprechen. Mitten in diese Affäre hinein kam der Besuch meines Freundes Alexander Solschenizyn! – und das paßte nun gar nicht, weder ins Bild noch in »Bild« – und dann auch noch – und das nach Solschenizyns Besuch – die *Katharina Blum,* die wiederum – womit wir fast gerechnet hatten – Grund zu einer gerichtlichen Klage gegeben hätte – und wiederum erfolgte sie nicht, wiederum keine *offene* Auseinandersetzung – statt dessen die Rache des Kardinals Walden anläßlich der Berichterstattung über die Beerdigung Herrn von Drenckmanns.

Noch einmal und noch einmal wiederhole ich: nicht im Traum hätte ich daran gedacht, Herrn Walden zu verklagen, wenn sein Kommentar in der *Welt* oder in *Bild,* in irgendeinem der einschlägigen Blätter gestanden hätte, die ihm ja reichlich zur Verfügung stehen. Was ich nicht einfach und klaglos über mich ergehen lassen wollte, war die Tatsache, daß hier in einem Medium öffentlich-rechtlicher

Art von einem Springer-Journalisten Springer-Rache an mir vollzogen wurde; immer noch bin ich davon überzeugt, daß da geplant, gezielt in die *Bildlichkeit* der Berichterstattung hinein – und das war das Entscheidende – als einziger Name mein Name »gepflanzt« wurde, der ja nicht nur mein Name, auch der meiner Familie ist. Wollte ich wegen jedes Artikels in der Springer-Presse Prozesse anstrengen, etwa gegen den sagenhaften Peter Boenisch, so hätte ich einige Dutzend Male Anlaß dazu gehabt; dummerweise hab ich's einmal getan, so wie ich dummerweise *einmal* Herrn Gerhard Löwenthal verklagt habe. Also: Pleinpouvoir für alle Springer-Kaliber mit all ihren ballistischen Varianten, bitte! Den Journalisten und Publizisten, die sich durch das Karlsruher Urteil in ihrer Meinungsfreiheit eingeschränkt fühlen oder gar die Pressefreiheit bedroht sehen, möchte ich den Unterschied zwischen Meinungs- und Verleumdungsfreiheit ans Herz legen, ein *feiner* Unterschied, der gar nicht oft genug vor Gerichten Gegenstand der Definition sein kann; dieser Unterschied verhindert Polemik nicht, sondern macht sie erst möglich; auch den Unterschied zwischen Beleidigung und Verleumdung gebe ich zu bedenken. Polemik kann ätzend, sie kann sehr verletzend sein und braucht doch nicht Verleumdung zu sein: sie kann boshaft und bösartig sein und immer noch weit entfernt von Verleumdung, und wenn man von »Schlagabtausch« spricht – ein Ausdruck aus dem Boxgewerbe – dann möchte ich, wenn ich schon gelegentlich zuschlage, von dem zurückgeschlagen werden, den ich geschlagen habe, nicht von seinem Kardinalskollegium und der fast unabsehbaren Schar seiner Ministranten; und noch eins: wie steht es mit der »Waffengleichheit«? Es trifft nicht mehr zu, was ich einmal gesagt habe: daß ich *ein* Telefon und *eine* Schreibmaschine habe gegen das ballistisch vielfältige und umfangreiche Arsenal der gesamten Springer-Presse, die Helfer und Helfershelfer genug auch in nicht-springer-eigenen Medien hat. So wurden z.B. Briefe, die ich in meiner Eigenschaft als freier Autor ans ZDF schickte, fotokopiert an den Springer Inlanddienst »geliefert« – in einem anderen Fall, der vom »ZDF-Magazin« hochgeputscht werden sollte, sich aber früh genug als Windei erwies, wurde die Zusammenarbeit zwischen einem

Mitarbeiter des ZDF-Magazins und einem unserer Geheimdienste auf verblüffende Weise deutlich, nein, ich habe inzwischen *zwei* Schreibmaschinen und *zwei* Telefone.
Zugegeben: Ich bin kein Unschuldslamm, schlage gelegentlich zu, selten persönlich. Nach dem Walden-Kommentar kam ja noch so einiges, es kam ja auch noch »Deutschland im Herbst 1977« – eine der widerwärtigsten Epochen der deutschen Nachkriegsgeschichte. Wenn mir Bundespräsident Scheel, damals, etwa im November 1977, einen Orden angeboten hätte, ich hätte ihn möglicherweise sogar angenommen, möglicherweise sogar »stellvertretend« für die vielen, denen damals die Bude auf den Kopf gestellt wurde, in Köln und Umgebung, während, wie sich dann etwas später herausstellte, ein Hinweis auf die Wohnung, in der Herr Schleyer *wirklich* versteckt war, vernachlässigt wurde. Es gäbe da noch viel auf eine fürchterliche Weise Witziges zu berichten: das ist alles dokumentiert, ich will es hier nicht aufzählen, so wenig, wie ich mich verpflichtet fühle, über meine verschiedenen »Missionen« in der Sowjetunion Rechenschaft abzulegen. Was hier neu vorgelegt wird, ist nur ein *Bruchteil* der Begleitmusik, ein ganzes Paket von Äußerungen der Meinungsfreiheit, von Beweisen der Pressefreiheit, von »Ausgewogenheit«. Für mein Verständnis führt eine gerade Linie von dem *Spiegel*-Artikel zu dem Waldenschen Kommentar, von dort – immer mit entsprechender Springer-Begleitung – durch die verschiedenen Instanzen zum Karlsruher Urteil vom 1. Dezember 1981. Weder Unschuldslamm noch Märtyrer bin ich, und ich verstehe sogar eine gewisse Verärgerung in einigen publizistischen Kommentaren zum Karlsruher Urteil, die auf der Tatsache beruht, daß man eben nicht zwischen Polemik/Beleidigung und *Verleumdung* unterscheidet und nicht die zahlreichen Übergänge zwischen diesen dreien beachtet. Ich habe in meinem *Spiegel*-Artikel Herrn Springer beleidigt, sogar beschimpft – verleumdet habe ich ihn darin nicht. Natürlich ist es lästig, das genaue Zitat herauszusuchen, wenn man seine Meinung mit Zitaten belegen will, und es ist schwierig, bedarf einiger Sorgfalt, wenn man aus Polemik die Verleumdung heraushalten muß. Herr Walden hat in Karlsruhe angeführt, er habe nur etwas mehr als eine Stunde Zeit ge-

habt, seinen Kommentar zu schreiben; gerade die Kürze der Zeit hätte ihn zur Sorgfalt verpflichtet, und gewiß war es kein Versehen, daß mein Name – unser Name – in die Bildlichkeit der Beerdigungsfeierlichkeiten hineinverpflanzt wurde.

Dank Günter Wallraff und spätestens seit der abscheulichen Affäre um den »Vampir von Sachsenhausen«, wo sich die kriminelle Brutalität einiger *Bild*-Journalisten offenbarte, ist das »Image« der Springer-Presse, das schon immer mindestens schummerig war, erheblich angeschlagen. Und doch ging kein Aufschrei, nicht einmal ein Auflachen über die Szene, als Herr Springer Peter Boenisch als zu liberal empfand und ihn aus seinen Verantwortungen entließ. Peter Boenisch zu liberal! Hat da keiner mal nachgeblättert und wenigstens den einen oder anderen Leitartikel oder Kommentar von Herrn Boenisch mal nachgelesen? War nicht er es, der *Bild* zu dem gemacht hat, was es heute noch ist? War nicht er der Oberheizer, Kommandant im Maschinenraum auf diesem Seelenverkäufer? Da wurde Boenisch zum Märtyrer der Liberalität herabgeschmunzelt; an die Brust gedrückt haben sie ihn noch nicht, das wird wohl noch kommen, und da gibt es keinen »Radikalenerlaß«, keinen Ausschuß, der die *Bild*-Spur zurückverfolgen würde, eine Spur, die sich oft genug in düsteren Gefilden verlor. Nun hat der Springer-Konzern einen zweiten Märtyrer, diesmal ist es ein Märtyrer der Meinungs- und Pressefreiheit: Matthias Walden. Alle Journalisten und Publizisten sollten darüber nachdenken, ob Meinungsfreiheit nicht ein zu weicher wie zu breiter Begriff ist. In dem hier vorliegenden Buch sind sechs Wochen »Meinungsfreiheit« dokumentiert, nur in einem Fall – im Falle Gerhard Löwenthal – bin ich dummerweise vor Gericht gegangen, dummerweise, weil ich während meines Aufenthalts in der Sowjetunion nicht mitbekommen hatte, daß das ZDF-Magazin inzwischen eine schleimige Art Widerruf gebracht hatte. Zum Glück gibt es Zeitungsausschnittbüros, und alles, was nach dem 23. 2. 72 bis zum Walden-Kommentar am 21. 11. 74 und danach bis zum heutigen Tag aus sämtlichen Springer-Arsenalen gefeuert worden ist – es ist vorhanden. So ist das, was hier vorliegt, nur eine Kostprobe, notwendigerweise publiziert, weil sie zum Anfang einer Auseinandersetzung zurückführt, die noch lange nicht zu Ende ist.

Es ist noch nicht erforscht, wieviel die Bombardements der Springer-Presse, die man getrost mit einer ganzen Batterie von Stalinorgeln vergleichen kann, zur Eskalation der terroristischen Szene beigetragen haben könnte; wer da alles in Verteufelungsecken hineingedrängt wurde, aus denen er nicht mehr herauskonnte, selbst wenn er gewollt hätte; wieviel Verleumdungen, Verdächtigungen, Anspielungen denen zuteil wurde, die keineswegs verharmlosten, sondern nur Proportionen zurechtzurücken versuchten.

Oft genug hat die Springer-Presse nicht nur ihr eigenes Süppchen gekocht; die widerwärtige Brühe, die da in düsteren Küchen bereitet wurde und ans Volk verteilt wurde – trotz ihrer miserablen Qualität auch noch mit Gewinn! –, war den feinen Herren nützlich, die solche Speise verachten und auch deren Köche kaum für gesellschaftsfähig halten, die aber auf höherer Ebene mit verfeinerten Zutaten – statt Sherry ein Schuß mildes Gift in die Schildkrötensuppe! –, auf die Magenverstimmungen der »Masse« vertrauend, ihrem eigenen »gehobenen Publikum« das milde Gift, fein dosiert, sanft ins Süppchen geträufelt, verabreichen konnte, so daß ein merkwürdiges Einverständnis zwischen den gehobenen Kreisen, die geschmackvoll zu speisen geruhen, und den frühmorgens hungrig *Bild*-Verschlingenden entstand. So wurden gewisse Springer-Publikationen – man könnte fast Mitleid mit denen empfinden, die diese Dreckarbeit leisten mußten! – zu Werkzeugen einer äußerst »nützlichen Idiotie«, die es ja nicht nur in der kommunistischen, auch in der kapitalistischen Ideologie gibt.

Wer demonstriert in Port-au-Prince?

Die Herren (und möglicherweise Damen), die da am 10. Oktober 1981 in Bonn ein Flugzeug charterten und das Spruchband »Wer demonstriert in Moskau?« über den grauen Himmel schleppen ließen, haben bei mir keine Provokation bewirkt, eher Meditation. Ich stellte mir den Roten Platz in Moskau vor, der sich so gut für eine Demonstration eignen würde, aber nur pompösen Paraden dient; ich dachte an das Ehepaar Litvinow, das dort mit anderen nach dem Einmarsch in Prag 1968 demonstrierte und sich etliche Jahre Lager und sibirische Verbannung dafür einhandelte.

Replizieren können hätte man den Spruchbandschleppern leicht etwa mit der Frage: Wer demonstriert in La Paz? Sie ihrerseits hätten dann wiederum replizieren können: Wer demonstriert in Prag? Nächste Replik: wer demonstriert in Port-au-Prince auf Haiti? Und so weiter: Teheran, Ankara, Bukarest, Pretoria, Santiago de Chile, Havanna. Gesang und Gegengesang, ein Anbeten von Reflexen und Gegenreflexen, die Köpfe von rechts nach links, von links nach rechts, wie wenn man beim Tennisspiel zuschaut, und vielleicht bleibt der erstarrte Nacken dann links hängen, wo einer gerufen hat: Wer demonstriert in Guatemala City? Oder rechts, wo gerade einer geschrien hat: Wer demonstriert in Addis Abeba? Als ich bei der »Wer demonstriert in«-Litanei die Hauptstädte dieser Erde durchzugehen versuchte, fiel mir auch Monte Carlo ein, dieses an die Côte d'Azur geklebte Pseudo-Manhattan, wer demonstriert denn da außer Nerz und Nutria? Sollte man vielleicht ein paar Dutzend bolivianische Minenarbeiter mit Frauen und Kindern dorthin spedieren, deren mühsam erarbeiteter Mehrwert dort möglicherweise verspielt wird?

Die Frage, die da in Bonn über den Köpfen der Demonstranten am Himmel vorbeigeschleppt wurde, war nicht schlecht gestellt; sie wäre ein guter *Anfang* für eine Litanei. Beantworten könnten die Anfangsfrage ein paar Menschenrechtler aus der Sowjetunion, ein paar Exilierte, die der Entspannungspolitik möglicherweise ihr Leben verdanken, ein paar Emigranten, die den Entspannungspolitikern ihre Ausreise verdanken und hier gegen diese Politiker polemisieren.

Wer hat denn in Moskau – wenn auch nicht mit Transparenten auf dem Roten Platz – demonstriert? Wer in Warschau, als er den vielgeschmähten und vielgerühmten Kniefall tat, und wer hat da den Kniefall geschmäht oder höhnisch kommentiert? Vielleicht gibt es doch noch ein paar Zeitgenossen, die zehn Jahre zurückdenken und sich des Wahlkampfes 1972 erinnern? Wer beklagt denn da, das historische Bewußtsein gehe verloren, und erinnert sich nicht mehr des (eigenen) Gegeifers um die Ostpolitik, die Ostverträge und des freundlichen Slogans: Willy Brandt an die Wand! Man sollte die Protokolle der Bundestagsdebatten über die Ostverträge noch einmal ausgraben, ins Polnische übersetzen und in Polen verteilen, auf daß man sich in Polen noch einmal daran erinnere, wer's denn war, der da WAS FÜR POLEN GETAN HAT, mehr als irgendein Politiker nicht nur der Nachkriegs-, sondern der gesamten deutschen Geschichte. Willy Brandt an die Wand?

Ziemlich kurz scheint mir auch das Gedächtnis des korporierten deutschen Katholizismus zu sein. Da gab's ja wohl mal den »Bensberger Kreis«, der sich sehr früh zur Ostpolitik äußerte und nicht sehr freundlich kommentiert wurde; und wer hat denn bis zum letzten Augenblick die Ostpolitik des Vatikans zu blockieren versucht? So unsagbar innig und herzlich war das Verhältnis zwischen dem deutschen und dem polnischen Episkopat ja nicht immer. Erntet man so Früchte, die man nicht gesät hat, und denunziert die, die sie gesät haben? Die Polen wissen wohl noch, wer ihnen, den permanent Grenzverschobenen, wenigstens den Status quo der jetzigen Grenze garantiert hat. Ob die Polen auch wissen, *wie* rührend es ist, wenn da die deutsche katholische Jugend (aber wer ist schon *die* deutsche katholische Jugend?) für freie Gewerkschaften demonstriert, ermuntert von ihren (kirchlichen) Führern, deren Gewerkschaftsfeindlichkeit notorisch ist? Mag sein, daß die Polen da nicht jedem auf die Finger schauen, der etwas *für* sie tut, mag sein, und möglicherweise wissen die Jugendlichen nicht, für welche Hintergedanken sie und Polen zum Vehikel gemacht werden; mag auch sein, daß man in Verzweiflung nicht so sehr auf Hintergedanken achtet, nur das sieht, was da *vorgehalten* wird, und gewiß sind nicht *alle* Gedanken Hintergedanken; gemischte Gefühle, gemischte Gedanken, gemischte Motive, und es sind die Beimischungen von Unglaubwürdigkeit, die den Polen auf die Dauer nicht helfen werden; manches mag ihnen im Augenblick wohltun, gleich, von wem es kommt; nicht gut tun wird ihnen auf die Dauer, wenn die Regierung der Bundesrepublik Deutschland gegen sie ausgespielt werden soll, von Regierungen in Osteuropa, die sie auf peinliche Weise loben. Von Regierungen im Westen, die sie auf peinliche Weise und aus peinlichen Motiven tadeln. Waren die Deutschen jahrhundertelang die klassischen Kriegslüsternen, sollen sie jetzt die verwerflichen Friedenslüsternen sein? Sollen sie wenigstens rüstungslüstern werden? Merkwürdige Volten werden da geschlagen, wenn man die Friedensdemonstrationen gegen die Verhängung des Kriegsrechts auszuspielen versucht. Offenbar hat die reichlich vorhandene westliche Abschreckungskapazität die Verhängung des Kriegsrechts nicht verhindert; hätte eine noch höhere Rüstung, hätten die Raketen und Neutronenwaffen ähnliche Maßnahmen verhindert? Anwendung wird doch angeblich nicht erwogen, oder? Ein Entgegenkommen oder gar Geschenk für die Friedensbewegung ist die Entwicklung in Polen gewiß nicht, ob sie ein Geschenk für die Rüstungslüsternen ist? Frieden in Polen, um Polen, für Polen – dahin führt der Weg gewiß nicht, den man dort eingeschlagen hat. Das so freundlich klingende Wort Normalisierung ist ja gleichbedeutend mit Friedhof, was nicht gleichbedeutend mit Friedhofsruhe ist; wie soll ein Land ohne Kommunisten kommunistisch werden oder bleiben?

Die Sowjetunion hatte eine Chance, eine nicht nur weltpolitische, eine weltgeschichtliche Wende zuzulassen; ob die Vereinigten Staaten in ihrem Machtbereich eine vergleichbare Wende zulassen würden, ist für die Polen uninteressant, aber interessieren müßte sie die Glaubwürdigkeit der Vereinigten Staaten, die in Mittel- und Südamerika auf dem Spiel steht. Darf man alles sein, alles tun, wenn man nur nicht kommunistisch oder »kommunistisch« ist? Darf man

Diktator, Mörder, Folterer, Gangster, darf man alles sein, wenn man nur das eine nicht ist und für das andere nicht gehalten wird? Das ist eine krankhafte Alternative, die den Polen nicht hilft. Darf man Baby Doc sein, wenn man nur nicht kommunistisch ist?
Wie segensreich ist das freie Unternehmertum für Haiti? Darf man diese Frage noch stellen, und darf man die Frage stellen: Wer demonstriert in Port-au-Prince? Ich bin zu feige dazu, aber vielleicht könnten ein paar amerikanische Abgeordnete es riskieren? Ich bin auch zu feige, mir ein Transparent unters Hemd zu stecken, nach Prag zu fahren, dort das Transparent zu entrollen: *Freiheit für Vaclav Havel!* Mut hat viel, vielleicht sehr viel mit Nerven zu tun, und ich habe weder den Mut noch die Nerven. Vielleicht hat der Bischof von Essen, Herr Hengstbach, den Mut und die Nerven, sich ein Transparent unter die Soutane zu klemmen, nach La Paz zu fliegen, dort sein verstecktes Mitbringsel zu entfalten: *Freie Gewerkschaften für Bolivien!*
Es könnte den Polen helfen, weil die Glaubwürdigkeit ihrer Freunde deren Hilfe und Unterstützung glaubwürdiger macht. Allzu leicht vergißt man, was Umstürzler und Revolutionäre für ein ökonomisches Erbe übernehmen: etwa in Nicaragua; man vergißt auch, wenn man schon die Zahl der Opfer ins Spiel bringt, sie in Proportion zur Bevölkerungszahl zu setzen: dann würden 50000 Somoza-Opfer zu 5 Millionen in der Sowjetunion, zu mehr als 600000 in Polen. Nein, da ja nicht die Zahl der Toten zählt, sondern nur die *Gesinnung* der Tötenden, ist die Regierung in San Salvador »nicht schlimmer« als die gegenwärtige in Polen, »oder auch nur genauso schlimm«, wie Henry Kissinger meinte. Schlimm ist der krankhafte Antikommunismus der Vereinigten Staaten, der immer mehr »Kommunisten« schafft.
Schweigen wir von Herrn Pinochet. Der zittert ganz gewiß um die freien Gewerkschaften in Polen, betet wahrscheinlich für sie, während er durch seine bloße Anwesenheit in der Kathedrale von Santiago Hochämter zur Peinlichkeit macht. Vielleicht ist der Tag nicht mehr allzu fern, an dem wir einen Nachfolger von Breschnew in einem feierlichen orthodoxen Gottesdienst bewundern können. Ich halte das nicht für unmöglich. Was dem russischen Imperialismus

noch fehlt, ist die Rückkehr zur Orthodoxie. Nichts deckt Korruptheit besser zu als öffentliches Beten. Dann erst, wenn die Kreml-Herren reumütig vor der Ikonostase zu sehen sein werden, wäre die Entspannung vollendet, dann wären beide Supermächte christlich, mit ihnen ihre Atombomben, oder würden dann die Fundamentalisten im Osten ihre Atombomben für die ketzerischen Fundamentalisten im Westen bereithalten?

Die Polen werden wohl wissen, daß in Mittel- und Südamerika katholische Priester und Nonnen nicht nur schikaniert, auch ermordet werden und daß nach Maßgabe eines streng konservativen, unternehmerorientierten brasilianischen Bischofs ein Drittel des brasilianischen Episkopats »kommunistisch« ist, das wären schätzungsweise siebzig bis achtzig Bischöfe. Es sind die, die ihre Leben aufs Spiel setzen, um entrechteten Bauern, die von Vertreibung und Enteignung bedroht sind, beizustehen; die für Streikrecht eintreten; es sind die, die das tun, wofür »Solidarität« kämpfte; es sind die, die den US-Konzernen immer lästiger fallen, die immer wieder die Frage stellen: Wem gehört diese Erde?

Oh, Baby Doc, du milder Schirmherr des freien Unternehmertums, betest du auch fleißig für Polen?

In memoriam Paul Schallück

Ob Paul Schallück dreiundzwanzig Jahre später sein Porträt der Stadt Köln bekräftigen, variieren oder korrigieren würde? Ob der Enthusiasmus, mit dem er die Vielgesichtigkeit Kölns preist, sich gehalten hätte? Und: Hat man möglicherweise gar kein Gesicht mehr, wenn man so viele Gesichter hat? Ich weiß nicht, ich kann Paul Schallück nicht fragen, er lebt nicht mehr, und ich fühle mich nicht berechtigt, seine Gedanken weiterzudenken. Möglich, daß auch er mich gefragt hätte, was so viele Freunde sich und mich fragen: Wie ich denn ohne Köln, außerhalb Kölns leben könne? Merkwürdige Frage. Das meiste, was ich über Köln geschrieben habe, habe ich in weiterer Entfernung von Köln geschrieben, in Irland, in Italien, und die »Sensation«, die es angeblich bedeuten soll, daß ich nun Köln auch als zweiten Wohnsitz aufgebe, ist – wie so viele »Sensationen« – keine. In den vergangenen acht bis zehn Jahren bin ich insgesamt nicht viel länger als ein halbes Jahr in Köln gewesen. Köln als »Stoff«? Es ist gar nicht gut, so nahe am »Stoff« zu wohnen, falls es überhaupt noch »Stoff« ist. Der tödliche Ernst der professionellen Elferratskarnevalisten, der gelegentlich als humorloser Humor sich gebärdet? Den werde ich bestimmt nicht vermissen. Raketen? Wenn schon, dann eine für die Frechheiten der Trude Herr. Keine Rakete für die Ruhe in den romanischen Kirchen, verloren im Autolärm, am tiefsten die Ruhe tief unter Sankt Severin, wo Köln beginnt. Heidnisch, römisch, christlich? Ja, sicher ja, gewiß – sogar deutsch, und das ist am schwierigsten zu vermitteln: das deutsche Köln. Klingt fast wie ein Widerspruch, wo doch selbst Kölns Gemütlichkeit deutsch ist, und das bedeutet: ein bißchen unheimlich, sozusagen nicht ganz geheuer, wenn unter der Wärmlichkeit die Kälte spürbar wird; wärmlich, nicht warm und ziemlich selbstgefällig: Humor verpflichtet, und ich kann mir keine schrecklichere Pflicht denken als die Pflicht zum Humor. Mein Bedauern gilt den Stadtvätern aller Kategorien, die da *müssen:* schunkeln, hopsen, dabeisein, möglichst sogar noch witzig, wahrscheinlich fällt das den in Köln Geborenen manchmal schwerer als den Zugewanderten, die die Funktion des Humors oft schneller begreifen: Kumpel, Kumpane, Schulterklopfen. Mit Humor geschlagen, zum Humor verpflichtet – da vergißt man leicht, daß es ein ernstes, stilles Köln gibt, sogar ein nachdenkliches, ein rebellisches – die kommerzialisierte Verflachung des Humors verdeckt Köln eher, tut ihm unrecht, es gibt sogar – über jeden Tinnefhumor erhaben – ein beschauliches Köln, ein schweigsames Köln, das den Lärm verabscheut und verachtet. Auf dem Markt sind diese Kölns nicht zu finden, sie zeigen sich nicht, ebensowenig wie ein weiteres Köln: das fromme, das nichts mit dem heiligen zu tun hat; das heilige Köln bezog ja seinen Ruf aus der *Anzahl* der Kirchen und Klöster, wie das verrufene Köln seinen Ruf aus der *Anzahl* der Dirnen bezog, und ich weiß nicht, was die Stadt anziehender (oder abschreckender) gemacht hat: das Heilige oder das Verrufene, das Eltern veranlaßte, ihren reiselustigen Söhnen zu raten, Köln zu meiden, zu umgehen; möglich, daß Köln zu oft umgangen worden ist, um als deutsch in die Vorstellung der Deutschen einzugehen. Noch vor wenigen Jahren fragte mich ein durchaus gebildeter und seriöser Journalist, ob ich mich denn als deutsch empfinde; die Frage hat mich gekränkt, und ich warte immer noch auf die Gelegenheit, mit dem Journalisten, einem Deutschen, ausführlicher über das Überraschende an seiner Frage zu sprechen, als es damals möglich war. Zugegeben: Heim ins Reich brauchten wir uns nie zu wünschen, wir waren immer drin, und weiterhin zugegeben: Preußen wurde nie so recht als Heim empfunden, und »heim nach Preußen« wäre ja wohl nicht gleichbedeutend mit »heim ins Reich«. Möglicherweise werde ich jetzt, wo ich auch einwohnermeldemäßig aus Köln wegziehe, öfter dort sein als früher: nicht mehr Einwohner, Besucher, der kein Bett mehr dort stehen hat, in dieser autobahnumschlungenen, ja von Autobahnen umzingelten, von Autostraßen zerschnittenen Stadt, die kaum noch »Stoff« ist; Stoffe verschleißen ja bekanntlich.

Paul Schallück hat Köln geliebt; mir ist es beides: selbstverständlich und *fremd,* nicht Liebe, nicht Haß, nicht Gleichgültigkeit, ich bin dort geboren, Kölner, und habe mich merkwürdigerweise nie »kölsch« gefühlt; bekennen will ich:

Immer, wenn ich während des Krieges mit dem Zug über die Hohenzollernbrücke rollte, vom rechten aufs linke Rheinufer, fühlte ich mich – entgegen aller Ratio – sicherer, mehr zu Hause, geborgener, und vielleicht ist das das wahre Kennzeichen des linksrheinischen Kölners, dieses Gefühl, das Nichtkölner wohl nicht teilen, nicht verstehen können, Nichtkölner, die ansonsten gewöhnlich »kölscher« sind und werden als die Eingeborenen; ich weiß nicht, ob Paul Schallück dieses Gefühl gekannt, vielleicht erworben hat. Ich spürte es noch vor wenigen Tagen, als ich aus Norddeutschland zurückkam und die alten Kennzeichen der Heimkehr vom Zug aus im Dunkeln entzifferte: Felten & Guilleaume, Mülheim, den Deutzer Bahnhof, das Messegelände, und dann – immer verhält der Zug ein wenig – das Rollen über die Brücke, den Rhein, und mir fiel wieder die verstorbene Elisabeth Witsch ein, geborene Deux, die sich mit einer Leidenschaft, fast mit Wildheit – und erfolgreich! – dagegen wehrte, ins Rechtsrheinische verpflanzt zu werden, was er, Joseph Caspar, in Kalk geboren, nicht verstand.

Weitere Kölner Kontraste kann ich nur andeuten: Das Marx & Engelssche Köln, das Köln Georg Weerths – das Köln der ersten Kommunistenprozesse (die nicht die letzten waren) und das Köln Adolf Kolpings, der gleichzeitig mit Marx und Engels hier lebte und gründete. Warum hat Köln kein Marx-Denkmal? Der Mann mit dem wilden Bart würde sich gut ausmachen gegenüber dem sanften Kolping, der ja auch ein Autor war. Rheinische Zeitung, zwei gab's davon; gibt's wenigstens eine Plakette an den Häusern, wo sie gedruckt und redigiert wurden? Oder will Köln seine kommunistische Vergangenheit, seine Bedeutung für die sozialistische Bewegung verleugnen? Das wäre schade. Immerhin waren's rheinische Liberale, die Marx das Kapital gaben, um gegen den Kapitalismus zu schreiben. Das waren noch Zeiten!

Nur eins noch: Den Rhein, ja, den Rhein, der Köln zu einer Brückenstadt gemacht hat, zu einer Stadt, in der so manches »überbrückt« worden ist und wird. Sollte da keiner, notfalls die CDU, für Marx und Engels »eine Brücke bauen«?

Vorwort zu Vilma Sturm: *Mühsal mit dem Frieden*

Mühsal ist das einzig zutreffende, ein gutes Wort für diese Kleinarbeit, die hier geschildert wird; eine wahrhaft mühselige Bemühung und Mühe, dieses Milieu, dem das Nachdenken in politischen Fragen abgenommen worden ist, das dieses Nachdenken delegiert hat, ans Nachdenken zu bringen. Dieser Mühsal entspricht die Mühelosigkeit, mit der die katholischen Verbände seinerzeit auf Wiederbewaffnungskurs gebracht worden sind. Mühelos, gedankenlos, konfliktlos – dafür haben die Damen und Herren gesorgt, die diese Verbände seinerzeit führten. Sie haben wohl weniger Mühe gehabt, weniger Konflikte gespürt, sich weniger Gedanken gemacht als Adenauer selbst, dem das alles gewiß nicht so leicht gefallen ist, wie es in den katholischen Verbänden dann durchging. Möglich, daß einer mal in die Archive hineinsteigt, Notizen auswertet, Protokolle publiziert und analysiert, wie es möglich war, daß nach *diesem* Krieg der Verbandskatholizismus so mühelos auf Gleichschritt gebracht werden konnte. Das (vorläufige) Endprodukt dieser Vordermann-Politik ist der Beitrag des Zentralkomitees deutscher Katholiken zur Friedensdiskussion, ein Papier, das Walter Dirks zutreffend ein Nato-Papier genannt hat. Ist der deutsche Katholizismus in seiner Korporiertheit also ein Nato-Katholizismus? Offenbar ging dieses Papier nicht mehr ganz so mühelos durch die Abstimmungen in diesem merkwürdigen Parlament, von dem niemand so recht weiß, wer da wen vertritt. Vertritt das Zentralkomitee wirklich die statistisch erhebliche Anzahl von schätzungsweise etwa 25 Millionen deutscher Katholiken? Stimmt es, wenn da im Namen dieser 25 Millionen gesprochen und verkündet wird? Sind nur organisierte Katholiken Katholiken?

Woher kommt die Angst, die Vilma Sturm befällt, wenn sie vor Kirchentüren Flugblätter verteilt? Es ist die Angst vor diesem Milieu, das sich nicht mehr artikulieren kann, sich nur noch artikulieren *läßt;* es ist ungreifbar, fast schon unangreifbar, ein enorm politisches, extrem politisiertes Potential, eben weil es sich der politischen Nachdenklichkeit enthält; es hat nicht nur sein Nachdenken, auch seine Erinnerung abgegeben. Welche Mühsal, dort »eindringen« zu wollen. Bewundernswert die Geduld, die Sorgfalt, die Gewissenhaftigkeit, mit der Vilma Sturm mit Bischof Moser korrespondiert, ihn veranlassen möchte, ihr Papier in der Kirchenzeitung zu veröffentlichen. Wußte sie nicht, daß Kirchenzeitungen gar nicht offiziell, sondern nur »offiziös« sind? Wußte sie nicht, daß wir in einem freien Land leben, daß ein Bischof natürlich nicht in die redaktionellen Entscheidungen einer Kirchenzeitung eingreifen kann? Offiziös, das ist das Wort; es ist ein schlüpfriges Wort, und es ist ja auch Schlüpfrigkeit, mit der man bei Aufrechterhaltung des Zölibat die zahlreichen Umgehungen herunterschmunzelt; da wird den Betroffenen und Betreffenden ja auch die Mühsal der Ehe erspart; was freudig, aber auch schmerzlich, mühselig, auch tragisch an nicht ehelichen Verbindungen sein könnte, gerät in Gefahr, in einer Art Herrenwitz-Schmunzelei verschlissen zu werden –, so könnte amtlicherseits »mühelos« werden, was im Einzelfall undenkbar ist: ob ehelich oder nicht ehelich miteinander verbunden, Mühe bleibt nicht erspart. Auf vergleichbare Weise hängen gelassen und hängen geblieben sind alle jene Gewissenhaften, für die der Kontinent von Problemen, den man kurz und grob »die Pille« zu nennen beliebt, schmerzensreiches Gelände geblieben ist. Mühelos *scheinen* die deutschen Katholiken sich mit jeglicher, auch der fürchterlichsten Aufrüstung abfinden zu wollen. Das »lieber rot als tot« und sein Zwilling »lieber tot als rot« machen es ihnen wieder einmal leicht: haben sie, und alle jene, die diese mörderischen Slogans erfinden und sich ihrer bedienen, je überlegt, wieviel Menschen »rot« leben und doch nicht sterben möchten, welche unmenschliche Arroganz in diesen Alternativen steckt? Im übrigen werden wir wahrscheinlich nicht gefragt werden, welche Farbe wir wählen möchten: ob grün, gelb, blau oder rot ... die meisten von uns würden schwarz, nämlich verkohlt sein, wenn ein Krieg ausbräche. Die Absurdität der Rüstungsplanung – *sie* ist irrational, Vilma Sturm betont es – macht doch Gedanken, unter welchem politischen System wir leben möchten, nebensächlich. Was wird denn aus unserer Freiheit, wenn der *Sachzwänge* immer mehr und der

Zwang, den sie ausüben, immer würgender werden, wenn ein Sachzwang den nächsten gebiert? Ein merkwürdiges Wort, Sachzwang, höchster philosophischer und theologischer Betrachtung wert, ein Würgewort.

Wird unsere Freiheit nicht von Personen, nicht von Systemen, sondern von *Sachen* begrenzt? Wäre es möglich, daß wir gar keinen politischen System-Totalitarismus zu fürchten haben, daß die Totalität der *Sachen* und ihrer *Zwänge* uns in ein System hineinwürgen, aus dessen Verknotungen wir nicht mehr herausfinden?

Die Mühsal, die Vilma Sturm schildert, gilt dem Milieu, aus dem sie stammt, an dem sie hängt, das sie zum Nachdenken auffordern möchte; trotz aller Rückschläge und Enttäuschungen, die sie erlebt, Enttäuschungen, die immer noch aus zu hoher Erwartung gegenüber der deutschen Amtskirche resultieren, sind ihre Erfahrungen nicht entmutigend; entmutigend sind sie, was die deutsche katholische Amtskirche betrifft und den Verbandskatholizismus; entmutigend ist die Tatsache, daß es kaum ein katholisches Publikationsinstrument gibt, das nicht den Stimmvieh-Standpunkt vertritt; aber nicht die gesamte Anzahl der deutschen Katholiken ist ja amtskirchen- oder verbandsgebunden oder auf katholische Publikationsinstrumente fixiert. Vielleicht wird uns nach der »Theologie der Befreiung« doch eines Tages die »Theologie der Sachzwänge« beschert und den Litaneien ein Vers hinzugefügt: Von den Sachzwängen erlöse uns! Möglich auch, daß die Zeit der Mühelosigkeit, mit der man deutsche Katholiken auf Vordermann bringen konnte, vorbei ist – und das ist ermutigend.

Brief an Walter Jens

Für Veteranen, lieber Walter, habe ich mich nie *ganz* begeistern können; Respekt mischte sich mit Mißtrauen, und oft genug war das Mißtrauen größer als der Respekt, auch, wenn ich sie in Prozessionen oder bei Aufmärschen mit- oder meistens hinterherhumpeln sah. Eine Erklärung für diese sehr eingeschränkte Hochachtung habe ich in mir noch nicht gefunden; die muß tiefer sitzen, als ich bisher vorgedrungen bin. War das angeboren oder mitgegeben? Ich weiß nicht, weiß nur, daß diese Einschränkungen schon da waren, bevor unser guter Lateinlehrer uns an Hand von Plautuskomödien das Bramarbasieren erläuterte. Man nennt die Veteranen ja wohl auch »alte Garde«, und klingt da nicht »Held« mit oder wenigstens an? Sollte einer schon deshalb ein Held sein, weil er *mit der Zeit, in ihr* alt geworden ist? Wird man durch *Erleben* der Zeit, seiner Zeit, ein Held, und klingt bei »Garde« nicht »Hüter« mit? Kein Veteranentreffen, das nicht seine Peinlichkeit hätte, und diese Peinlichkeit ist international; da klirren die Orden, die einer bekommen hat, und auch die, die er nicht bekommen hat, weil er sich doch nie vorgedrängt hat, zu bescheiden war, sich nie ins rechte Licht gerückt hat oder gerückt worden ist. In unserem so mit Veteranen gesegneten Land, wo selbst die Enkel der Veteranen noch auf die Tatsache stolz sind, daß ihre Großväter zur »alten Garde« gehörten, machte mich der Gedanke, wir, du und ich, könnten Veteranen sein, bange. Natürlich: alt geworden sind wir *mit* der Zeit, *in* ihr, möglicherweise *an* ihr; dekoriert sind wir auch (wenn's auch nicht immer klirrt, sondern nur, wie es sich für Papier gehört, raschelt!). Sind wir Veteranen der Demokratie oder gar Veteranen einer demokratischen Literatur? Alte Garde, Helden? Haben wir nicht dieses und jenes getan, sogar erduldet, bedienen uns gelegentlich der nostalgischen Notenschlüssel »Weißt du noch?«, wenn wir einander auf die Schulter klopfen, und des zweiten, »Ihr müßt doch wissen!«, wenn wir Jüngeren belehrend die Zeit zu deuten versuchen, mit der wir alt geworden sind, die Zeit, die wir begleitet haben und die uns begleitet hat. Schlimme Beschäftigung, finde ich, und doch erliege ich ihr häufig, wenn mein Mißtrauen mir gegenüber schlapp wird. Ist von sich selbst erzählen, aus »seinem Leben« erzählen, nicht immer Bramarbasieren? Da werden auch Niederlagen und Fehler, Reinfälle und Versager, Pleiten zu Erfolgen, unmerklich zu Heldentaten, die man sich an die Brust heftet. Hier liegen auch die Tücken der Bescheidenheit der Tiefstapler und derer, die sich selbst erniedrigen. Da betont einer möglicherweise seinen geringen Rang, seine geringe Bedeutung, um eine höhere Einschätzung zu provozieren. Mag einer auch *nur* Veteran sein, er *wirkt* wie ein Held. Veteranen sind wir, notgedrungen, riechen nach alter Garde, sollen wir uns damit abfinden, des Heldentums verdächtig zu sein? Haben wir uns gar um das Vaterland verdient gemacht? Um Gottes willen, Momos, die Sache wird ernst, Zeit für eine Komödie: der Junge Walter Jens, der den älter gewordenen beobachtet, B. als Junge beobachtet den altgewordenen, der »die Zeit nicht mehr versteht«, und versetzt gleichzeitig einen, der so jung ist, wie er damals war, ins Alter, stellt sich vor, wie die, die heute jung sind, als Veteranen aussehen werden; mein Gott, wie schnell wird man heutzutage ein »Opa«. Trau keinem über dreißig! Das war nicht so ganz unberechtigt. Soll man denen über sechzig trauen? Nicht nur manche, viele von ihnen haben ja doch »durchgehalten«, Du auch, ein tapferer Republikaner, und ich füge dem, was da in Schrank oder Schublade raschelt, etwas hinzu, bin sogar bereit, mir hin und wieder ein »Weißt du noch?« zu gestatten, und denke doch, je mehr ich *mit der Zeit* altere, immer häufiger an jenen chinesischen Weisen, den ich aus einem Salinger-Roman kenne: Auf dem Sterbebett interessierte ihn nichts mehr als der Klatsch der Waschfrauen, die am nahen Flußufer die Wäsche spülten; ganz verrückt war dieser Veteran der Weisheit auf dieses merkwürdige, nie so recht definierte Etwas, das man das *wirkliche Leben* nennt.

Ich kann kaum glauben, was ich von mir selbst auch nicht glauben wollte, als es soweit war: Sechzig! Und immer noch der blasse blonde Hamburger Junge, der als Momos den Finger hebt zum Heile der Republik, des Fußballs, in strenger demokratischer Frömmigkeit. Wem man den Jungen nicht mehr ansieht, der er einmal war, wer seine Zeit verlassen oder hinter sich gelassen hat, der ist wirklich alt geworden.

Nur ein »Schnäppchen«?

Leserbrief zu Henry Kissinger, *Memoiren I*

Wenn Herr Dr. Kissinger anzudeuten versucht, die US-Regierung hätte an der Destabilisierung der Regierung Allende keinen Anteil, so hat er möglicherweise einige Kleinigkeiten vergessen, die in den USA öffentlich bekannt wurden.

Im amerikanischen Nachrichtenmagazin *Newsweek* vom 14. November 1977 war ein Bericht über eine Gerichtsverhandlung gegen den ehemaligen CIA-Chef Helms publiziert; ihm wurde, nachdem er es einige Male geleugnet hatte, nachgewiesen, daß er 8 Millionen Dollar zur Verfügung gestellt hat, um in Chile jenes Chaos herbeizuführen, das zum Sturz und zur Ermordung Allendes geführt hat. Der größte Teil der 8 Millionen diente zur Unterstützung der streikenden Transportunternehmer, die eben jenes erwünschte Chaos bewirkten. »Mit Schande und Unehre bedeckt stehen Sie nun vor diesem Gericht«, begrüßte der Richter den Angeklagten. Helms wurde also angeklagt, er wurde verurteilt und doch praktisch freigesprochen.

Die Worte »deal« und »bargain« spielten während der Gerichtsverhandlung eine entscheidende Rolle. »Deal« kann man wohl mit »Handel« übersetzen, »bargain« hat verschiedene Bedeutungen, eine seriöse, die »Abmachung« oder »Übereinkunft« bedeutet, es kann aber auch »Schnäppchen« bedeuten.

Die »ausgehandelte Abmachung« wurde für Helms zum »Schnäppchen«, er bekam eine Geldstrafe von 2000 Dollar; man hätte ihn auch des Meineids anklagen können, das hätte bis zu fünf Jahren Haft einbringen können. Vor Gericht sagte Helms: »Ich wollte nicht lügen. Ich wollte den Senat nicht irreführen. Ich habe einfach versucht, in einer schwierigen Situation einen Ausweg zu finden.«

Helms hatte sich tatsächlich in einem unlösbaren Konflikt befunden: Sein Amtseid als CIA-Chef verpflichtete ihn, die Manipulation zu verschweigen; er hätte sowohl die Operation gegen Allende gefährdet wie seine Agenten in Lebensgefahr gebracht.

Vielleicht sollte man Geheimdienstchefs wirklich nicht vor ordentliche Gerichte zitieren: *Alle* Gesetze, geschriebene, ungeschriebene und dazu noch moralische, die können sie nun wirklich nicht einhalten. Sonst wären sie keine Geheimdienstchefs.

Es mag ja sein, daß Dr. Kissinger von all dem nichts gewußt hat, es nicht wissen wollte oder wissen durfte. Es mag ja sein, daß er's einfach vergessen hat. In einem Leben, das so sehr von Aktivitäten und Aktionen erfüllt ist, ist die Destabilisierung eines südamerikanischen Staates möglicherweise ein Bagatellfall, und angesichts der Vielzahl vergleichbarer Bagatellfälle wäre eine gewisse Vergeßlichkeit sogar verständlich.

Breschnews Fahrstil, sein Jagdeifer und die Tatsache, daß Nixon ja *eigentlich* ein prima Kerl war: schüchtern, sanftmütig, liebesbedürftig (was wir *eigentlich* ja alle sind) – das ist alles natürlich viel interessanter als die Kleinigkeit Chile und das »Schnäppchen« Pinochet, von dem sich eines Tages gewiß herausstellen wird, daß er ist, was wir alle *eigentlich* sind: schüchtern, sanftmütig, liebesbedürftig.

Nachsatz: Kürzlich bekam Helms von Präsident Reagan einen Orden verliehen.

Was ist aus uns geworden?

Vorwort zu Tisa von der Schulenburg, *Was ist aus uns geworden?*

Diese Zeichnungen, knapp, treffend, sind nicht im Atelier entstanden, *unterwegs* im Nachkriegschaos hat die Autorin *festgehalten,* was ihr durch Kopf und Herz in die Hand fuhr, mit dem Tuschpinsel aus der Hand aufs Papier, Zufallspapier, wie es ihr gerade zufiel oder gar zuwehte, Reste, Packpapier, Tüten; es war das der Zeit angemessene Material. Papier war knapp, es war armes Papier in einer armen Zeit, und was auf diesem Zufallspapier, unterwegs in einem alten Wehrmachtsfunkanhänger, festgehalten wurde, hat sich als überraschend dauerhaft erwiesen. Ich nehme an, daß die Autorin nicht an Kunst dachte, nicht an Ausstellungen oder gar an Kunstmarkt: Sie sah, zeichnete, hielt fest. Was sie sah, wie sie zeichnete, ist ohne jede Beimischung von Nostalgie, voll Erinnerung und in seiner Flüchtigkeit dauerhafter als manches Dokument aus dieser Zeit. Flüchtigkeit, das betrifft nicht den Ausdruck, der hier sichtbar wird, er ist treffend, und, weil ohne Ambition, nirgendwo verwischt, eben nicht impressiv oder gar impressionistisch, ist völlig undekorativ, hart ohne Härte den gezeichneten Personen gegenüber; eine harte Zeit wird sichtbar an den Menschen, die ihr ausgeliefert waren. Wenig Beiwerk: eine Schüssel, eine Bank, ein Eßgeschirr, ein Sack über der Schulter. Meine literarischen Assoziationen sind: Borchert und Schnurre, die die Dauerhaftigkeit des Flüchtigen ebenso präzis ausgedrückt haben. Was Zeichnungen dieser Art vom photographischen Schnappschuß unterscheidet: nicht nur, daß eine Kameraoptik noch lange nicht das Auge einer Zeichnerin ist, die den *Blick* hat und die Fähigkeit, was sie sieht, mit Tusche aufs Papier zu bringen; es fehlen die chemischen Zufälle, denen Photomaterial ausgeliefert ist, mit denen man manipulieren, retuschieren kann; es fehlt auch die Ablenkung durch dekoratives Beiwerk. Eben nur: Schüssel, Bank, Sack. Mich hat überrascht, wie *nah* diese Zeichnungen sind, wieviel Erinnerung, wie wenig Nostalgie sie in Bewegung setzen.

Kunsthistoriker werden sich fragen, woher die Autorin kommt: Barlach, Kollwitz, Moore? Das mag interessant sein, wichtig ist es nicht: hier ist die *Zeit* getroffen, deutsche Nachkriegszeit, und es fragt sich, ob Barlach oder die Kollwitz sie so hätten treffen können. Die Frage, die die Autorin stellt: »Was ist aus uns geworden?«, stellt sich jedem, der aus dieser Zeit in unsere Gegenwart überlebt hat. Was ist aus dem Jungen geworden, der da, die Blechbüchse in der Hand, offenbar auf die Suppenausgabe wartet; was aus dem Mädchen – eine überirdisch »realistische« unvergeßliche Zeichnung –, das mit der Schüssel in den Händen von der Essenausgabe zurückkommt? Ich hoffe, sie leben beide, werden satt, haben ein Dach über dem Kopf und eine Dekke, sich zuzudecken. Was ist aus *uns* geworden? Die Frage könnte variiert werden: Was haben wir aus uns gemacht, oder: Was haben wir aus uns machen lassen? Ist die Erinnerung an den Hunger, das Elend der Flucht, der Gefangenschaft, der Bombennächte, die Gewißheit, daß Auschwitz wirklich war – nur noch als Stolz auf die »Aufbauleistung«, nur noch als Bramarbasieren überlieferbar? Wenn wir der Jugend vorwerfen, sie sei verwöhnt, vergessen wir, wie sehr wir *uns* verwöhnt haben, und daß wir die Jugend möglicherweise verwöhnt haben, auf daß sie mit uns die Erinnerung an den Schrecken und die Schuld vergesse.
Diese Zeichnungen sollten ganz gewiß nicht auch noch dazu dienen, der Jugend Vorwürfe zu machen, die wir uns selber machen müssen. Wir haben »aufgebaut«, unaufhaltsam, keinen Augenblick der Besinnung eingelegt in diesem Vormarsch, und nun, wo der Vormarsch gestoppt zu werden scheint, sind wir ratlos und blicken voller Vorwurf auf die Jugend, die atem- und ahnungslos diesen Vormarsch begleitet hat; die wir dem Markt überlassen haben, wo Musik und Motoren, Freiheit und Freiheiten sie ablenkten von der unfrohen Besinnungslosigkeit unseres Vormarsches. Sprache ist zum bloßen Gerede geworden, das »Gespräch mit der Jugend« funktionalisiert, ein Ritual, bei dem wir uns ständig an die Heldenbrust schlagen. Eins sollten die Zeichnungen ganz gewiß nicht sein: ein Vorwurf für die Jugend: »Seht, was wir gelitten haben«, sie sind eine Erinnerung und ein Vorwurf für uns, die wir dort *festgehalten* sind: Was ist aus

uns geworden? Was haben wir aus uns werden lassen, aus uns gemacht? Ein weiterer Gedanke kommt mir: Erinnern uns diese Zeichnungen nicht an das Elend in Weltgegenden, die wir herablassend die »Dritte Welt« nennen? Waren wir, die wir uns stolz zur »ersten Welt« zählen, einmal so elend wie heute die »dritte«? Flüchtlinge, Hungernde, Obdachlose? Gibt es da in unserer stolzen ersten Welt Menschen, die wir herablassend oder verächtlich Randgruppen nennen, die in der ersten Welt die dritte verkörpern? Diese Zeichnungen sind keine Illustrationen zu einem Märchen, *wir* sind gezeichnet ohne Beiwerk: auf einer Bank, auf einen Koffer gestützt, mit der Eßschüssel in der Hand, dem Sack auf der Schulter.

Drei Episoden

1. Gespräche im Weltraum

Die US-Raumkapsel

Eine Weltraumkapsel von innen; sie scheint sich langsam zu bewegen, jedenfalls soll nicht der Eindruck von hoher Geschwindigkeit entstehen. Zwei Astronauten sitzen vor den Armaturen und Apparaten, aus deren einem hin und wieder Detonationen und das heftige Wummern von Feuer zu hören sind. Die Beschriftung der Geräte (soweit sie beschriftet sind) englisch. Die beiden sitzen stumm und steinern.

MAC: Denk nicht dran, Kevin ... vergiß es ... vergiß sie ... und alles ... vergiß.

KEVIN: Es war gar nicht übel da unten, manchmal richtig nett ... ich möcht schon zurück, Mac.

MAC: Es gibt kein Zurück ... ich möcht auch nicht zurück. *(Hämmert gegen die Apparate und Tastaturen)*

KEVIN: *(dumpf):* Ich schon ... wie lange können wir noch?

MAC: Eine Minute, zehn, kann auch ein paar Stunden dauern ... auch möglich, daß wir als die Engel der Zukunft weiterschweben ... in alle Ewigkeit Amen.

KEVIN: Mac, wir könnten doch Glück haben beim Absturz ... irgendwo ins Meer fallen ... und ...

MAC: Und was? Cincinnati gibt's nicht mehr, Cleveland gibt's nicht mehr ... vielleicht träumst du gar von Hawaii: Mädchen, Ananas, Surfing.

KEVIN: Ich habe Hawaii gesehen, Mac, du auch ...

MAC: Schwarz von Qualm alles, rot von Flammen ... Flottenbasis ... Öltanks nix Hawaii mehr.

Die Signalanlage – ob akustisch oder per Lichtsignal, muß recherchiert werden – fängt an zu arbeiten.

MAC: Was ist denn das, wer ist das, was wollen die?

KEVIN: Das könnten die Russen sein, sie müssen unseren Code haben.

MAC: Kannst du's entziffern?

In den folgenden Szenen lauscht KEVIN *(oder entziffert Lichtsignale immer, bevor er antwortet)*

KEVIN: Warte ... ja ... immer dasselbe, sie fragen immer dasselbe: lebt noch irgendwo jemand, und immer wieder: lebt noch irgendwo jemand ...

MAC: Antworte ihnen. Haben wir ihren Code?

KEVIN: Nein. Was soll ich antworten?

MAC: Antworte in unserem Code: Es leben noch welche, es leben noch Kevin Kellerher aus Cleveland, Ohio und Mac Broker aus Cincinnati.

KEVIN *(entsprechende Manipulationen, dann lauschend):* Sie antworten, haben kapiert ... Nikolai Raiski aus Tula und Ivan Golkov aus Smolensk ... sie fragen, ob wir überlegen waren oder sie, merkwürdige Frage.

MAC: Antworte: Wir waren überlegen.

KEVIN *(signalisiert, empfängt Lichtsignale):* Sie behaupten, sie wären überlegen gewesen ... sie haben noch eine geringe Chance, auf einer Ausweichstation runterzukommen ... sie ... sie laden uns ein ... wenn, wenn es technisch möglich wäre ... laden sie uns ein, mitzukommen.

MAC: Wo soll die Station liegen?

KEVIN *(entsprechende Manipulationen):* Jakutsk ... weißt du, wo das liegt?

MAC: Tiefstes Sibirien ... wahrscheinlich so um die sechzig Grad Celsius Kälte ... nein, in Jakutsk möchte ich nicht landen ...

KEVIN: Ich doch ... ich möchte zurück, und wenn es Jakutsk wäre.

MAC: Selbst wenn es möglich wäre: ich will nicht dorthin ... Kevin, ich denke, es ist Zeit zu beten ...

KEVIN: Ich werde lieber in Jakutsk mein Dankgebet sprechen. *(empfängt Signale)* ... sie fragen, ob wir Frauen und Kinder haben.

MAC: Sag ihnen – ja, *hatten* wir ... süße Frauen, süße Kinder, tolle Swimmingpools, tolle Autos, tolle Freunde ... sag ihnen ... betone die Vergangenheit, alles war toll, sag ihnen, wir haben das alles schon vergessen *(Kevin signalisiert und empfängt Signale, Mac weiter)* Was sagen sie?

KEVIN: Nikolai, der aus Tula, auch er h a t t e ... und Ivan aus Smolensk ... h a t t e ... sie fragen, ob wir noch sehen können, ob wir wissen wollen, was sie sehen ... ich habe ihnen gesagt, das letzte, was wir gesehen haben, war Moskau ... dann Hawaii.

MAC: Was sehen sie?

KEVIN: Berlin ... wir sollen es vergessen ... Amsterdam ist versunken, sagen sie, einfach weg, Rotterdam eine brennende Insel – Öl brennend ins Meer geflutet, Flammen wälzen sich in die Themsemündung hinein ... wie Lava ... London, sagen sie, sollen wir vergessen ... der Rhein brennt, von Basel an Straßburg vorbei ... wie Lava, schwarzrot ... Mannheim ... die Lorelei ...

MAC: Und Heidelberg? *(spricht Heidelberg amerikanisch aus)*

KEVIN: Von Heidelberg *(spricht es deutsch aus)* sagen sie nichts ... vor Düsseldorf knickt der Rhein ab und fließt brennend quer durch die Ebene auf Antwerpen zu ...

MAC: Frag sie, ob sie Lust hätten, mit uns auf Heidelberg zu stürzen *(spricht Heidelberg wieder amerikanisch aus)* ... oder ob sie lieber mit uns den Mond anfliegen möchten.

KEVIN: Wie stellst du dir das vor?

MAC *(wütend):* Frag sie doch einfach, frag sie: Mond oder Heidelberg.

KEVIN: Nikolai sagt, er will nicht auf den Mond ... da gibt's kein Brot, sagt er, er will nirgendwohin, wo's kein Brot gibt – und Heidelberg, sagt er, liegt ihm zu nah am Rhein ...

MAC *(lacht):* Diese Russen, diese verfluchten Brotfresser ... vielleicht will er auch noch Wodka und Bier ... oder was saufen sie.

KEVIN: Ich glaube, sie stehen eher auf Wein als auf Bier ... *(empfängt)* er will ... warte ... ich kenn das Wort nicht, ich buchstabiere: Kwas ... Kwas.

MAC: Frag ihn, was das für eine bolschewistische Biesterei ist, und sag ihm, wir werden Präsident Reagan bitten, Getreide auf den Mond zu liefern, damit er sein Brot zu fressen kriegt.

KEVIN: Er sagt, aus Brot kann man auch dieses Kwas-Zeug

machen und aus Getreide Wodka ... aber sie hätten keine Dollars, um das Mondgetreide zu bezahlen ...

Die sowjetische Kapsel

Keinerlei Unterschied, bis auf die Beschriftung, die russisch ist. Die Astronauten sind austauschbar.

NIKOLAI: Sie fragen, ob wir wirklich Kommunisten sind. Echte.

IVAN: Sag ja, echte ... und frag, was sie sind.

NIKOLAI: Sie sagen, sie sind keine Kommunisten, sie sind Christen *(Nikolai und Ivan bekreuzigen sich, ausführlich intensiv und mehrmals).*

IVAN: Was hat Juri immer gesagt?

NIKOLAI: Juri hat gesagt: bekreuzige dich, wenn du einem Christen begegnest.

IVAN: Sind wir nicht seine braven Schüler? *(bekreuzigen sich beide noch einmal)*

NIKOLAI: Australien vielleicht, meint Kevin ... da gäb's Brot, Whisky, vielleicht sogar Kwas, meint er ... er will ...

IVAN: Ich will nicht nach Australien, ich will nicht nach Jakutsk ... ich will nicht zurück auf diese Erde ... nein *(blickt Nikolai an, der ihm ein Zeichen macht)*

NIKOLAI *(blaß, zitternd):* Sie antworten nicht mehr, nichts mehr, nichts *(stammelt)* ich will aber zurück ... warum antwortet Jakutsk nicht ... warum meldet es sich nicht ... und wenn's Kolyma wäre ... oder Kalifornien.

IVAN: Vergiß doch endlich Kalifornien ... Los Angeles, San Francisco.

NIKOLAI: Sogar Deutschland würde ich nehmen.

IVAN: Vergiß Deutschland ... vergiß alles da unten.

NIKOLAI: 's war gar nicht so übel da unten, manchmal war's richtig nett ... sogar nach China würde ich gehen.

IVAN: Gehen? China? *(schaudert)* Nein, auch nicht China ... aussteigen möchte ich, aussteigen, abspringen, wie von der Straßenbahn.

NIKOLAI: Versuch's. Sobald du den Kopf draußen hättest,

flög er weg ... wie ein Luftballon ... halt die Hand raus, wenn du das Ding aufkriegst ... weg ist die Hand.

IVAN: Schade, daß die Amerikaner nicht mehr da sind ... es war ganz nett, mit ihnen zu plaudern, sie waren nicht übel.

NIKOLAI: Wir sind auch nett, auch nicht übel.

Die Kapsel bewegt sich rascher.

IVAN: Beten wir.

NIKOLAI und IVAN falten die Hände, knien nieder und murmeln russische Gebete, während die Kapsel nicht abstürzt, sondern aufsteigt.

NIKOLAI *(erschrocken):* Wir steigen ja, wir steigen!

IVAN: Wohin? Wohin?

2. *Atombunker*

In einem ziemlich komfortablen Atombunker; zwei Männer liegen auf Betten und lesen, zwei sitzen am Tisch und spielen Karten, zwei – JOE und OSCAR – sitzen an einer Art Bar und trinken; durch eine offene Tür hört man klassische Musik, am besten Beethoven; alle Männer sind gut gekleidet, zivil.

JOE: Glaub mir, wir hatten keine Chance, sie noch runterzuholen, und selbst wenn es möglich gewesen wäre, ich weiß nicht, ob ich's veranlaßt hätte ... hier hinein wären sie nicht mehr gekommen ... und draußen ... möchtest du draußen sein?

OSCAR *(schüttelt den Kopf):* Sie werden abstürzen?

JOE: Wahrscheinlich. Mach dir nicht zuviel Gedanken ... sie werden nicht viel spüren.

OSCAR: Und mit den Russen?

JOE: Wird's genauso sein ... mit Jakutsk ... das ist nichts geworden, sie werden wohl *(macht eine Bewegung der Hilflosigkeit)*, aber es gibt da noch eine Möglichkeit, eine metyaphysiche *(da Oscar ihn skeptisch fragend ansieht)* ... metaphysikalische ... sollte ich sagen ... bist du schon einmal in einem Bergwerk gewesen?

OSCAR trinkt, sieht ihn fragend an.

JOE: Wenn du auf siebzehnhundert Meter Tiefe bist, glaubst du, sehr tief in die Erde gedrungen zu sein ... und doch kratzt und krabbelst du immer noch an ihrer Oberfläche herum ... und da oben kratzen und turnen wir auch nur an der Oberfläche des Weltraums herum ...

OSCAR: Noch viel dahinter, meinst du?

JOE: Es gibt da Energiefelder, die wir noch nicht kennen ... noch lange nicht erforscht haben ... ein unkontrollierter Flugkörper könnte in sie hineingeraten ... wir wissen nicht viel, fast nichts, Oscar.

OSCAR: Magnetfelder, meinst du, könnten sie in eine Art Ewigkeit hineinziehen?

JOE: Ja, sie könnten verewigt werden ... die Insassen, Mac und Kevin ... da gibt's verschiedene Möglichkeiten: skelettiert, mumifiziert ... es könnte aber auch wirksam werden, was man im Volksmund Himmelskräfte nennen würde: belebende Substanzen, die die Kraft haben, in die Kapsel einzudringen ... wir wissen nichts, Oscar ... kratzen an dem herum, was wir Erde nennen, kratzen an dem herum, was wir Himmel nennen.

OSCAR: Und wie lange werden wir hier noch herumkratzen? Hier in diesem Ding, meine ich ... sag mir, wann ich die Notbremse ziehen muß *(zieht eine kleine Giftkapsel aus der Tasche)* ... zurück will ich jedenfalls nicht ... nein, weder zurück noch hierbleiben ...

JOE *(nickt)*: Zurück will ich auch nicht ... hier lange bleiben ... auch nicht ... zum Glück haben wir den Chef nicht hier.

OSCAR: Er turnt wohl noch da oben herum ... möglich, daß Jakutsk für ihn ausreicht als Landebahn.

JOE *(lacht irre)*: Der Chef in Sibirien ... hoffentlich haben sie Gummibärchen für ihn bereit ...

3. Kill your sister

Ein Atombunker vor einer Hiroshimalandschaft, die auch dargestellt werden kann durch Foto-Film-Montagen aus Versuchszentren; MARGOT, etwa Mitte Dreißig, in zerfetzten Kleidern, dreckverschmiert, hat den Eingang zum Bunker mit ihren Händen freigekratzt, klopft, hämmert, schreit gegen die Tür (*Eingang*).

MARGOT: Albert, Albert ... ich weiß doch, daß du drin bist!

Nach kurzer Zeit von innen, gedämpft.

ALBERT: Margot, bist du's?

MARGOT: Mach auf, laß mich rein.

ALBERT: Dich reinlassen, wo kommst du her?

MARGOT: Ich habe mich durchgeschlagen, bin gelaufen, mehr gekrochen, von Dürscheven bis hierher...

ALBERT: Einen Kilometer durch verseuchtes Gelände, total verseucht, wie du bist, soll ich dich reinlassen? Das hilft dir nicht und uns nicht ... wie hast du's gefunden?

MARGOT: An der Gabelung des Pflaumenbaums hab ich's erkannt ... wie oft haben wir da gesessen am Feuer, am Grill ... seine Gabelung hat sich mir eingeprägt ... er ist noch erkennbar *(der fast ganz zerstörte Pflaumenbaum wird gezeigt ... ein paar charakteristische Astgabelungen sind noch zu erkennen).*

ALBERT: Edith, meine Frau ... Konrad, Erika??

MARGOT: Vergiß sie, Albert, vergiß sie ... mach mir auf, ich bin müde, ich bin hungrig, schmutzig ... laß deine Schwester ein, Albert.

ALBERT: Ja, warte Margot, warte...

Neben dem freigelegten Eingang des Bunkers wird eine Schußvorrichtung automatisch freigelegt; MARGOT bricht blutüberströmt vor dem Eingang zusammen.

Feindbild und Frieden

Rede auf einer Veranstaltung des Karl-Remmer-Instituts in Wien

Ich habe nicht vor, über Rüstung zu Ihnen zu sprechen. Die Worte Überlegenheit, Unterlegenheit, Gleichgewicht, Abschreckung sind ja seit dem Overkill eigentlich in immer absurdere Dimensionen geraten. Ich wollte sprechen über Feindbilder, die man ja nicht nur zum Krieg, sondern auch zur Begründung von Weiterrüstung braucht. Feindbilder entstehen aus Bildern, die wir voneinander machen, und über die Bilder zu sprechen, die wir voneinander haben, würde bedeuten, da anzufangen, wo die Menschen gemeinsam zusammen leben, als Familie, als Nachbarschaft, und ich frage mich, welche Bilder von ihren Kindern manche Eltern haben – manche Kinder von ihren Eltern, Nachbarn von Nachbarn –, welche Zufälligkeit ein Bild in einen hineinsticht, der vielleicht einmal nicht grüßt, weil er schlecht gelaunt ist oder Kummer hat. Ich grüße ihn nicht wieder. Jahrelange, festgestochene Bilder entstehen.
Welche Bilder haben Völker voneinander? Was stellt sich ein Deutscher unter einem Menschen vor, der aus Kenia kommt, jemand, der aus Kenia kommt, unter einem Deutschen? Bei weit voneinander entfernten Völkern mag das noch gehen, aber die, die nah beieinander wohnen, haben so ihre Schwierigkeiten. Wenn sie gar noch verwandt miteinander sind, wird's manchmal gefährlich, Verwandtschaft bedeutet ja nicht friedliche Institution, Familie auch nicht.
Wie sind die Bilder voneinander entstanden? Ich fürchte, das Geschriebene in jeder Form, Journalistik, Publizistik, auch die sogenannte schöne Literatur, spielen da keine erfreuliche Rolle. Schon bei der bloßen Verwendung einer Nationalitätsbezeichnung tauchen Bilder auf, die wir meistens nicht einmal mehr kontrollieren und auch nicht mehr korrigieren können. Was geht in einem Deutschen vor, wenn er liest: russisch? Was geht in einem Russen vor, wenn er liest: deutsch? Ich fürchte, daß bei den Deutschen Puschkin da weniger Chancen hat als der vielbeschriebene Unter-

mensch, Schiller aber bei den Russen mehr Chancen als Hitler.

Wie wäre es mit einer Ikonographie der Völker? Welches Bild hat ein Chilene von einem Bolivianer? Ein Marokkaner von einem Ägypter? Oft stehen Zufälligkeiten, wie in Zusammenhang mit Nachbarschaft, ein Bild fest, ein freundlicher oder unfreundlicher Taxifahrer bei der Ankunft etwa. Ein Bild entsteht, das nur schwer auszulöschen ist. Was ist amerikanisch an den USA? Amerikaner gibt es, aber den Amerikaner gibt es nicht. Gewöhnlich erkennen wir eine Nationalität an Äußerlichkeiten, am Gang, an Gesten, wie einer die Zigarette ansteckt oder die Packung aus der Tasche nimmt.

Unsere Literaten versuchen, Klischees zu vermeiden, die unserem Geist von wem oder durch was voneinander unabhängig eingeprägt worden sind – Feindbilder, Karikaturen, auch verdächtige Freundbilder.

Was geht vor sich, wenn ich einer Romanfigur den extrem schweizerischen Vornamen Beat oder Urs gebe, welches Bild von der Schweiz und den Schweizern kommt da hoch, bevor ich den beiden Individualität habe verleihen können? Ich hoffe insgeheim, es gibt ein Geheimarchiv, wo, weiß ich nicht, wo wir die wahren Bilder von uns einmal sehen werden. Die wir ja weder im Spiegel noch in den Augen des Gegenübers wirklich sehen. Und für ein paar Minuten versuche ich mir vorzustellen, daß wir auf Nationalitätsbezeichnungen in der Literatur verzichten, möglichst sogar auf allzu prägnante Namen wie Rasumow oder Petronelli, Stolz oder Kennedy, wobei bei Kennedy immerhin die Wahl bestünde, daß es ein Ire, ein Schotte oder ein Amerikaner sein könnte.

Mir fehlt der systematische Fleiß, der dazugehören würde, ein umfangreiches Thema darzustellen, das Judenbild in der deutschen Literatur, in der europäischen Literatur, in der schönen, in der theologischen Literatur, die oft genug das Material für gröbste Pamphlete und Propaganda geliefert hat, sich später dann davon distanzierte, sagte: So war's ja nicht gemeint. Aber was nicht so gemeint war, wurde dort zum Bild und zur Meinung anderer. Das ließe sich beweisen. Und dieses Judenbild ist aus höchsten theologischen

Sphären bis zum *Stürmer* heruntergerutscht, wir wissen, wozu es gedient hat, wohin es geführt hat.

Ich nenne nur Auschwitz und würdige dieses Wort keines Adjektivs. Auschwitz stand ja auch für Polenbild, Kommunistenbild, Subversantenbild und Russen-, Bolschewistenbild, Homosexuellenbild.

Ein zweites Thema, das ich eben angedeutet habe, wäre die Ausländer im ausländischen Roman, der Spanier im italienischen, vielleicht auch der Österreicher im italienischen und der Italiener in der österreichischen Literatur, der Deutsche im englischen, der Russe im deutschen Roman usw.

Ich habe den zunächst flüchtigen Eindruck, den ich möglicherweise korrigieren oder vertiefen könnte, daß die schöne Literatur, wie wir sie uns zum Trost nennen, manches Mal, und ohne es zu wollen, mitverbreitet, was vor Kriegen und während der Kriege auf niedrigstem Niveau zur Propaganda benutzt wird. Ich fühle mich zugehörig einem Volk oder einer Nation, die Grund genug hat, über Feindbilder nachzudenken, Feindbilder, die sie geschaffen und verbreitet hat, und das Feindbild, das sie selber darstellt. In unserer Geschichte und durch diese ist genug angerichtet worden, das unser eigenes Feindbild hat schaffen können. Und doch hat es mich immer getroffen, hat es mich betroffen, wenn ich als Deutscher, nur weil ich ein Deutscher war, Haß oder Verachtung begegnet bin. Wohl wissend, worauf sich das begründete. Es hat mich gar nicht einmal als Person betroffen, denn ich wußte einiges über die deutsche Geschichte, betroffen hat es mich als Angehöriger jener Spezies, die sich Mensch nennt und der – was immer ein Deutscher außerdem sein mag – er auch angehört, was übrigens alle Nationen betrifft und kein Trost ist.

Kriminalität in all ihren Stufen und Variationen ist eine Dimension der menschlichen. Bei Tieren spricht man nicht von Kriminalität. Auch das Unmenschliche ist eine Dimension der menschlichen. Vielleicht täuschen wir uns immer noch, wenn wir menschlich mit gut gleichsetzen.

Ich bin diesem Feindbild dann auf – sozusagen – positivem Umweg begegnet, wenn mir, was mir verschiedene Male zugestoßen ist, gesagt wurde, ich wäre wohl kein Deutscher. Ich befand mich in der merkwürdigsten Situation, eine Art

Deutschennachweis zu erbringen, weil ich offenbar gutem oder schlechtem Klischee der Deutschen nicht entsprach, und das hat mich, das mag Sie überraschen, das hat mich gekränkt.

Ich habe die Deutschen nie verstanden, wenn sie nach Holland oder Frankreich fuhren, sich eine französische oder englische Zeitung kauften, um nur nicht als Deutsche erkannt zu werden, was im übrigen ziemlich zwecklos ist, man erkennt uns immer. Man erkennt uns immer – und wäre es eben die Art, die Zigarette aus der Tasche zu ziehen, man erkennt uns an Schuhen und Hosen, und es hat keinen Sinn, sich tarnen zu wollen. Selbst wenn wir uns dann französische oder italienische Schuhe kaufen, erkennt man uns an der Art, wie wir sie tragen, wie wir sie abnutzen, wie wir sie putzen, und an unseren Gesten erkennt man uns in jedem Fall.

Deutsche werden ja, wenn ein Ausländer sich ihrer Nationalität nicht so ganz sicher ist, meistens gefragt, ob sie Holländer seien, weil man einem Holländer offenbar nicht zutrauen kann, gefragt zu werden, ob er ein Deutscher sei. Ja, es ist schwierig mit den Deutschen.

Da ich außerdem noch Rheinländer bin, bekam ich dann einige Male den fragwürdigen Kredit, als mißglückter Franzose durchzugehen, wobei denn nur ein halbwegs geglückter Franzose immer noch als besser gilt als ein vollwertiger Deutscher. Und in den östlichen Provinzen unseres ehemaligen Deutschen Reiches hält man uns ja für mißglückte Deutsche.

Vor knapp drei Jahren begegnete ich dieser Vorstellung, die wir als preußische Arroganz bezeichnen, bei einem sehr gebildeten und klugen deutschen Journalisten, und ich warte immer noch auf die Gelegenheit, die Diskussion mit ihm darüber fortzusetzen.

Natürlich ist die Bezeichnung Rheinländer auch irreführend, wie ich empfinde, ist ein ebenfalls falsch besetztes Bild, von Vorurteilen besetzt, die leider vom Rheinländer aus kommerziellen Gründen immer wieder exportiert werden. So furchtbar fröhlich sind die Rheinländer ja nicht alle und auch nicht in Permanenz. Die Melancholie des Rheins und seiner Anwohner, die sie auch haben, wird da-

bei verdrängt, am Niederrhein gilt es, glaube ich, fast als Beleidigung, als Rheinländer bezeichnet zu werden.
Aber wem sage ich das? Wien, das süße Wien, das bittere Wien, liegen ja auch manchmal im Streit miteinander.
Es gibt also auch Feindbilder, Verräterbilder innerhalb von Nationen. Die meistens noch mit einem konfessionellen Hintergrund versehen sind, und wenn die Franzosen gelegentlich von Deutschland als von l'outre Rhin sprechen, das heißt von dem, was rechts des Rheins liegt, so ist das witzig und sehr kühn. Bisher habe ich versucht, von Bildern zu sprechen, die wir voneinander haben, die Nationen voneinander haben, Bilder, die möglicherweise heute nicht mehr zu dem führen, wozu sie einmal geführt haben, zu Kriegen, Bürgerkriegen, Konfessionskriegen, die ja nur getarnt waren, die Konfession war ja nur das Vehikel Feindbild und Vorwand für handfeste Machtpolitik.
Wenn ich jetzt über ein ernstes, heftig propagiertes, interregional und international bedenkliches, oft angewendetes Feindbild, das des Kommunismus, spreche, das innen- und außenpolitisch anwendbar ist, muß vorausgesetzt sein, für mich ist das vorausgesetzt, ich weiß nicht, ob Sie das akzeptieren, daß die Hauptbrutstätte für den Antikommunismus die Sowjetunion ist, in ihrer Innen- und ihrer Außenpolitik, sie gibt diesen Wörtern, die hier als Feindbilder gebraucht werden können, einen Geruch der Verdächtigung, weil sie dieses Wort *besetzt* hat.
Und über dieses Feindbild Kommunist, Kommunismus, nachzudenken, sollte auch nicht dazu führen, die Bedrohung zu relativieren oder gar zu verharmlosen, die eine Macht wie die Sowjetunion wirklich darstellt. Hauptsächlich wohl für die Völker und Staaten, die innerhalb ihres Machtbereiches wohnen oder an sie grenzen, wie Afghanistan.
Ich will auch nicht in die hohe Polittheologie einsteigen und Kommunismus neu definieren. Das sollen die tun, die sich selber definieren. Ich frage mich nur, ob eine Macht, die außen imperialistisch, nach innen feudalistisch ist, die bedrohlich ist, nicht nur durch ihre Bewaffnung, auch durch ihre Unüberschaubarkeit, ihre Willkür, ihre Zufälle, die möglicherweise, wenn man gewissen Andeutungen, gewissen Zei-

chen glauben kann, durch Korruption von einem inneren Chaos bedroht ist, ob diese Machtmassierung richtig bezeichnet ist, wenn sie als kommunistische Bedrohung bezeichnet wird. So, wie man sich fragen müßte, ob die Staaten und Mächte, die sich christlich nennen, mit dieser von ihnen selbst gewählten Definition sich kampfbereit machen, ob die christlich sind.

Fraglich finde ich, ob die Worte wie christlich oder kommunistisch überhaupt noch definierbar und noch brauchbar sind. Wenn Herr Breschnjew kommunistisch ist und alles, was vor, unter, hinter ihm steht, ebenso wie irgendein brasilianischer Bischof, der auch ein Kommunist sein soll – ich glaube, 70 oder 80 brasilianische Bischöfe werden so bezeichnet – Kommunist sein soll, weil er nicht gerade *jeden* Mord und *jede* Räuberei billigt. Mag er noch so vehement erklären, daß er sich selber nicht so definiert, er wird als solcher gehandelt und gebucht.

Ich habe die Ehre auch gehabt, auf diesem allumfassenden Band placiert zu werden, ich mache mir nichts mehr daraus.

Mit einem Wort bezeichnet zu werden, das immerhin verwandt ist mit Kommunion und Kommunikation; ist alles Schreckliche und Entsetzliche, das im Namen des Kommunismus gesehen wurde, angerichtet wurde, nicht möglicherweise aus anderen, rein machtpolitischen Intentionen geschehen, war möglicherweise nur ein Vorwand, ein Vehikel, für etwas, das eben deutlicher mit imperialistisch, feudalistisch bezeichnet wäre.

Wie der blinde Antikommunismus nur ein Vehikel sein mag, dem der brasilianische Bischof und 60 seiner Amtsbrüder geopfert werden mußten?

Im Verständnis dieser Art Antikommunismus darf man alles sein, ein Mörder, ein Folterer, ein Tyrann, ein krasser Ausbeuter, wie etwa der famose Baby Doc, in dessen 25jährigem Duvalier-Paradies 25 000 Tote gezählt worden sind, täglich 30 in Guatemala, alles darf man sein, wenn man den Kredit hat, nicht kommunistisch zu sein, was immer das bedeuten mag. Baby Doc wurde erst kürzlich vom Präsidenten Reagan Hilfe aus einem Karibik-Fonds versprochen, und Herr Haig zeigte sich beeindruckt von der Rolle privaten Unternehmertums in Haiti.

Bin ich nun ein Kommunist, wenn ich den Antikommunismus Duvaliers für eine ziemliche Zumutung für die Menschheit halte? Dieser törichte Dualismus führt uns nicht weiter und hilft uns nicht zum Frieden. Ich nehme an, daß Duvalier außerdem auch Katholik ist. Und diese merkwürdige, denkwürdige Konfessionsbezeichnung, die ich immer noch für mich beanspruche, deckt mir auch inzwischen zuviel. Sie deckt Herrn Pinochet, Herrn Haig, Ernesto Cardenal, eben jene brasilianischen Bischöfe, Papst Johannes Paul II. und den größeren Teil der Bevölkerung Polens.

Ich mute mir nicht zu und maße mir nicht an, hier neue Definitionen zu präsentieren, ich erlaube mir nur ein paar Fragen.

Wem gehört diese Erde eigentlich? Wenn sie geschaffen ist, für wen ist sie geschaffen? Ihre Oberfläche, auf der wir wohnen, ihre Krume, von der wir uns ernähren. Wem gehört, was unter ihrer Oberfläche an Werten zu finden ist, wem gehört die Kohle, das Öl, das Erz, das Gold, die Edelsteine? Wem gehört das Wasser, wem gehört das Wasser, das wir nicht mehr trinken können, die Luft, die Erde? Wem gehört, was sich im Wasser bewegt und auf dem Meeresboden liegt? Wessen Eigentum ist das? Für wen ist das bestimmt? Wäre es möglich, ich erlaube mir eine, wie ich finde, nur scheinbar frivole Spekulation, wäre es möglich, daß der Menschgewordene und die, die ihn geboren hat, auch in diesem Riesenvehikel, in dem alle diese Kommunisten sitzen, einen Platz gefunden hätten? Ich frage nur.

Immerhin gibt es da in der Apostelgeschichte ein Ehepaar, von dem selten gesprochen wird, ein Ehepaar, das tot umfällt, Hananias und Saphira, tot fallen sie um, weil sie ihren Besitz der Gemeinde, nicht der Gemeinschaft, der Gemeinde, einer überschaubaren Gruppe, vorenthalten haben.

Und diese bezeichnende Geschichte läßt meine scheinbare Frivolität wohl zu.

Dieses Feindbild Kommunist zeichnet Menschen und Bewegungen, zeichnet alle, die sich nicht mit den räuberischen Verhältnissen der Erde zufriedengeben, weil die Erde und alles in ihr so vielen vorenthalten wird.

Dieses Feindbild lenkt ab von den tatsächlichen Gefahren, die von Mächten drohen, deren einziger Kredit es ist, nicht

kommunistisch zu sein – drohend auch für die, die sich kommunistisch definieren.
Ob sie es sind, mögen die entscheiden, die sich selbst so definieren.
Das sind Streitfragen, die, wie ich sagte, *in die höhere Polittheologie gehören.* Auch die Bandbreite der kommunistischen Selbstdefinition ist ja so groß wie die Bandbreite der Kommunisten mit und ohne Anführungsstrichen.
Ich habe die Feindbilder Sozialismus und Sozialist ausgenommen, noch gibt es ja respektierte und respektable Regierungen, die dieses Adjektiv im Wappen führen. Vielleicht werden auch diese Worte einmal international und national zum Feindbild. Vielleicht wird Herr Galtieri, wenn er die Umarmung Fidel Castros annimmt, auch noch zum Kommunisten gemacht. Dieses Feindbild ist einer solchen Inflation unterworfen innerhalb derer, die sich selbst so definieren, und auch angewendet auf die, die sich ausdrücklich nicht so definieren. Immer mehr Staaten und Völker werden gedrängt, wenn nicht gar gezwungen, sich der Sowjetunion anzunähern, weil sie unerträgliche Zumutungen, mögen sie Duvalier oder Somoza heißen, nicht länger hinnehmen können. Völker, deren Geduld zu Ende geht oder ausgegangen ist, weil das Dritte, dieser Traum, den man demokratischer Sozialismus nennt, ja nicht wahr werden darf.
Wie friedlich sich ein Mensch verhält oder auch ein Volk oder eine Gruppe, hängt ja von dem ab, was man ihnen zumutet. 40 Jahre Somoza, 25 Jahre Duvalier, ich weiß nicht, ob ich da noch friedlich bleiben würde.
Und die Rüstung, wie sie uns versprochen wird, die schon vorhanden ist, kann man ja wohl auch als Zumutung bezeichnen. Sie ist – die Rüstung – unser aller Feind, die internationale Rüstung, diese Absurdität und Hochpotenz.
Es wäre viel über Feindbilder zu sagen, ich überlasse das den Politologen, den Psychologen, den Philosophen, mich beschäftigt der Gedanke, welches Bild wir voneinander haben, ob wir überhaupt einen Menschen richtig im Bild haben. Ich meine jetzt nicht im Fernseh-Bilde, ich entdecke da noch ein Wort, das möglicherweise ein grenzüberschreitender Feind werden kann, ein merkwürdiges Wort, das immer

häufiger auftaucht und mit immer größerer Gelassenheit ausgesprochen wird; ich muß Herrn Blecha ausnehmen, er hat es gebraucht, aber nicht mit Gelassenheit, es ist das Wort Sachzwang.
Welche Sachen zwingen uns? Ich nehme das Wort beim Wort und frage mich: Welche Sachen zwingen uns? Wie viele Sachzwänge werden vielleicht dazu führen, daß wir kein totalitäres System brauchen, sondern daß die Totalität der Sachzwänge zu Totalitarismus wird?
Zum Sachzwang gehört der Rüstungszwang, gehört der Zwang zur Ehre, die dann bis zum letzten Blutstropfen verteidigt werden muß. Eine ganze Litanei von Zwängen ließe sich da aufzählen (*Zwischenruf*) – möglich, möglich, meistens wird das Wort Sachzwang im Zusammenhang mit Arbeit und Arbeitsplatz verwendet, nun, glauben Sie mir, daß ich den Zustand Arbeitslosigkeit nicht im geringsten, auch nur andeutungsweise bagatellisieren, relativieren will. Ich habe die große Zeit der Arbeitslosigkeit in den dreißiger und zwanziger Jahren erlebt, aber ich denke mir das im Zusammenhang, ich denke mir, ich stelle mir vor, daß im Zusammenhang mit Sachzwang über Arbeit, Arbeitsplatz, auch über den Begriff Arbeiter neu nachgedacht werden muß, vielleicht muß das alles sogar neu definiert werden.

Warnung vor Deutschblütlern

über Ralph Giordano *Die Bertinis*

Dieses Buch war notwendig, es hat gefehlt; es bietet Rückblick auf die unsäglichen Folgen des Rassenwahns, es kommt in einem Augenblick, wo Begriffe wie »reines Blut« oder gar »deutsches Blut« wieder zu spuken beginnen und Angst verbreiten; wo Sündenböcke für das schwindende Wachstum, fürs verblassende Wunder gesucht werden. Diese Reinblütler haben noch nicht begriffen, daß Reinheit des Blutes nur in Laboratorien festgestellt werden kann. Wie sieht jüdisches, türkisches, italienisches Blut unter dem Mikroskop aus? Gott und die freiheitlich-demokratische Grundordnung mögen uns vor den Deutschblütlern bewahren!

Ralph Giordano legt die Leidensgeschichte einer Familie italienisch-schwedisch-jüdischer Herkunft vor, die sich letzten Endes als deutsch, ganz gewiß als hamburgisch erweist, und Hamburg liegt ja mit einiger Wahrscheinlichkeit in Deutschland. Angst, Bedrohung, Schrecken, Verfolgung setzten für die Bertinis pünktlich Anfang Februar 1933 ein. Sie haben überlebt, welchen Umständen und Opfern mußten sie sich aussetzen, nur, weil in ihrer Familie die Kategorien »Volljüdin« (die Mutter), »Halbjuden« (die Söhne), »jüdisch versippt« (der Vater) vertreten waren?

Auch dieses Buch, *Die Bertinis,* ist ein Buch der Empfindsamkeit, ist voller Weh, hat keinen Platz für Wehwehchen. Empfindsamkeit ist die Voraussetzung für die Fähigkeit, alle Varianten der Feindseligkeiten, des Rassenwahns, des Opportunismus, auch des Widerstands und des Hasses auf dieses verfluchte Nazisystem nicht nur zu registrieren, sondern auch sprachlich zu verkörpern und an Personen zu fixieren. Kommt jenes Etwas, das man Witterung nennen kann, hinzu, dann erkennt einer die »Speckrolle«, den nationalistischen deutschen Studienrat, der da seine »Itzigs« so rasch registrierte, auch heute noch, wo er möglicherweise in einer demokratischen Partei seinen Eifer gegen die Feinde der FDGO entfaltet.

Herkunft und sozialer Hintergrund der Bertinis werden

von Giordano bis zum Jahre 1933 auf 150 Seiten mit Tempo, sie werden furios an- und ausgelegt. Italien, Schweden, Galizien. Ein armer sizilianischer Junge entflieht dem Elend, erlernt die Schneiderei, *ist* aber und wird Musiker. In seinem Leben mischen sich komische Oper und tragische Operette. Bei offenbarer Begabung scheitert er an sich selbst und an jenem Zeitgeschehen, das da Krieg heißt, Weltkrieg, Erster. Als Schneider beschließt er sein Leben: Giacomo Bertini, der eine heimatlose Schwedin auf Hamburgs Straßen auflìest, zu seiner Frau macht; die ihm den Sohn Alfredo, genannt Alf, gebiert.

Den anderen Großvater, Ahab Seelmann, biederer, rundköpfiger Kurzwarenvertreter jüdischer Herkunft aus Holstein, führt es auf seinen Reisen weit in den Osten Europas. Er wird Augenzeuge eines Pogroms. Ahnungsvolle Angst befällt ihn, als im Jahre 1875 von seiner Frau Kezia (Zimtduft) eine Tochter geboren wird, die schöne, resolute, nörglerische, keineswegs zimperliche Recha, die unehelich von einem galizischen Schönling Lea zur Welt bringt, die später Alf Bertini heiraten wird.

Zwischen 1875 und 1933 bestätigen sich die angstvollen Ahnungen des Ahab Seelmann nur in Andeutungen: da bekommt seine Enkelin Lea für einen Aufsatz, obwohl sie, wie der Lehrer ihr sogar ausdrücklich klarmacht, *eigentlich* eine Eins verdient hätte, eine Drei, weil sie eine »Jiddsche« ist. Vorzeichen einer merkwürdigen Eigentlichkeit. Für Lea wird das zum unvergessenen Urerlebnis.

Ohne Tempoverlust führt der Autor die Exposition über 150 Seiten hinweg. Es fehlt auch keineswegs an *Innerlichkeit.* Was geht in einem zehnjährigen Jungen vor sich, dessen Volksschullehrer anläßlich des Reichstagsbrandes seiner Mutter zur Emigration rät? Dem am ersten Schultag in der Sexta des vornehmen Hamburger Johanneums eben jene »Speckrolle« einprägt, daß er zu den »Itzigs« gehört? Einem Jungen außerdem, der keine soziale Sicherheit spüren kann, dem die extrem behütende Mutter immer nur Verstecke, Flucht bietet? Liegt die Ängstlichkeit von Lea Bertini in der Drei begründet, die *eigentlich* eine Eins war? Was wird in Kindern angerichtet mit solchen Bemerkungen? Was treibt Lea Bertini dazu, ihre Kinder möglichst im Hause und dort möglichst im Bett zu halten, während Alf, ihr Mann, der Vater, auf allen Ebenen seiner Existenz – beruflich, charakterlich, geistig – Windigkeit verbreitet? Innerlichkeit genug. Alf Bertini, von seinem pathetischen Vater zum Wunderkind geradezu verflucht, hängt dieser Fluch, dem er nie gerecht werden kann, sein Leben lang an; diese verfluchte Gewißheit, zu höherem musikalischem Tun geboren, ja bestimmt zu sein, während er dazu verdammt ist, in Stummfilmkinos schäbigster Sorte Klavieruntermalung zu liefern. Eine extreme Familie, extrem familiengebunden, in Extremen zwischen wirtschaftlicher Not und Anspruch lebend, hin und her geworfen und gerissen in jenem explosiven Dreieck: Bohème-Kleinbürgertum-Proletariat, schwankend zwischen Lea, der Übermütterlichen, Ängstlichen und Liebevollen, und dem wunderkindfluchbeladenen, absolut gescheiterten, menschenfeindlichen Vater.

In diese Unsicherheit hinein, die man noch als soziale bezeichnen kann, kommt nach der Emigrationswarnung des Lehrers Blaß, der nach der Itzig-Registrierung der »Speckrolle«, morgens um 5, zur rechten Gestapozeit, die »Melone«, ein Gestapobeamter, der die Bertinis auf Grund einer Denunziation aufscheucht. »Mit dieser kalten Morgenstunde beschlossen Roman und Cesar Bertini ihre Kindheit, die einzige und kurze Phase ihres Lebens, in der sie eine heimatliche Ahnung verspürt hatten...« Und wenige Zeilen weiter heißt es: »Hier endet das, was die Bertinis später die ›unpolitische Vorgeschichte‹ nennen werden, und es beginnt ihre Geschichte: Die Apokalypse.«

Von da, von Anfang 33 an, braucht sich der Autor um »Spannung«, die er 150 Seiten lang furios durchgehalten hat, nicht mehr zu sorgen: die Zeitgeschichte lieferte sie ihm; Jüdin, Halbjuden, jüdisch versippt – das genügte damals, um einen »in Atem zu halten« bzw. jene Atemlosigkeit zu bieten, die diesen umfangreichen Roman von knapp 800 Seiten bis zum Ende beherrscht. Berufsverbot für Lea, die ihre größere Begabung dem peinlichen Alf zuliebe geopfert hat, der ihr aber immerhin in seiner genialen Herablassung gestattet hat, durch Klavierunterricht ein Zubrot zu verdienen.

Nein, gemütlich wird's in diesem Roman nie wie in manchem Riesenschinken, in dem man sich's behaglich machen kann. Schulschwierigkeiten, Berufsschwierigkeiten – letzten Endes verlassen die Brüder Bertini das hochvornehme Gymnasium, schikaniert, entsetzt über die blutigen Schikanen an jüdischen Mitschülern. Der einzig einsichtige, empfindsam-widerständige Lehrer, Studienrat Freund, wird verhaftet, Opfer der »Speckrolle« und der zeitgemäßen »Stimmung«. Durchwursteln in ungeliebten Berufen, Bombardierung der trotz allem geliebten Wohnung, denn wieder einmal gibt's da ein Zeitgeschehen, das Krieg heißt, Weltkrieg, Zweiter, bösartige Nachbarn, hilfreiche.

Immer bedroht, immer in Angst – wer sagt da, daß Angst irrational ist? Die Nürnberger Gesetze waren Anlaß für durchaus begründete Angst. Sollte, dürfte man die Familie Bertini Globke-Opfer nennen? Weiß da noch einer, wer Globke war, und weiß etwa einer, daß er der Grund dafür war, warum so wenig emigrierte Schriftsteller in die Bundesrepublik zurückgekehrt sind?

Dieser brave untadelige Mensch von einwandfreier Konfession, der (für ihn) ungemütliche Zeiten in frommer Verborgenheit verbrachte, prompt zur Stelle war, als man ihn (wozu?) brauchte, hat möglicherweise mehr Schaden angerichtet als die gegenwärtige Opposition wahrhaben möchte. Ich weiß, Globke allein war es nicht, nein, es waren viele – und keiner hat's gewußt. War er möglicherweise das *missing link* zwischen Besinnung und totaler Restauration? Hat einer gewußt oder geahnt, wieviel Todesurteile, wieviel entsetzliche Ängste sich hinter den Nürnberger Gesetzen verbargen? Die Bertinis haben es erfahren, sie haben es *erlitten,* und wer Leid für ein zu pathetisches Wort hält, mag sich überlegen, wie schrecklich er *leiden* muß, wenn da einer an seinem Auto herumkratzt. Ausgebombt, verschlagen in ein Dorf in der Altmark, wo sie überraschend viel Hilfe erfahren, ständig unter Todesangst, denn da gibt's den Gemeindediener Theodor Wandt, in dessen *Hand* ihr Schicksal liegt. Weiß einer, was es bedeuten kann, wenn Leben oder Tod in der *Hand* eines Menschen liegen?

Kluge Leute beklagen immer, *der* Roman der Epoche sei noch nicht geschrieben. Die klugen Leute vergessen, daß der Roman der Epoche von vielen geschrieben wird, nicht von einem geschrieben werden kann. Was wäre die von Thomas Mann beschriebene Epoche, der er sich mit *seinen* Mitteln von *einer* Seite näherte, ohne Heinrich Mann, Alfred Döblin und viele andere, die kaum aufzuzählen wären, die sich ihr mit *ihren* Mitteln von *anderer* Seite genähert haben? Giordanos Roman ist eine notwendige Ergänzung zum »Kindheitsmuster« und zur »Blechtrommel«, zum »Heimatmuseum« und »Tadellöser & Wolff«, zu vielen anderen autobiographisch eingefärbten Romanen über die Epoche, die 1933 begann und 1945 endete. Authentische Lebensberichte, Gedichte, historische Analysen gehören ebenfalls zum »Roman« der Epoche.

Die Bertinis haben überlebt. Nach Hamburg zurückgekehrt in einem Trümmerloch von Wohnung, in den letzten Kriegsmonaten in einem wahren Rattenloch von Versteck, untergetaucht nach Zwangsarbeit und totaler Unsicherheit. Diese Fünf-nach-zwölf-Periode deutscher Geschichte ist ja noch nicht erschöpfend beschrieben. Welche Ewigkeit lang diese fünf Minuten gedauert haben, wieviel Tote sie gekostet haben: Juden, Kommunisten, Deserteure, Flüchtlinge! Fünf Minuten nach Stalingrad – das waren fast zweieinhalb Jahre zuviel, wo die vorausgehenden zweieinhalb Jahre schon reichlich waren. Diese fünf Minuten waren für die Bertinis die Hölle, Inferno, Apokalypse.

Sie hatten Freunde, Helfer, Gesinnungsgenossen – Erich Snider und Erika Schwarz, diese große proletarische Heldin, die weder bedankt noch besungen werden wollte; Helene Neiter, Lutzmann und die Mitschüler Peter Togel und Walter Janns, in dem man unschwer den überraschend akrobatisch begabten Walter Jens erkennen kann, Todesnachrichten aus Auschwitz erreichen sie früh genug, um ihnen klarzumachen, was ihnen bevorstehen könnte.

Sie haben überlebt, aber unter welchen Gefahren für sie und die, die ihnen halfen! Ist dem großen Flüchtlingsretter Dönitz je eingefallen, wieviel Flüchtlinge er hätte retten können, wenn er wenigstens nach Stalingrad erkannt hätte, wie lange fünf Minuten dauern können?

Überraschend – und das erhöht die Wichtigkeit des Romans –, daß die Bertinis keineswegs so ungeheuer sympathisch herauskommen: der peinliche Alf, der etwas dumpfe Cesar, der zusätzlich, seinem Geschlechtstrieb ziemlich ungehemmt folgend, auch noch die schreckliche Drohung der »Rassenschande« über die Familie und seine beglückten Partnerinnen bringt; der kalte Ludwig, der ein wenig zu schöne Held Roman, Organisator der Rettung, *eigentlich* ein Romantiker; der immer seinen »Schau heimwärts, Engel« von Thomas Wolfe mit sich herumschleppt: in Frieden und Krieg, in Dreck und Elend, in der Vorhölle und der Hölle – und so ist denn auch mehr als ein Hauch von der sehnsüchtigen Bitterkeit des »Schau heimwärts, Engel« in die Bertinis eingedrungen, nicht zu ihrem Schaden. Schließlich Lea, *die* Mutter: willig, ängstlich, ergeben, immer im Küchendrill, sie war doch zu Besserem geboren.

Heimwärts – wohin führt das? Emigration wird erwogen, fast beschlossen, aber es ist ausgerechnet »Jack the Socialist«, ein englischer Soldat jüdischer Herkunft, der den Bertinis klarmacht, daß sie *Deutsche* sind. Zumindest Hamburger, und Hamburg liegt ja in diesem merkwürdigen Deutschland, in dem die Nürnberger Gesetze nicht nur *möglich* waren, in dem sie auch ausgeführt wurden.

Es gab ja genügend »Speckrollen«, ausreichend Theodor Wandts, scharenweise »Melonen« und auch Eitel-Fritz Hattenroth, dieser stramme Monarchist, der die »Braunen« so sehr verachtete und doch die Bertinis als Juden denunzierte, weil er gedachte, in ihrer Wohnung Quartier zu nehmen – auch er war kein einzelner.

Schließlich den lieben und feinen, freundlichen, großzügigen Herrn Mörtling, der ungefähr sechs oder sieben Minuten nach zwölf dann die Bertinis in seine Villa aufnahm, weil »solche Leute« in diesen Geschichtsminuten ihm durchaus nützlich erschienen. Lange haben diese Minuten nicht gedauert, »solche Leute« waren nicht sehr lange wirklich »nützlich«, ganz abgesehen davon, daß solche Leute wie die Bertinis mit ihren Lebensgewohnheiten nicht sehr gut in eine Patriziervilla paßten.

Familienromane bringen gewöhnlich Ärger, auch wenn die »Buddenbrooks« nicht »Mann«, die »Bertinis« nicht »Giordano« heißen. Ich kann nicht beurteilen, ob bei letzteren ausreichend »verfremdet« worden ist, ob sie gar Porträts enthalten, möglicherweise sogar zutreffende; Zutreffendes kann ja auch kränkend sein oder wirken, und in der möglichen Gekränktheit gleichen sie sich, ob sie nun »Clan« oder »Mischpoke«, »Sippe«, »Stamm« oder einfach »Familie« heißen.

Der Spiegel 1950

Um bildhaft (heutzutage würde man wohl sagen »sinnlich«) zu machen, wieviel Jahre seit 1950 vergangen sind, könnte man die Kinder- und Jugendbilder einiger Zeitgenossen einbringen, die inzwischen zu den Vips zählen, 1950 noch weit davon entfernt waren, magazinwürdig zu sein: den fünfjährigen Möllemann, den zweijährigen von Schoeler, Matthias Wissmann einjährig, auf dem Bärenfell oder auf Mutters Arm; die elfjährige Helga Schuchardt, den zehnjährigen Volker Hauff; Peter Handke mit acht, Fassbinder mit vier, als Emil Jannings starb, 63 Jahre alt, kurz vor seinem Tod katholisch geworden. Mit zehn Jahren magazinwürdig war schon 1950 ein Knabe namens Konstantin, hochgeboren und noch lange nicht, was er heute, erst 41 Jahre alt, schon lange nicht mehr ist: König von Griechenland. Zehn Jahre alt war auch Anja Silja, gerade entdeckt, als der »Dritte Mann« die Gemüter erregte und das Harry-Lime-Motiv in aller Ohr war. Der inzwischen weithin bekannte, gelegentlich gefürchtete Hans-Dietrich Genscher war 23, so jung oder so alt wie Günter Grass, war im »anderen Teil Deutschlands« gerade Referendar geworden, war wohl noch Bürger der DDR, als die Bundesrepublik – ein Jahr alt, so jung und schon verdorben – einen saftigen Skandal hatte: waren da etwa zwei Millionen Mark über und auf verschiedene Konten gerutscht, um Frankfurt zugunsten Bonns aus dem Bundeshauptstadtrennen zu werfen? So hart umkämpft war also das »Provisorium« am Rhein. Ließ man sich ein paar Provinzlerstimmen soviel Geld kosten? Werden so Hauptstädte kreiert? Die Protokolle des *Spiegel*-Ausschusses, der sich mit diesem Skandal beschäftigte, lesen sich wie eine fatale Mischung aus »Dorfkomödie«, »Etappenhase« mit einigen Beimischungen aus dem »Zerbrochenen Krug«. Dümmlich-grinsende Schläue, schmunzelndes Einvernehmen und -verständnis. Die zwei Millionen, an den Buchpreisen gemessen, wären heute wohl acht bis zehn: *Weekend in Zuidcoot,* immer noch einer der besten Kriegsromane, kostete 7,80 bei 273 Seiten Umfang. Günter Eich konnte sich für die *Abgelegenen Gehöfte* 13,54 DM an Tan-

tiemen gutschreiben – und den Preis der Gruppe 47. Helmut Kohl, Kurt Biedenkopf und Hans Maier waren zwanzig bzw. neunzehn, noch lange nicht »spiegelreif«; ich stelle sie mir als strahlende Jünglinge vor, fleißig studierend, den Kopf hocherhoben, sozusagen wohlgemut den christdemokratischen Horizont im Auge, in dem Jahr, als Ilse Koch und der »Totmacher« Pleil vor Gericht standen. Offenbar noch nicht »spiegelreif« waren Karl Carstens, 36, Helmut Schmidt, 32, und Franz Josef Strauß, 35; mag sein, daß ich den einen oder anderen überschlagen habe: im Bild jedenfalls ist auch Strauß im Jahrgang 1950 noch nicht vertreten. So einen umfangreichen Schmöker liest man ja nicht, man blättert, schmökert darin, liest das eine oder andere, blättert zurück, ja, die Ilse Koch, die war ja doch so vollkommen unschuldig wie viele Jahre später Hermine Ryan, der Totmacher Pleil nicht, auch nicht die merkwürdige Crew, die da in einem Kriegsgefangenenlager einen Fememord beging. Viel Information, viel Klatsch der frühen Jahre. Ein Polenwitz, 32 Jahre alt und doch hochaktuell, zukunftsweisend: »Wir geben ihnen Kohle, und sie nehmen unser Getreide.«
Unsere Söhne waren 3 und 1½ Jahre alt, der jüngste gerade geboren, ich 33, als Jens Daniel, nur wenig über Mitte Zwanzig, gegen Adenauers »kasernierte Polizei« von 80000 Mann zu Felde zog. Im gleichen Jahr wurde der Kommunist Togliatti von Nonnen in einem italienischen Krankenhaus liebevoll gepflegt.
Dieser Jahrgang fing gut an: als Titelbild eine Reproduktion des Gemäldes von Hoerle (dem viel später erst die Ehre zuteil wurde, die ihm gebührt): Oberbürgermeister Adenauer, der Liedermacher Ostermann, der Boxer Domgörgen; ein Politiker, ein Faustkämpfer und die Verkörperung des »kölschen Gemüts«. Sehr kölsch das Bild und – wie ich finde – gar nicht so lustig. Die Titelgeschichte über den Kölner Karneval und das, was seine Vertreter vertreten: Wein, Sekt, weitere einschlägige Alkoholika, der gehobenen Stimmung entsprechend zu gehobenen Preisen. Steinharter Klüngel mit professionellem Frohsinn dargeboten, den damals notgedrungen Zugereisten noch rätselhaft (inzwischen nicht mehr, sie haben begriffen, daß über Karnevalsgesell-

schaften alles ein wenig besser läuft; manche kölscher als kölsch).
Es war das Jahr der Colaisierung Europas: noch wehrten sich die Franzosen, letzten Endes vergeblich, gegen das Produkt, nach dem andere gierten. Schließlich gehörten Coca-Cola-Fabriken zum Troß der US Army wie zur deutschen Wehrmacht die dampfenden Muckefuck-Kanonen (nach denen keiner gierte).
Wie jung sie noch waren, die damals schon magazinwürdig waren: Mao und Meistermann, Heym und Honecker, Wehner, Kiesinger und Friedrich Middelhauve mit seinem strengen deutschen Idealistengesicht, der die FDP nach rechts hin öffnete. Auffallend die milden, fast freundlichen, streckenweise geradezu respektvollen Portraits so unterschiedlicher Autoren wie Brecht und Jünger, Zuckmayer und Benn, Heidegger und Andres, Malraux und Habe. Ausgenommen von diesem Wohlwollen Wolfgang Harich, der schon damals die Zause bekam.
Spannend, ein wahrer Sittenkrimi, die Serie über den Kaffeeschmuggel an einer Grenze, wo das Abendland am abendländischsten ist, bei Aachen; Schlachtfeld heißer Mangeljahre, Kriegsschauplatz harter Kinderarbeit (es war die Zeit, in der manche Kirche in grenznahen Orten den Spitznamen »St. Mocca« erhielt – in einem Kölner Vorort hieß eine Kirche, dank dem mit Kameras schwarzhandelnden Pfarrer, »St. Leica«).
Karl Arnold nannte Adenauer einen »Mann ohne Seele«, die Wiederbewaffnung, wohl insgeheim längst beschlossene Sache, wurde der nicht nur entmilitarisierten, auch unmilitärisch gewordenen Volksseele nahegebracht: und es waren 82,6 % gegen, nur 15,8 % für eine allgemeine Wehrpflicht.
Kriegsgefangene, Flüchtlinge, Heimkehrer bestimmten das Bild, die Parteien hatten sich noch nicht zurechtgeschüttelt: in Schleswig-Holstein hatte die SPD 27, der BHE (ja, den gab's: Bund der Heimatvertriebenen und Entrechteten) 23, die CDU 19 % der Stimmen. Es gab noch den CDU-Innenminister Heinemann, der schon zu rebellieren anfing; Linus Kather gab's und Alfred Loritz, Ernst Fischer war noch ZK-Mitglied der KP in Österreich. Bruno Gröling, der kropfgeplagte und -gesegnete Wunderheiler, wurde hoch

gehandelt; Hemingway erntete mit *Über den Fluß und in die Wälder* seinen ersten Totalverriß, und jung, jung blicken sie einen an: Karl Korn und Friedrich Luft, Kim Il Sung, Semjonow und Reza Pahlevi; in den Vereinigten Staaten tauchen Joe McCarthy und Thomas Merton gleichzeitig auf, die Knef wird als »Sünderin« avisiert, der erste Kinsey-Report ausführlich besprochen, die Auswirkung der Taten des Klaus Fuchs war noch nicht abzusehen.

Auch der *Spiegel* war noch jung, sein Papier entsprach ärmlicher Heimkehrerkleidung, der Druck bescheiden wie die Anzeigen; kaum, fast gar keine Autoreklame, ein solches Ding zu besitzen, war für die meisten Zeitgenossen noch Utopie – woran man erkennen könnte, wie rasch sich manche Utopien verwirklichen. Viele edle Alkoholika werden annonciert: das mag daran gelegen haben, daß nach den Kriegsschnäpsen und dem Knolly Brandy der ersten Nachkriegsjahre der Sinn nach erschwinglichem Edlen stand; auffallend viele Kosmetika werden angeboten: Seifen und feine Düfte, Haar- und Gesichtswasser: da wollte man offensichtlich den Mief und Muff der Bunker und Luftschutzkeller aus der Wäsche und von der Haut kriegen; Fahrräder sind das begehrteste Verkehrsmittel, und da gibt's den berühmten »Starmix«, Traum jeder Hausfrau, und so »nebenbei« Reproduktionen der klassischen, in ihrer Genialität wohl erst heute erkennbaren Karikaturen von Henry Meyer-Brockmann: Adenauers Gesicht zwischen Panzerraupen, Hundhammer, der wohl immer noch in den angestammten Gefilden spukt.

Beim Schmökern – und eben dazu eignet sich ein solcher Doppelschinken – kamen sie unvermeidlich, waren nicht zu verdrängen: Erinnerungen an Kindheitstage: wenn wir wirklich (heutzutage würde man sagen »echt«) krank waren, bettlägerig für einige Zeit, bekamen wir sie als Bettlektüre: gebundene Jahrgänge der Wochenzeitschriften *Alte und neue Welt* und *Sonntag ist's,* Riesenapparate, denen die kindlichen Knie kaum gewachsen waren, Wälzer, in denen man vor- und zurückblättern konnte; deren Illustrationen – Defregger oder defreggerhaft – wir mit Wasserfarben kolorieren durften; Kaiser, Könige, Feldherren, Anarchisten, Marxisten, Attentäter durften ebenfalls koloriert werden. So

ums Jahr 1930 herum müssen es die Jahrgänge zwischen 1898 und 1907 gewesen sein: ewige Werte waren da mit Aktuellem vermischt: Erfindungen, Militaria, Annoncen für Schnurrbartbinden, Enthaarungsmittel, diskret dargebotene Hilfen für weibliche Schnürkünste, die Romane der Ebner-Eschenbach und der Handel-Mazzetti, deren Welten gar nicht so heil waren; immerhin gab's da Konflikte; setzt man sie in ihre Zeit zurück, waren diese adeligen Damen fortschrittlich bis kühn. Ach, »Sonntag ist's«.
Seitdem blättere ich lieber in alten als in neuen Wochen-Magazinen, deren Aktualität manchmal verstaubter wirkt, als sie in 30 Jahren wirken könnte, zumal sie ja in ihrer schändlichen »Exklusiv«-Eitelkeit die tiefsitzenden Skandale, die wahren, aus Klatsch und Krimi gemischten »stories« nicht im Chor aufgreifen, die »Sozialisten« immer nur ihrer Häme gewisser sein dürfen als die »Kapitalisten«. Ich frage mich, was unsere Enkel und Urenkel wohl empfinden werden, wenn sie – falls die Umweltzerstörung und die Atomabrüstungsabsurdität es ihnen gestatten – in 30 Jahren in alten Magazinen schmökern. Werden sie fragen: wer war das, dieser Reagan, habt ihr sie noch gekannt, diesen Helmut Schmidt und Helmut Kohl, und habt ihr euch wirklich so aufgeregt über diesen Strauß? Habt ihr nicht begriffen, daß der andere, dieser Albrecht, viel gefährlicher war? Und seid ihr tatsächlich so verrückt gewesen auf diese Autos und habt zugelassen, daß Eisenbahnschienen herausgerissen wurden? Ihr müßt ja total verrückt gewesen sein, für diese Rollschuhbahn, die ihr damals »Startbahn West« genannt habt, auch nur einen einzigen Baum zu fällen, wo ihr doch wußtet, wie lange ein Baum braucht, um ein Baum zu werden. Und Rollschuh-Autobahnen gab es doch damals schon reichlich.
Schwierige Fragen: Ist der *Spiegel*, der in diesen 32 Jahren anders wurde, besser geworden? Hat er sich geändert, wir ihn, oder er sich mit uns? Mir scheint: nackte Häme, der wilhelm-buschige Triumph über die immer wieder bestätigte Schlechtigkeit der Welt – davon gab's weniger; viel pulvertrockener Landserhumor noch, im Heimkehrerzynismus noch spürbare Trauer, viel weniger süffig wie die oft künstliche Respektlosigkeit und die »Unfähigkeit zu trauern«

neuerer Prägung. Immerhin sind ja Bestechungen und die Bestechlichkeit der Welt *auch* betrüblich: *reine* Häme wird zur nackten Masche, hat keinen Boden mehr, auf dem der Aufprall noch zu spüren wäre: da *klingt* nichts mehr. Selbst die schärfste Satire ist ja nicht bodenlos, verwandt mit der Lyrik, ein illegitimes Kind derselben, ist sie noch fähig zu trauern. Ist der *Spiegel* der »Unfähigkeit zu trauern« verfallen? Oder ist er eben nur ein Spiegel, der das Gesicht einer veränderten Welt zeigt? Ist er *mit* der Zeit so geworden? Was werden unsere Enkel und Urenkel über den *Spiegel* der achtziger Jahre denken, wenn sie ums Jahr 2010 herum darin schmökern, falls dann noch Schmökerzeiten sind? Werden sie Epplers Bart grün kolorieren und für Margaret Thatcher den Pinsel ins giftigste Gelb tauchen, das sie auf der Palette finden? Werden sie es auch albern finden, daß der *Spiegel* sich selbst immer noch, wie schon am Anfang in MAJUSKELN setzt?

Die Wende zum Ende?

Zu einer Umfrage der ZEIT

Die Rede, die Bundeskanzler Schmidt am 17. 9. 1982 vor dem Bundestag gehalten hat, war nicht nur ein würdiges und gutes Ende, sie war auch ein würdiger und guter Anfang. Meine Bewunderung gilt außerdem den beiden Hauptfrondeusen Matthäus-Maier und Schuchardt. Ich habe die (allerdings geringe) Hoffnung, daß diese beiden Damen ihre energische Spaltungsarbeit erfolgreich fortsetzen und der Mißtrauens-Freitag doch möglicherweise für Kohl und Genscher zur Blamage wird. Ein Kabinett Kohl mit den Ministern Zimmermann und Wörner für so wichtige Ressorts wie Innere Sicherheit, Umwelt und Verteidigungsrüstung könnte zum Gruselkabinett werden. Und in diesem Ensemble würde ein so netter Mensch wie Norbert Blüm den Gruseleffekt eher verstärken als mildern. Den besten Innenminister, den wir je gehabt haben, Gerhart Baum, kann ich mir schlecht in diesem Kabinett vorstellen. Vielleicht entschließt er sich, die Fronde anzuführen.

Politischer Lektüre enthalte ich mich. Sofort nach Helmut Schmidts Rede habe ich mir Grimms Märchen vorgenommen, die ich immer griffbereit habe. Ich las zuerst das Märchen »Von einem, der auszog, das Fürchten zu lernen«. Ich las es des Gruselns wegen. Dann las ich mir zum Trost »Sechse kommen durch die Welt«. Beide Märchen sind hochpolitisch und hochaktuell. Im übrigen meine ich, daß die SPD sich bald von ihrer Allergie gegen die Grünen heilen lassen sollte. Und umgekehrt.

Abschied vom Zorn

Es will mir nicht gelingen, in jenen Zustand zu geraten, den dieses Sammelwerk voraussetzt: Zorn; auch die kalte Wut will sich nicht einstellen und nicht jene lyrische Bitterkeit, die Satire möglich macht. Keiner dieser Zustände, Gefühle, Geisteshaltungen stellt sich ein, wenn ich nun – wieder einmal – über den deutschen Katholizismus mich auslassen soll. Ich denke, ich habe genug dazu und darüber gesagt und geschrieben. Es gibt ja Bewegung innerhalb dieser immensen statistischen Masse, die roten Karten vom Düsseldorfer Katholikentag 1982[1] – ich nehme sie als Zeichen für alle mutigen bis tapferen Anstöße und Aktivitäten – werden vielleicht doch zur Flamme, und die deutsche Bischofskonferenz wird vielleicht eines Tages einen Wehrdienstverweigererbischof ernennen, der sich den düsteren Plänen des Herrn Dr. Geißler entgegenstellt. Zorn? Nein. Nicht einmal der famose Herr Marcinkus bringt mich in Rage. Und ich würde auch nicht so weit gehen wie jener durchaus konservative Monsignore, der neulich – privat natürlich – Herrn Höffner als Stalinisten bezeichnete und den strahlenden Herrn Hengsbach mit Vokabeln belegte, die nicht einmal ich öffentlich wiederholen möchte. Der hochgestellte deutsche Katholik im Cut, der da von bourgeoisen Werten spricht, ohne sie zu definieren (oder besser: zu konkretisieren, wie man modisch sagt), schreckt mich nicht; nicht einmal lächerlich konnte ich ihn finden – Gehrock, Bratenrock, Cut, Frack – die Proklamation von Bürger- (sprich: Bourgeois-)Tugenden – nicht einmal Ärger, geschweige denn Zorn will da aufkommen; ich fürchte nur, dieses ganze Brimborium und Ministrantengebimmel wird auf große Teile derer, die man die Jugend nennt, abschreckend wirken, fürchte auch, daß die deutsche Bischofskonferenz die-

1 Mitglieder des Bundes der Deutschen Katholischen Jugend hatten für den Düsseldorfer Katholikentag im September 1982 eine viel beachtete Aktion vorbereitet. Bei den Großveranstaltungen machten sie durch das Vorzeigen großer roter Karten deutlich, daß sie mit den Ausführungen bestimmter Referenten oder Diskussionsteilnehmer nicht einverstanden waren.

se neun katholischen Minister – in gewohnter Selbsttäuschung – allzu herzlich willkommen heißen wird. Die roten Karten von Düsseldorf, werden sie sich vermehren? Solidargemeinschaft? Das klingt ja fast kommunistisch, und wie sollen die »freien Kräfte des Marktes«, wie die Garrotten des Sachzwanges sich zur Solidargemeinschaft verhalten? Bei diesen bangen Fragen ist Zorn nicht angebracht, eher Angst, Angst vor einem Zynismus, der die Werteskala – welche Werte? – zerschlagen könnte.

Was sagen die Herren, die sich für das geistige Wohl von mehr als fünfundzwanzig Millionen Deutschen verantwortlich fühlen, zu den Verkabelungsplänen ihres ehemaligen Zentralkomiteepräsidenten? Da wird eine Rüstung aufgebaut, ganze Batterien von Pershings und Cruise Missiles, die uns ins Unterhaltungszeitalter hineinbombardieren werden. Diese elektronische Atomisierung scheint nicht aufzuhalten zu sein – dafür werden die neun katholischen Minister schon sorgen, daß dieser verhängnisvolle Staub in die letzte Ecke der Republik vordringt[1]. Zorn? Nein. Angst um Kinder und Enkelkinder vor dieser Sorte Rüstung, wo die Angst vor den Raketen doch ausreichen könnte. Wird es da so viel Widerstand geben wie gegen die Reform des Paragraphen 218? Ich wiederhole: Wenn ich rote Karten schreibe, so fasse ich damit alles zusammen, was sich an Widerstand regt – von der theologischen bis zur sozialen, von der lokalen bis zur Bundesebene – rote Karten also nicht nur für die Raketen, auch für totalen elektronischen Terror? Darf man das Heuchelei nennen, wenn man die Familie – die übrigens kein absolut zuverlässiger Wert ist – als höchsten Wert anpreist und gleichzeitig für die Raketen *und* die totale Verkabelung eintritt? Mein Vorrat an roten Karten ist erschöpft. Cut, Gehrock, Bratenrock, Frack – auch sie können Requisiten eines Striptease werden. Wäre es möglich, daß die deutsche Bischofskonferenz sich eines Tages eine SPD-Regierung zurückwünscht? Mir jedenfalls verursachte dieser Aufmarsch von Katholiken, die mir ein bißchen zu oft grinsen und schmunzeln, keinen Zorn, sondern

1 Geschrieben unter dem Eindruck des Koalitions- und Regierungswechsels in Bonn im Herbst 1982.

Angst, und ich erwarte, wenn nicht ein Zeitalter, so doch eine Periode der Schamlosigkeit, und vielleicht hat sich mein Zorn deshalb nicht gemeldet, weil er so ein gefragter Artikel ist; nachdem man den Zorn der jungen Männer so rasch verbraucht hat, ist neuerdings der Zorn der Alten gefragt, und dabei ist mir und meinem Zorn in Zeiten der Schamlosigkeit nicht wohl. Ich habe den Verdacht, wenn Zorn zum gefragten Artikel wird, ist er funktionalisiert; man hat dann seine diensthabenden Zornigen, die im schlaffen Schlummer der trägen Mehrheit die Funktion des Weckers übernehmen, den man etwas früher einstellt, damit man mit erhöhtem Genuß noch eine Weile weiterschlafen kann.
Vor einigen Jahren besichtigten Annemarie und ich ein riesiges altes ehemaliges Feudalkloster in Ungarn. Der junge Mönch, der uns führte, die Klosteranlagen erklärte, uns an den endlosen Reihen von Vitrinen mit unschätzbaren Kostbarkeiten vorbeiführte, klärte uns auch auf über die raffinierten Weckmethoden, die dort üblich gewesen waren; bevor die Herren wirklich aufstanden, wahrscheinlich eine Messe absolvierten, ausgiebig frühstückten, um anschließend in den umliegenden Wäldern, Sümpfen, Flußniederungen zu ihrer eigentlichen Beschäftigung, der Jagd, aufzubrechen – vorher also ließen sie sich mindestens einmal, manche zweimal, etwa um zwei und noch einmal um fünf wekken, um den Genuß des Schlafes zu erhöhen, bevor ihr genußreicher Tag begann. Als wir später mit dem jungen Mönch auf der Balustrade standen, von der aus man die Gefilde des ehemaligen Jagdgenusses überschauen konnte, bat er mich um etwas, das anzubieten ich nicht riskiert hätte: eine Westzigarette; er genoß sie sichtlich und gestand uns, daß er die Verstaatlichung des Klosterbesitzes »trotz allem« für einen Segen halte. Ich habe lange darüber nachgedacht, was sich hinter diesem »trotz allem« verborgen haben könnte: War's das schon korrupte kommunistische System, war's Mindzenty oder beides? Jedenfalls schien er *diesen* Verlust an Abendland nicht zu bedauern. Der Hinweis auf diese Weckmechanismen erinnert mich an die Kotzmechanismen der spätrömischen Zeit. Könnte es sein, daß der diensthabende Zornige (eine Art UvD des deutschen Katholizismus) nicht nur den Wecker, sondern auch den Kotz-

kitzler spielen soll, der den Gaumen mit seiner Feder lange genug reizt, auf daß der Magen sich leere und für die nächste Fresserei frei werde? Mein Zorn und ich halten es für angebracht, eine Weile zurückhaltend zu sein; wir beide erleben seltsame Formen der Ermutigung aus den sonderbarsten Ecken, uns ist dieses heftige Begehren nach Zorn nicht geheuer. Vielleicht wird ja auch einmal ein deutscher Bischof *richtig* zornig, wie einige amerikanische Bischöfe es schon sind. Diese Stimme Amerikas – eine andere als die zu den unseligen Spellman-Zeiten – wird hier noch nicht so richtig gehört.

Ein paar Worte über ein paar Wörter, die uns da dauernd um die Ohren fliegen

Erstes Wort: *Systemveränderungen*

Jedes neue Gesetz ist eine Systemveränderung. In den Parlamenten, den Legislativen, sitzen sie also: die Systemveränderer. Die BAföG-Gesetzgebung war eine Systemveränderung, ihre Korrektur, die nahe an Abschaffung heranreicht, ist eine Systemveränderung. Herr Mitterrand ist ein Systemveränderer, Herr Gonzales wird noch einer werden, Frau Thatcher ist eine Systemveränderin von erheblicher Wirkungs-, fast schon Hammerkraft. In der ČSSR ist eine Systemveränderung versucht und erstickt worden. Das Schicksal des polnischen Versuches erscheint mir als noch nicht entschieden. Herr Reagan ist dabei, das US-System erheblich zu verändern. Nur in Moskau rührt sich nichts, während in Peking fast jährlich eine Systemveränderung stattfindet. Machen wir uns also nichts daraus, wenn uns dieses Wort angehängt oder gar wie ein Mühlstein um den Hals gehängt wird. Keine Angst vor diesem Wort, keine Angst auch vor dem Wort *Straße*. Gar manches ist im Laufe der Geschichte aller Parlamente von der Straße aus in sie hineingetragen worden, ist Gesetz geworden und hat das System verändert. Die oft genug bleiernen Rituale, zu denen auch das L'art pour l'art mancher Polemik gehören kann – können nur von der Straße aus in Bewegung gebracht werden. Man sollte sich immer wieder die Protokolle der Bundestagssitzung vom 9. Oktober 1981 durchlesen, welchen haarsträubenden Unsinn sich *alle* Parteien dort geleistet haben ... und dann die Wirkung verfolgen, die von den Demonstrationen in Bonn, Amsterdam, Madrid, London und New York ausgegangen ist ... bis hinein in die Büros des katholischen Episkopats in den USA. Das hat nicht die Ausgewogenheit von Leitartikeln bewirkt. Das Außerparlamentarische gehört zum parlamentarischen System, und wäre es nur als Wecker. Große, noch nicht genau erkenn- und analysierbare Veränderungen gehen vor sich, innerhalb jenes gewaltigen Terrains, das ich Arbeitssystem oder Arbeitswelt

nennen möchte. Wenn Herr Blüm meint, wer mit den Grünen poussiere oder kokettiere, wäre ein Arbeiterverräter, so könnte es sein, daß er sich gewaltig täuscht; es könnte sich als gefährlich erweisen, den Arbeitslosen falsche Hoffnung auf herkömmliche Arbeitsplätze zu machen – gefährlicher als – wie es die Grünen tun – festzustellen, daß Arbeit knapp wird und wohl knapp bleiben wird. Man könnte die Formel riskieren: es gibt wenig Arbeit, aber viel zu tun.
Die Begriffe Arbeit, Arbeiter, Arbeitsplatz ändern offenbar ihren herkömmlichen Charakter, und das neue Proletariat ist heute an den Universitäten und Hochschulen zu finden. Und wer darüber nachzudenken riskiert, ist nicht einmal ein Systemveränderer, nur einer, der die Veränderungen, die im Inneren des Systems stattfinden, zu erkennen versucht. Wer das Alternative pauschal diffamiert, einem Alternativen vorwirft, daß er möglicherweise Sozialhilfe bekommt, möglicherweise, wohlgemerkt, der sollte doch einmal offenlegen, wieviel Subventionen die Industrien und andere gesellschaftlich etablierte Gruppen bekommen und bekommen haben – und das dann umrechnen auf die Arbeitsplätze, die kurzfristig damit erhalten worden sind. Und wenn die Stahl- und Autoindustrie schlappmachen, beide uns als Schlüsselindustrien vorgestellt, darf man sich ja wohl Gedanken darüber machen, ob das Schloß noch funktioniert, der Schlüssel noch paßt. Nur nicht zu früh über alternative Gedanken lachen oder sie lächerlich machen. Mit der kumpelhaften Aufforderung, die Ärmel hochzukrempeln, ist keinem gedient, der wohl anpacken möchte, aber nichts findet, was er anpacken kann. Könnte ja sein, daß auch mancher alternative Arbeitsplatz subventioniert zu werden verdient. Es gehört Mut dazu, sich solche Gedanken zu machen, da findet eine Revolution, fast eine Explosion, aus dem Inneren des Systems statt, und es wäre zu überlegen, ob nicht vor diesen Erkenntnissen der Einstieg in die geistige Erneuerung, ins Umdenken zu finden wäre. Welche Systemveränderer sind denn am Werk in *der* Stadt der Autoindustrie Detroit, wo offenbar schreckenerregende Zustände herrschen, deren Beschreibung ich nicht der *Prawda,* auch nicht deren Minibruder, der *UZ,* entnommen habe, sondern der *Neuen Zürcher Zeitung* vom 18. Dezember 1982, der

Zeitung also, die wohl die am wenigsten linksverdächtige auf unserem gesegneten Kontinent ist. Sind da Systemveränderer am Werk, oder verändert sich das System? Da es in den Vereinigten Staaten ja bekanntlich von Kommunisten nur so wimmelt – sie sind ja schon bis in die höchsten Spitzen der katholischen Hierarchie vorgedrungen –, dann sind da wohl ganze Horden von kommunistischen Wühlern am Werk gewesen, die den braven Amerikanern eingeflüstert haben: Kauft keine Autos mehr, damit das System zusammenbricht, und die bösen Leute, die dann partout kein neues Auto kaufen, würden vielleicht lieber, wenn sie das Geld dazu nur hätten, Brot und Kartoffeln oder unverschämterweise gar Butter aufs Brot oder Fleisch zu den Kartoffeln kaufen. Und wenn ich da, ebenfalls in der *Neuen Zürcher Zeitung*, diesmal vom 15. Dezember 1982, ein vernichtendes Urteil über die Saarstahlinvestitionen und neuerlichen Saarstahlsubventionen lese, erlaube ich mir Zweifel an den heilenden Kräften des unfreien freien Marktes und frage mich, wer da die Arbeiter über ihre Zukunft täuscht. In Argentinien, Bolivien, Mexiko, Brasilien, Chile, Peru, Staaten, deren totale Pleite uns täglich verkündet wird und wo die Arbeitslosenquote bis zu 50 Prozent beträgt, herrschen ja auch weder die Roten noch die Grünen.

Nur ein paar Worte über das wahnsinnigste aller Systeme: das Rüstungssystem, das seine Absurdität täglich aufs neue offenbart. Wir wollen ja gar nicht so utopistisch, idealistisch, so wirklichkeitsfremd sein wie die Politiker, die da dauernd von *Ab*rüstung sprechen, es schon zu einem *Ab*rüstungserfolg erklären, wenn sie nur einen geringen Prozentsatz weniger *auf*rüsten. Wir reden ja nur vom Stopp, vom Freeze, und erfahren enorme Ermutigung darin aus den Vereinigten Staaten. Erst mal Stopp, Freeze – dann können wir ja weitersehen, ob wirklich *ab-*, ja abgerüstet wird. Keine der in unserem Parlament vertretenen Parteien wird es wagen, keine, eindeutig öffentlich klarzumachen, daß zwar allenthalten in der Welt die Dogmen wanken oder schon geknackt sind, daß nur der NATO-Doppelbeschluß, der nicht einmal ein Dogma, sondern nur ein schlichter *Beschluß* ist – daß der härter und fester stehenbleiben soll als der Fels Petri.

Es wäre viel über manches andere System zu sagen: etwa das Geld- und Bankensystem: aus diesem Milliardengepurzel werden ja offenbar nicht einmal die angeblich Eingeweihten schlau. Absurdität über Absurdität. Wieviel Absurditäten kann unser Bewußtsein noch aufnehmen, bevor wir alle durchdrehen? Wie viele Kranke produziert diese Welt in all ihren Systemen. Wieviel an technischer Intelligenz und an physikalischem Genie werden investiert und letzten Endes verschwendet, an neuen Waffensystemen, die dann nur als eine Art höheres und sehr kostspieliges Spielzeug existieren. Angewendet bedeuten sie Tod und Vernichtung, nicht angewendet starren sie mit fast schon metaphysischer Blödheit in den Himmel oder hocken in Bunkern. Und wenn uns einer sagt, man müßte das alles emotionslos sehen – dann sehen wir uns doch einmal die sentimental strahlenden Augen der Militärs und der Ministerialen an, wenn ihnen neue, neueste, allerneueste Maschinerien vorgeführt werden; um ihre Begehrlichkeit zu wecken, denn es geht ja wohl bei Waffen aller Kategorien um ein kleines bißchen jener vulgären Materie, die man Geld nennt. Merken die Politiker nicht, daß sie uns zuviel Absurditäten zumuten, wenn sie dann auch mit glücklich glitzernden Augen auf Flugplätzen und vor Regierungssitzen Fronten abschreiten, da wehen die Haare, da flattern die Fahnen, Musik erklingt – im Normalfall stupides Gefühlsgetrommel; welch ein großartiges, international abgesprochenes Täuschungsmanöver. Und erst die vielen tausend Küsse und Küßchen, die auf den Flugplätzen sozialistischer Länder fällig sind. Dieses widerwärtige Brüderchen-Getue. Absurdität ringsum: im Arbeitssystem, im Banken- und Geldsystem, dessen kaum mehr zählbare Nullen sich in Seifenblasen zu verwandeln drohen. Die Absurdität des Medien- oder Informationssystems. Der große, wirklich große Autor Gabriel García Márquez, an dessen literarischer Qualität kaum ein Schwachsinniger zweifeln kann, hat nicht von Literatur gesprochen in Stockholm, er hat von den zwanzig Millionen verhungerten Kindern in Südamerika gesprochen – ich habe darüber nur sehr wenig, nur in Andeutungen, in den Zeitungen gelesen. Die mörderische, ja, mörderische Absurdität unseres Ernährungssystems, angesichts einer Überproduktion von Nahrungsmitteln – dieses fürchterliche Schlangestehen vor den Pforten des Hungertodes. Alles ist darauf angelegt, uns in den Wahnsinn, den Stumpfsinn, in die Verblödung zu treiben. Alles heruntergegrinst, heruntergeschmunzelt im Leerlauf der Konferenzen, in der Nichtigkeit der Gipfel, der Nichtigkeit des immer und immer wieder wiederholten Wortes Solidarität. Ich sehe auf dem freien Markt keine Bude, in der Solidarität angeboten wird. Es gibt da noch mehr Wörter, über die ich ein paar Worte verlieren könnte. Vielleicht kann das Wort Systemveränderung für alle anderen stehen. Für Unregierbarkeit, für Erblast – neuerdings gehört ja sogar das veränderte Mietrecht zu dieser schrecklichen Erblast, als ob nicht jedes Gesetz, das erlassen wird, für die Regierung stünde, die es erläßt; das gilt auch für die unseligste und fast folgenreichste Auslassung der sozialliberalen Koalition, die nicht einmal ein Gesetz, nur ein Erlaß war: für den Extremistenbeschluß oder Radikalenerlaß, eine peinliche Systemveränderung, die nicht einmal aus einem Gesetz bestand, nur Futter für angeheizte *Stimmungen* war.

Ein Wort, das da hin und wieder auftaucht, ein Wort aus dem altmodischen strategischen Vokabularium, ein Wort, das unsere, die deutsche Lage, treffend bezeichnet: Glacis oder Vorfeld, auch Schußfeld kann man es nennen. Vorfeld, Glacis, Schußfeld für die eine wie für die andere Supermacht, eine besondere Lage, die eine besondere Sicherheitspolitik erfordern würde; die in beiden deutschen Staaten auch der Friedensbewegung eine besondere Bedeutung gibt – *das* müßte Gegenstand deutscher Außen- und Sicherheitspolitik sein, nicht peinliche Anbiederung nach beiden Seiten. In der Gefährdung durch seine Lage als potentielles Vor-, Schuß- und Schlachtfeld ist ja Deutschland dann fast schon vereint, nein, nicht wiedervereint. Die deutsche Sicherheit ist nicht identisch mit der der USA, nicht identisch mit der der UdSSR. Das müßte klargemacht werden, so wie klargemacht werden muß, daß Beschlüsse von Militärbündnissen keine Dogmen sind. Wir müssen etwas wiederentdekken, das lange, seit mehr als einhundertunddreißig Jahren, seit 1848 verschüttet war, das seit 1870 in einen grausigschlüpfrigen, aggressiven Nationalismus verwandelt wurde – ich meine unseren Patriotismus. Die Bundesrepublik ist ja wirklich *unser* Land, es gibt kein anderes für uns, ein erstaunliches Land von immer noch bemerkenswerter Stabilität, ein Land auch, in dem trotz steigender Arbeitslosigkeit die Zahl der Wehrdienstverweigerer steigt – das ist politisch und geschichtlich ein schmeichelhaftes Phänomen –, für einen deutschen Staat. Noch ein paar Worte zu einigen Worten und Werten, die uns da angepriesen werden: etwa die Familie, die deutsche Familie. BAföG-Kürzung, das neue Mietrecht, Kabelfernsehen, vereint mit der neuen Videokultur, werden ja dann die deutsche Familie endgültig stabilisieren, es wird ein wahres Familienfest, ein Fest auch für die Werbung, da wird dann endlich für Mutti der Mantel gekauft, den sie gar nicht braucht, und auch der Teigrührer, den sie gar nicht braucht, weil ja Brotbacken doch eine fast alternative Beschäftigung ist, und wenn dann erst die ungeheure Liebessehnsucht, die himmelschreiende innige Brunst, die da zwei Mediengiganten zueinander treibt, wenn die erst befriedigt wird und der Jet-set zu dieser Liebeshochzeit angeflogen kommt, das Bambi-Ballett inszeniert wird, dann brauchen wir keine Systemveränderung mehr. Dann herrscht die Mono-Meinung oder der Meinungs-Mono, der große Bruder, der uns im Unterhaltungskäfig die Brosamen zuwirft.

Nicht versäumen möchte ich, auf eine Broschüre aufmerksam zu machen. Sie ist um den Preis von drei Mark, einschließlich Porto – bei Mehrabnahme gibt es sogar Rabatt –, zu erhalten beim deutschen Sekretariat von Pax Christi, in Frankfurt in der Windmühlenstraße 2. Nicht ganz, aber einigermaßen kann ich dafür garantieren, daß sie *nicht* von Kommunisten verfaßt ist. Diese Broschüre enthält den 2. Entwurf des Hirtenbriefes der Konferenz der Katholischen Bischöfe der USA zu Krieg und Frieden.

Wir haben wohl alle noch nicht so recht begriffen, welche *Wende* da in den USA stattgefunden hat, vor allem im amerikanischen Katholizismus – wenn wir an die Spellman-Zeit zurückdenken. Es ist also angebracht, nicht nur mit Bangen, auch mit Hoffnung nach Amerika zu blicken, wo

Sicherheit und Waffen nicht identisch sind und wo man noch nicht in den hier gängig gewordenen Provinz-Zynismus verfallen ist, der Moral und Sentimentalität miteinander verwechselt.

Ich han dem Mädche nix jedonn, ich han et bloß ens kräje

Dankrede zur Verleihung des Ehrenbürgerrechts der Stadt Köln am 29. 4. 83

Herr Oberbürgermeister, meine Damen und Herren vom Rat der Stadt Köln, lieber Herr Burger, liebe Freunde.
Wenn ich Sie zweimal nenne, Herr Burger, dann möchte ich Sie als Person und als Amtsperson anreden.
Liebe Freunde, besonders lieber Christian Mayer – unter dem Namen Carl Amery bekannt, ich kann auf deine Rede nicht eingehen, ich bin nicht darauf gefaßt, ihr intellektuell wahrscheinlich noch nicht einmal gewachsen, aber ich danke dir, ich danke dir, daß du diesen Gedanken vom radikalen Konservativen entwickelt hast. Ich bin nicht so pessimistisch wie du, denn ich glaube, diejenigen, an die wir, ich nenne dich mit, appelliert haben, waren zwar taub, aber andere haben über Schallwände die Worte mitbekommen. Es kommt aus einer anderen Richtung doch zurück und auch an. Und ich erinnere dich an das Motto meines Romans, der dir ein wenig zu fromm erschien, wie ich mich erinnere, in dem ich einen Spruch aus dem »Neuen Testament« zitiere, den ich jetzt nicht wörtlich zitieren kann – aber inhaltlich: Die werden es hören, für die es nicht verkündet worden ist.
Also, warten wir ab!
Es war mir gar nicht unwillkommen, Herr Oberbürgermeister, daß Sie Ernst Moritz Arndt erwähnt haben. Und ich glaube auch nicht, daß ich so ganz weit von ihm entfernt bin. Wenn ich mich zurückversetze in die Zeit, in der er gelebt hat, und in die Person, könnten sich überraschende – wenn nicht Ähnlichkeiten – Vergleichbarkeiten einstellen.
Ein Stück Patriotismus, was bei Amery als Konservatismus anklang in seiner Definition, können wir nämlich gebrauchen. Es braucht ja nicht gleich wieder in wilhelminisch-bismarckschen Nationalismus auszurutschen. Ich bin übrigens sicher, daß Ernst Moritz Arndt über das Reich von 1870 nicht sehr glücklich gewesen wäre. Es ist Zeit, Patriotismus wiederzuentdecken angesichts der absurden Vorstellung,

wenn nicht gar Pläne – und wären sie nur abstrakte Pläne –, Deutschland, das eine wie das andere, als potentielles Schlachtfeld einzukalkulieren. Ich glaube, Patriotismus wird eine neue Tugend in ganz neuer Form werden, und was den Rhein betrifft, es kommt mir da immer noch komisch vor, wenn französische Politiker und auch Publizisten statt Allemagne l'outre Rhin sagen, was ja bedeuten könnte, Deutschland finge erst auf der anderen Seite an. Nein, der Rhein ist ein Schweizer Fluß, streckenweise deutsch-französische Grenze, seine längste Strecke fließt er durch Deutschland, bevor wir ihn mit sämtlichem undefinierbaren Dreck den armen Niederländern überlassen.

Wenn ich versuche, Ernst Moritz Arndt in unsere Zeit zu versetzen, dann möchte ich ihn gemeinsam mit einem anderen, mit einem wahren Rheinländer, nämlich Heinrich Heine, ebenfalls in unsere Zeit versetzt, in ein Labor stecken und beiden eine exakte Analyse des Rheinwassers vorlegen lassen, und beide sollten sich dann poetisch dazu äußern. Da würde, glaube ich, der gute Arndt nur entsetzt den Kopf schütteln, und Heine würde ein großartig bitteres Poem verfassen, giftig, wie es dem Rheinwasser entspräche.

Der Rhein wartet nicht auf patriotische Poeten, er wartet auf den Patriotismus der chemischen Industrie. In allen Ländern, durch die er fließt, Schweiz, Frankreich, Deutschland, ich glaube, die armen Niederländer haben schon so viel Chemie drin, daß sie nicht selber noch den Rhein mit Chemie beschmutzen.

Es gab – als diese Ehrung im Rat beraten wurde – ein paar Kontroversen und Mißverständnisse, die ich nicht umgehen, sondern ansprechen möchte. Und zwar nicht, um hier Retourkutschen zu befrachten und zu bemannen, sondern um auf eine generelle Verkennung der Literatur zu kommen, denn ich möchte die Damen und Herren, die da gar nicht – oder nur zögernd – dieser Ehrung zugestimmt haben, nicht anklagen, eher verteidigen. Ich glaube, sie erlagen einem Bildungsmißverständnis, das nicht nur uns Deutschen eigen ist, bei uns aber besonders tief verwurzelt: die interpretationsbedingte Trennung, die man mit Autoren vornimmt, die man nicht ganz lassen kann, die man auseinandernehmen, einordnen, unterteilen muß.

Was ich nicht begriffen habe, was mich deshalb natürlich auch nicht kränken konnte, war der Versuch, den sogenannten Erzähler von dem anderen zu trennen, der da gelegentlich Aufsätze schreibt, Kritiken, den man gelegentlich reden hört, ganz abgesehen davon, daß auch Aufsätze, Kritiken und Reden Literatur sind.

Wenn sie schön ärgerlich sind, ist es gerade das Literarische an ihnen, sagen wir meinetwegen das Poetische daran, das Gefährliche, eben weil es aus der routinepolitischen Sprache sich abhebt und eingeht. Davon abgesehen, finde ich, wenn ich in mich gehe, den sogenannten Erzähler, wenn man schon von Ärger und Gefahren spricht, gefährlicher und ärgerlicher als den anderen. Deshalb habe ich diese Trennung nicht verstanden. Das herauszufinden, überlasse ich den Germanisten. Ich finde eine leicht dahinfließende, fast mozarteske Kurzgeschichte – wie manche von Hemingway –, die mit dem Nihil oder dem Nada und dem Nichts spielt, es vor sich hintreibt, es hüpfen und springen läßt, mir könnte sie gefährlicher werden als manches politische Pamphlet.

Ich kann die Gefahren solcher Mißverständnisse hier nicht erschöpfend darstellen, ich kann sie nur andeuten und zu bedenken geben, als Warnung vor Irrtümern, auch bei der Lektüre von Klassikern übrigens. Diese Mißverständnisse sind uralt, sie sitzen tief, und es gibt sehr wenig Fälle, wo Menschen groß genug waren, souverän genug waren, in ihrer eigenen Ideologie und Weltanschauung energisch zu verharren und doch über die Grenze zu springen, Kunst oder Literatur anzuerkennen, die nicht in diese Ideologie passen. Mir fallen da nur drei ein, Walter Benjamin, Rosa Luxemburg und auch – Gott sei mir gnädig, wenn ich den Namen nenne – Lenin, der nach der Revolution eine Liste für russische Autoren aufstellte, deren Denkmäler nicht angetastet werden sollten, und unter diesen war auch der Reaktionär Dostojewski. Ganz abgesehen von dem berühmten Grafen Tolstoi, von dem Lenin gesagt hat, daß – bevor es ihn gab – der russische Bauer in der russischen Literatur nicht vorhanden war.

Und wenn man bedenkt, wie hierzulande mit Heinrich Heine und Ossietzky umgegangen wird, könnte man in diesem Fall vielleicht Lenin als Beispiel nehmen.

Wir wissen fast nichts, kaum etwas jedenfalls über diejenigen, die man in der Literatur die Leser nennt, wir beschränken uns darauf, was Wissenschaftler und Kritiker sich zusammenreimen. Ich kann hier nicht die gewaltige Forschungsarbeit vorlegen, die noch geleistet werden muß, das zu erforschen, ich kann nur darauf hinweisen, daß sie noch geleistet werden muß.

Bildungsbedingte Mißverständnisse liegen also vor, lagen vor. Und bevor ich die obenerwähnten Damen und Herren weiterhin sowohl verteidige wie warne, und die Warnung gilt natürlich auch denen, die der Ehrung voll zugestimmt haben, möchte ich betonen, wie sehr ich mich über diese Ehrung freue. Vor allem, sowohl Herr Burger wie auch Carl Amery haben darauf schon angespielt, in dankbarer Erinnerung an die Feier, die die Stadt Köln mir zu meinem 60. Geburtstag ausgerichtet hat, das war im Jahre 1977, dem Hetz-Hatz-Hysterie-Jahr der deutschen Nachkriegsgeschichte, es war nach diesem berühmten deutschen Herbst, der ja ausführlich dokumentiert ist, da war das gar nicht so selbstverständlich.

Es kam aus dem Bürgersinn, der an Köln wie manches andere so zu schätzen ist, einem Bürgersinn, den wir noch brauchen werden, wenn wir gewisse Rattenfängertöne aufmerksam hören. Wenn mir damals der Herr Bundespräsident einen Orden angeboten hätte, ich fürchte, ich hätte ihn angenommen, im Jahre 1977 – nicht nur für mich als Person, sondern stellvertretend für viele, viele tausend junge Leute, ältere Leute, denen völlig grundlos die Bude auf den Kopf gestellt wurde. Im Jahre 1977 – damals hätte ich es mir überlegt. Als er mir dann angeboten wurde, als Dekoration für einen scheidenden Präsidenten, fand ich das nicht mehr so angebracht. Und deshalb erinnere ich besonders an die Ehrung der Stadt Köln im Jahre 1977 und freue mich über diese weitere Ehrung – die höchste, die die Stadt zu vergeben hat.

Doch wenn Sie schon einen Schriftsteller ehren, der ja nicht wie Politiker und Kirchenleute gesichert seinen Beruf ausgeübt und begonnen hat, der, ich erlaube mir diesen kleinen sentimentalen Rückblick, als er aus einem ziemlich langen Krieg nach Hause kam, fast nichts besaß als die Hände in seiner Tasche, die Hände, mit denen er dann zu schreiben begann, erlaube ich mir, Sie, Herr Burger, und die Damen und Herren vom Rat noch einmal zu bitten, die Förderungsbeträge für die Literatur und auch die Künstler in Köln nicht zu streichen oder deren Streichung noch einmal zu überlegen. Ich weiß, ich weiß, ich hab' leicht reden, Herr Burger, ich hab' leicht reden, ich weiß das, aber ich erinnere mich doch daran, wie Förderung – Politiker und Kirchenleute brauchen ja keine materielle Förderung – welche Art von Förderung sie brauchen, weiß ich nicht – Ehre oder was, aber die materielle Förderung ist für einen jungen Autor und Künstler enorm wichtig.

Ich habe sie selber erfahren auf verschiedenste Weise und gebe einfach zu bedenken, daß das Folgen haben kann, die einer Stadt vom kulturellen Niveau der Stadt Köln vielleicht doch nicht so genehm wären.

Doch nun zurück zu dem wahren Anlaß. Bei der Bewertung dieser Hervorbringung, die man künstlerisch nennt, spielt ja auch etwas eine Rolle, das weder justitiabel noch objektivierbar ist, nämlich der Geschmack. Ich kenne kein heikleres Terrain, jeder von uns kennt wohl Menschen, ist möglicherweise mit ihnen befreundet, deren Geschmack, was ihre Bilder, Möbel, Bücher betrifft, er haarsträubend findet, und doch schätzt er ihren Charakter und mag sie. Auch das Umgekehrte trifft wohl hin und wieder zu, daß man da jemand kennt, dessen Geschmack man als makellos empfindet, dessen Charakter aber abscheulich. Ich weiß nicht, ob sich schon mal jemand analytisch sozio-phänomenologisch und philosophisch mit dieser sehr quälenden Differenz beschäftigt hat. Ich fürchte, auch das ist ein Bildungsproblem und ein quälendes Problem.

Wenn man, wie ich es tue, an Brecht die Gedichte bevorzugt, so muß man doch wissen, daß auch sie der ganze Brecht sind. Und Goethe, dieser unumstrittene Bücherschrank-Klassiker, ich weiß nicht, was die sich vorstellen, die ihn möglicherweise ihren Kindern als heilende Lektüre gegen die Verworfenheit der Moderne empfehlen, die *Wahlverwandtschaften, Werthers Leiden, Faust,* wer diese Empfehlung ausspricht, muß wissen, was er tut, oder er hat Goethe nicht gelesen: Chaos, Unglück, Schmerz, Angst,

Ehebruch, Selbstmord verbergen sich hinter dieser Prosa, die man allzu leicht nur als wohlgefällig hinnimmt.
Und erst dieser Kleist, den man Gott sei Dank an allen Schulen liest, ein Radikaler, zeitweise sogar im öffentlichen Dienst, den *Kohlhaas,* das *Käthchen, Der zerbrochene Krug,* dieses so furchtbar lustige Lustspiel seinen Kindern einfach zu lesen geben, da wird kein Autoritätsglaube verbreitet. Der Stifter des *Nachsommer:* Wer da in diese vollkommen gelungene, diese große Utopie Schritt für Schritt eindringt, dieses großartige Traumbuch der deutschen Literatur, diese Darstellung eines vollkommen geordneten und gebildeten Lebens, wen befällt da nicht die Angst, fast die Gewißheit, daß das nicht gutgehen konnte? Wer spürt nicht die tiefe Schwermut, welcher Stifter letztlich erlag? Gefährliche Klassiker, Erzähler weniger bedenklich als Essayisten? Ich nenne da noch einen: Johann Peter Hebel. Dieser friedliche, sanfte, freundliche, liebenswürdige Autor klassischer Kalendergeschichten; wer wittert da nicht die süßen Verlockungen der Anarchie, wenn Zundelheimer und Zundelfrieder nachts auf Tour gehen oder wenn der Barbier-Lehrling den patzig protzigen Räuber, diesem Herrn der Straße, das Messer an die Kehle hält. Vorsicht, bei Erzählern, auch klassischen!
Diese Warnung zur Vorsicht gilt allen politischen Parteien, auch denen, die nicht hier im Rat der Stadt Köln vertreten sind. Ich jedenfalls halte den Grass der *Blechtrommel* für gefährlicher als den Grass des *Tagebuchs einer Schnecke,* und ich kann mich des Lächelns nicht erwehren, wenn die Bourgeoisie ihren Thomas Mann so liebt, den Zersetzer der Bourgeoisie. Und ich wiederhole es: an Aufsätzen und Pamphleten ist ja das Poetische gerade das Gefährliche, der sprachliche Ausdruck, der aus der politischen Routinesprache fällt. Jeder täuscht sich, der irgendeine Ehrung einem Autor zuteil werden läßt, lassen möchte, der ganz und allen paßt, einem Ausgewogenen, dann ist er kein Autor mehr, den Sie ehren möchten, nur noch ein Langweiler. Einen habe ich noch vergessen: Georg Büchner. Kaum noch mutmaßlich ein Terrorist, sogar als solcher gesucht. Würden Sie den etwa nicht ehren wollen, der doch auf allen Bühnen, auch den hiesigen, gespielt und der auf allen Schulen gelesen wird?

Lesen, dieser unbeschreibliche innere Vorgang, bei dem das Auge ja nur eine instrumentale, eine untergeordnete Rolle spielt, das will gelernt sein. Und es will gelernt sein, Autoren nicht aus ihrer Zeit herauszuheben, sondern sie in ihre Zeit zurückzuversetzen. Ich habe neulich bei Franz Herre in seinem Buch über Metternich gelesen, Metternich habe Beethoven nicht gemocht, ja, ihn gefürchtet. Metternich hatte natürlich recht, bei Beethoven da bebte die Französische Revolution mit, die Metternich bekanntlich ebenfalls nicht mochte. Wer heute also metternichsche Gedanken hegt – und es gibt ja einige – und doch Beethoven liebt oder zu lieben glaubt oder lieben zu müssen glaubt, weil er ja nun ein Klassiker geworden ist, der sollte sich in Metternich und Beethoven zu versetzen versuchen und sich seiner latenten Schizophrenie bewußt werden. Das gilt auch für Büchner, natürlich.

Nur diese paar Gedanken, die Sie beunruhigen und möglicherweise auch trösten können, es gibt keinen unumstrittenen Autor, den Sie ehren möchten. Es bleibt ein Risiko, einen Lebenden zu ehren, der ungefähr weiß, wo er herkommt, aber nicht weiß, wohin es ihn noch führen könnte. Und so bewundere ich den Mut, den Mut aller hier versammelten Ratsparteien. Der gute Ernst Moritz Arndt war, glaube ich, 1859 neunzig Jahre alt, da konnte ja nicht mehr viel passieren.

Noch ein paar Worte zum Genius loci, dem ich zwar ausreichend gehuldigt zu haben glaube, nicht nur heute. Ich stamme aus dieser Stadt. Vieles an ihr ist mir selbstverständlich, manches fremd, immer fremd geblieben, einiges fremd geworden. Aber diese Fremdheit würde ich als Stuttgarter oder Tuttlinger genauso empfinden, denn ich bin ziemlich sicher, wir gehören nicht ganz hierher, auf diese Erde, meine ich. Unsere Heimat ist auch anderswo. Was mich an dieser Stadt, in ihr wohl geprägt hat, war etwas, das ich sehr schwer definieren kann, etwas Architektonisches: das Frühe, das die romanische Architektur ausstrahlt, die Romanik eben, in der ja auch eine Utopie, ein Traum zu verwirklichen versucht worden ist, den wir Christentum zu nennen übereingekommen sind, und wie der Name Romanik ja sagt, auch etwas Römisches. Nicht den kalten Angeberpomp der Peterskirche, der ja eigentlich einen nur in Erkältung treibt, sondern eine tiefe Innigkeit, die auch in Rom zu Hause und noch zu finden ist. Was ich außerdem liebe, ist etwas Zerbrechliches, die römischen Gläser, und ich danke Ihnen noch einmal besonders herzlich für die Replik eines römischen Glases, die die Stadt mir zum Geburtstag geschenkt hat. Und natürlich den Rhein, den ich einmal eine »schmutzige Majestät« genannt habe.

Bevor ich nun wirklich Schluß mache, noch ein Hinweis. Sie ehren hier eine Rarität, damit meine ich nicht den berüchtigt-berühmten Zeitgenossen, diesen Vogel, der da wieder mal eine Feder angesteckt bekommt, der aus dieser Stadt stammt, ich meine die statistische Einheit, die ich ja auch darstelle. Nach dem Zensus vom 31. 12. 1980 gab es noch 139 000 überlebende männliche Exemplare meines Jahrgangs und 215 000 weibliche. In dieser Differenz drückt sich deutsche Geschichte aus. Und wenn ich an 1945 zurückdenke, gab es mehr als doppelt so viele 75jährige wie 28jährige, und das hat natürlich die Republik geprägt, lieber Christian. Wenn ich die Statistik studiere, stelle ich fest, daß es erst mehr Überlebende als die meines Jahrgangs gibt, wenn die 80jährigen anfangen.

Und nun zum wirklich wahren Schluß eine kleine Hommage an den lokalen Sprachgenius Kölns, an die fast schon zahlreichen kölschen Musikgruppen, die, so scheint mir, dies etwas allzusehr in kölsche Gemütlichkeit versunkene Kölsch wieder zum Leben erweckt und fast zu einer Weltsprache gemacht haben. Auch ich möchte, um diesem Sprachgenius zu huldigen, einen Vers aussprechen, in dem sich auch Schuld und Unschuld eines Autors ausdrücken: »Ich han dem Mädche nix jedonn, ich han et bloß ens kräje.«

Mordnachweis

Über Joe J. Heydeckers *Where is Thy Brother Abel – Wo ist dein Bruder Abel – Onde está Abel, tue irmõ*

Merkwürdig, daß im Lande der klassischen Prachtbände, der regionalen und kommunalen sehr aufwendigen Geschenkbände dieser Bildband keinen Verleger finden konnte: Authentische Fotos aus dem Warschauer Getto, mit dem Text eines Augenzeugen, der weder Täter noch Opfer war, sondern »nur« Angehöriger der deutschen Wehrmacht, die nicht etwa die Konzentrationslager betrieb, auch nicht das Getto in Warschau errichtete, nein – und doch wäre ohne sie das alles nicht möglich gewesen.

Schade, daß Norbert Blüm seine treffende Bemerkung über die Rolle der Wehrmacht zurücknahm, wohl zurücknehmen mußte – man hätte sie annehmen müssen und wäre vielleicht endlich auf den Grund gestoßen, und es wäre nicht weiterhin bei peinlichen Rechtfertigungs-Turnübungen auf der gekränkten Oberfläche geblieben.

Joe J. Heydecker, durch sein Buch über die Nürnberger Prozesse hinreichend und rühmlich bekannt, gibt in seinem Text Beweise genug, daß »man« es wissen konnte; auch dafür, daß die Wehrmacht »es« wußte. Immerhin zitiert er nicht nur Kommentare von unbeteiligten deutschen Augenzeugen, auch aus einem Armeebefehl von Reichenaus vom 10. Oktober 1941, der sich offenbar veranlaßt sah, auf die Unruhe – die zustimmende und ablehnende – in seiner Truppe zu reagieren, indem er die »Ausrottung des asiatischen Einflusses im europäischen Kulturkreis« als »das wesentliche Ziel des Feldzugs gegen das jüdisch-bolschewistische System« bezeichnete und hinzufügte: »Hierdurch entstehen auch für die Truppe Aufgaben, die über das hergebrachte, einseitige Soldatentum hinausgehen... Deshalb muß der Soldat für die Notwendigkeit der harten, aber gerechten Sühne am jüdischen Untermenschentum volles Verständnis haben.« Diese Seite des Krieges ist ja inzwischen von Martin Broszat, Hans-Adolf Jacobsen und Helmut Krausnick ausreichend dokumentiert.

Heydecker zitiert noch einen Armeebefehl von Rundstedts vom September 1941, der sich offenbar auf zuschauende und möglicherweise mit eingreifende Wehrmachtsangehörige bezieht: »Eigenmächtiges Vorgehen oder Beteiligung von Wehrmachtsangehörigen an Exzessen der ukrainischen Bevölkerung gegen die Juden ist verboten, ebenso das Zusehen oder Fotografieren bei der Durchführung der Maßnahmen der Sonderkommandos.«
Wo sind diese Augenzeugen, wo ihre Fotos? Werden sie möglicherweise beim Treffen »alter Kameraden« heimlich und grinsend herumgereicht? Heydeckers Fotos, nicht nur aus dem Warschauer Getto, auch von der Zerstörung Lembergs, haben, zusammen mit seinem Augenzeugenbericht, seiner Schilderung beobachteter Szenen, Seltenheitswert. In einem Jahr starben zehn Prozent der Gettobevölkerung, also 44630 Menschen, an Hunger und Typhus, und am 16. Mai 1943 meldete SS-Obergruppenführer Jürgen Stoop: »Das ehemalige jüdische Wohnviertel Warschaus besteht nicht mehr. Gesamtzahl der erfaßten und *nachweislich* (Betonung von mir) vernichteten Juden beträgt 50065.« O Himmel, was wäre wohl ein hochrangiger Mörder ohne seinen Mord*nachweis!*
Nach zahlreichen Publikationen, Filmen und Veranstaltungen erübrigt sich wohl eine neuerliche Aufzählung der Geschichte des Warschauer Gettos und seines Aufstands. Heydecker hat sich vor und nach dem Aufstand ins Getto hineingeschmuggelt, unter Lebensgefahr. Es ist beschämend, daß seine Fotos und sein Bericht in der Bundesrepublik keinen fanden, der sie publizierte; beschämend, daß jüdische Bürger südamerikanischer Staaten diese Publikation finanzieren mußten, die unvermeidlich aufwendig, weil dreisprachig, geraten mußte. *Ein*sprachig, deutsch, könnte sie als einer der wenigen Augenzeugenberichte überzeugend sein und wirken.
Wenn laut Lea Rosh von insgesamt etwa 150000 *tätlich* Beteiligten nur wenig mehr als 6500 vor Gericht gestanden haben, wo sind die übrigen? Leben sie, wenn sie nicht gestorben sind, noch heute und möglicherweise in nicht nur geordneten, vielleicht gar wohlhabenden Umständen? Wer hat je herauszufinden versucht, wieviel Nachkriegsvermögen

aus Raub und Plünderung, wie viele »heroisch aufgebaute« Nachkriegsunternehmen aus Kriegsbeute, gar Leichenfledderei entstanden sind? Immerhin stellte Heydecker nach der Vernichtung des Warschauer Gettos einen »auffallenden Preissturz« bei Warschauer Juwelieren fest. Hat da die beutegierige SS den freien Markt so stark beliefert, daß die Preise nachgeben mußten? Nicht nur blutig war der Krieg, es gab auch blutige Beute.

PS: Inzwischen ist Heydeckers Buch beim Deutschen Taschenbuch Verlag (dtv) erschienen.

Die Juden von Drove

Ich widme diesen Aufsatz dem Gedenken unseres verstorbenen Sohnes Raimund, dem ich nie erklären konnte, was auch mir unerklärlich blieb.

Das Dorf Drove fiel uns bei unseren Spaziergängen durch die Dörfer der Nachbarschaft auf, weil wir dort einen Gedenkstein an der Stelle entdeckten, wo einmal eine Synagoge stand. Inzwischen gibt es solcher Gedenksteine mehrere: in Linnich, Jülich, Gürzenich. Später erfuhr ich, daß der Gedenkstein auf Anregung des Fabrikarbeiters Karl Schröteler errichtet wurde, der im November 1960 an den Gemeinderat von Kreuzau, dem Drove angegliedert ist, schrieb: »Nach Jahren langen Wartens hätte ich bestimmt gehofft, Kirche und Gemeinde hätten an unsere armen gemarterten Juden gedacht. Aber leider ist an die armen Juden nicht im geringsten gedacht worden und unsere Gemeinde Drove und auch das Amt Kreuzau hat (man) von denselben nichts gehört. Unsere Gemeinde hat dieses Jahr ein neues Friedhofskreuz und ein neues Denkmal für unseren verstorbenen Pfarrer Kreitz und auch ein neues Ehrenmal für unsere gefallenen Drover Jungens erstellt. Ich glaube, es wird auch nicht schwer fallen, auch für unsere Drover Juden einen Gedenkstein zu setzen. (*Es ist unsere Pflicht.*) Wir älteren Drover haben mit den Drover Juden auf der Schulbank gehockt, wir haben mit den Juden gespielt. Auch sind einige Juden mit unseren Brüdern Soldat gewesen. Auch haben einige Juden 1914–1918 den ersten Weltkrieg mitgemacht und Seite an Seite (mit uns) gestanden. Wir hätten ja schnell einen geeigneten Platz, wo früher die Synagoge gestanden hat.« Der Gemeinderat stimmte dem Antrag des Karl Schröteler zu, und nach unvermeidlichen Korrespondenzen, Sitzungen, der Begutachtung von Entwürfen wurde im Jahr 1971 der Gedenkstein nach dem Entwurf von Victor Brings aus Kreuzau in einer Feierstunde aufgestellt.

Später, als ich Informationen für diesen Artikel hier sammelte, wurde ich auf die *Dokumentation zur Geschichte des*

Judentums am linken Niederrhein seit dem 17. Jahrhundert von Klaus H. S. Schulte aufmerksam gemacht[1]; ich schlug die Angaben über Drove nach, blätterte in dem Buch, las es später ganz, studierte die Dokumente, Fotos, Register, und es wurde mir klar, wie wenig wir über die *dörflichen Judengemeinden* wissen. Im Ortsverzeichnis des Buches von Schulte fand ich mehr als 600 Namen von Städten, Dörfern, Weilern – von Aachen und Abenden (bei Heimbach) bis Zülpich und Zündorf (bei Köln), und die Schultesche Dokumentation erfaßt nur die Region zwischen Münstereifel und der belgisch-niederländischen Grenze, den linken Niederrhein. Drove ist also nur ein Dorf von diesen mehr als 600 Ortschaften, die jede eine, wenn auch kleine, jüdische Gemeinde hatten, viele einen jüdischen Friedhof, manche eine Synagoge. Mir ist nie so recht wohl gewesen, wenn man allzuhäufig nur das Fehlen der Intellektuellen, der Ärzte, Wissenschaftler, Autoren und Künstler jüdischer Herkunft beklagt hat, den Verlust fürs »deutsche Geistesleben«. Nicht nur dieser Verlust ist zu beklagen. In dem einfachen Brief von Karl Schröteler an die Gemeinde Kreuzau werden keine Koryphäen beklagt, sondern verlorene, verschwundene Schulkameraden, wird zerstörte Nachbarschaft beklagt. Eine Nachbarschaft, die jahrhundertealt war.

Der Judenfriedhof von Drove ist wohlerhalten; er wird von der Gemeinde gepflegt, das Eingangstor ist durch ein Vorhängeschloß gesichert. Er liegt außerhalb des Dorfes am Rand einer idyllischen Mulde zwischen Wald und Feldern. Der Bach Drove, der durch diese Mulde herankommt, gab dem Ort den Namen. Seitdem der Straßenverkehr von Kreuzau über Nideggen, Heimbach, Schleiden in die Eifel hinein über eine Umgehungsstraße führt, ist es ruhiger dort, fast ruhig. Die letzte Beerdigung auf dem Judenfriedhof in Drove fand im Jahr 1940 statt: Jetta Leiser, das Alter ist nicht genannt.

Es wird wohl keine jüdische Beerdigung in Drove mehr stattfinden. Einmal im Jahr kommt eine Überlebende aus England und besucht das Grab der Familie Dahl-Pollack.

1 K. H. S. Schulte, *Dokumentation zur Geschichte der Juden am linken Niederrhein seit dem 17. Jahrhundert*, Düsseldorf, 1972.

Ihr Vater, Robert Dahl, war ein beliebter Mitbürger in Drove, Vorsitzender und Förderer des Sportvereins »Columbia«. 1935, als er starb, war er 52 Jahre alt, Kriegsteilnehmer 1914–18. An seiner Beerdigung nahm noch das ganze Dorf teil, obwohl die Teilnahme verboten war. Integration und Normalität lassen sich wohl kaum besser ausdrücken! Das ganze Dorf verehrte Robert Dahl. Kein Sportler im Dorf, dem er nicht zur Anschaffung seiner Kluft beigetragen und nach Fußballspielen mehrere Bier spendiert hatte. An der Beerdigung nahmen auch die Drover teil, die schon in der SA waren. Sie wurden registriert, bestraft, einige in Ausbildungslager ins ferne Pommern beordert.

Ich stelle mir vor, daß ein Junge in Drove, 1983 geboren, im Jahr 2000 17 Jahre alt, am Gedenkstein für die jüdischen Mitbürger stutzig wird, nachzudenken beginnt, den so romantisch stillen Judenfriedhof entdeckt; vielleicht ist er einer, der wissen möchte, wo er lebt, wissen möchte, was alles im Dorf und ums Dorf herum geschehen ist. Geschichte also beginnt ihn zu interessieren, und er beginnt zu fragen und nachzuforschen. Wer war das, warum wohnen sie nicht mehr hier, wo sind sie geblieben, die Juden? Israelis, die mag er kennen. Waren die etwa hier, hatten eine Kolonie hier oder waren gar als Besatzung hier? Wenn der Junge zu fragen beginnt, wird kaum noch jemand leben, der noch einen Drover Juden gekannt hat, und doch kannte hier, wie in den Dörfern üblich, jeder jeden. Auf diesem idyllisch gelegenen, im Jahr 2000 wahrscheinlich romantisch versunkenen Friedhof kann der Junge 59 Gräber zählen. So wenige Juden können das also nicht gewesen sein. Wo sind sie geblieben? War da eine Art Rattenfänger am Werk, hat sie betört und verzaubert, weggeführt, und man hat nie wieder von ihnen gehört?

Die meisten Gräber auf dem Judenfriedhof von Drove sind in gutem Zustand, sechs tragen hebräische Inschriften, an sieben sind die Inschriften ausgekratzt, an einem verwittert, von einem Grabstein steht nur noch der Sockel. Das rostige Vorhängeschloß wäre leicht zu knacken, noch leichter wäre durch das gelichtete Gebüsch, das den Friedhof umgrenzt, einzudringen. Kaum anzunehmen, daß ein Drover versucht hätte, diese Gräber zu schänden. Gräber schänden? Wird

der Junge je erfahren, was das bedeutet, und was es bedeutet, daß sich einer in eine bedenkliche, wenn nicht gar gefährliche Situation begibt, der an der Beerdigung eines beliebten Mitbürgers teilnimmt? Möglich, daß die beiden über Achtzigjährigen, der ehemalige Schuldirektor Nolden und der Architekt Richter, im Jahr 2000 noch leben und es dem Jungen erzählen. Möglich auch, daß die dann fast hundertjährige, energische und herzliche, direkte Frau Klinkenberg noch lebt, die dem Jungen erzählen könnte, wer die Juden waren, wie sie lebten und was mit ihnen geschehen ist. Alle werden bezeugen, was auch die überlebenden Juden aus den Nachbargemeinden bezeugen, die zum Gottesdienst in die Synagoge nach Drove gingen: Das Dorf Drove war nicht judenfeindlich.
Seit Generationen, seit Jahrhunderten wohnten Juden in Drove. Es gibt wenig Dokumente, gelegentlich nur Erwähnungen, die ersten im 17., einige mehr im 18. Jahrhundert.

»Hauptstaatsarchiv Düsseldorf
Bestand Jülich-Berg II, Nr. 6025, Bl. 269–270

Wir, Scholtes und Scheffen des Gerichtz, dero Hoch- und Herligkeit Drove thun khundt, zeugen und bekennen hiemit öffentlig vor jedermänniglig, demnach der wohlgeborene unser gnädiger Her zu Drove Joh. Werner von Wevorden uns gnädig aufgegeben, etlige von den Altisten dieser Herschaft vorzufordern und bey ihren Aydten und Pflichten zu examiniren, was ihnen sambt und sonders von den Jüdden, so vor fünfzig, sechszig und lenger Jahren alhie zu Drove gewohnt, wißig etc., daß wir darauf unser Schuldigkeit nach verfahren wie folgt:
Engen Püntzels, Wittib Jakoben Kallarts, alt uber achtzig Jahr, referirt, als sie noch ein* angewachsen Kindt gewesen und sich bei ihren Eltern also aufgehalten, hette ein Jüdt alhie gewohnt, Isaac geheißen, welches uber sechszig oder 70 Jahr verlitten; als sie nun geheiliget gewesen, hette sie von ihrer Schwiegermuttern Catharinen Dorps gehort, daß dabevoren auch Jüdden alhie gewohnt, und in specie, daß ein Jüddin mit gemelter ihrer Schwiegermutter seelig sehr gute Freundtschaft gehalten und ein Geschicht dabei erzehlet, so sich mit ihro, der Jüddinnen ver-*

storbenen und oben diesem Dorf auf das Jüddendriesch begrabenen Kindt zugetragen. Ferners deponirt, daß vor viertzig Jahren nocheinander Jüdt, Hirtz genant, auch etlige Jahr alhie zu Drove gewohnet, so folgendt verzogen. Nach diesem, vor etwa zehen Jahren, hette noch ein Jüdt, auch Hirtz genant, sich alhie ein Jahr, fünf oder sechs aufgehalten, so folgend von hinnen nach Gürtzenich verzogen.

Peter Mühller, alt achtzig zwei Jahr, referirt ahn Aydtzstatt, daß er von seinen Eltern, auch andern alten Leuthen gehort, daß vor vielen Jahren Jüdden alhie zu Drove gewohnt und ihren Kirchhoff oben diesem Dorf auf dem Driesch, so annoch das Jüddendriesch genent wirdt, gehabt. Bei seinen jungen Jahren, als er neben anderen Kindern derendts die Köhe gehütet, hette man noch zwei Gräber, darin Jüdden begraben gewesen, alda gesehen. Vor etwan viertzig Jahren hab sich auch ein Judt, Hirtz genant, und widerumb vorm Jahr oder zehen noch ein ander, auch Hirtz genant, etlige Jahr alhie aufgehalten. Von dem Jüdden Isaac wiste er nit zu sagen, dan er jung hievondannen kommen und etlige viele Jahr sich ausdwendig aufgehalten.*

Johan Cronenberg, Mitscheffen, alt einundachtzig Jahr, referirt, er seie vor etwan sechszig Jahren hiehin wohnen kommen und von seinem Eltern referiren horen, daß dabevoren Jüdden alhie gewohnet und ihren Kirchhoff auf dem Driesch, so oben diesem Dorf nach Thumb wartz gelegen und annoch das Jüddendriesch genent wirdt, gehabt, und daß zu solcher Zeit einmahl ein Jüddenkindt aufgegraben und beraubt sein solte; wegen der darnach alhie gewohnten Jüdden, so beide Hirtz geheißen, sagt, daß es damit beschaffen, wie Engen Püntzels und Peter Mühller referiret.

*Christian Dahmen, Stadthalter**, alt sechszig sechs Jahr, referirt, daß von seinen Eltern gehort, daß bei ihrer Lebzeit ein Jüdt, Isaac genant, alhie in Dahmen Reinhardts gewohnt, und die Jüdden, so davoren alhie gewohnt, hetten ihren Kirchhoff oben auf dem Driesch, da man nach Thumb gehet, gehabt. Wegen der ubrigen Jüdden, so darnach hiehin wohnen kommen, referirt sich auf Engen Püntzels, Petern Mühllern und Johannes Cronenbergs Außage.*

Johan Riem, Gerichtsbodt, alt bei die siebentzig Jahr, referirt, daß bei seiner Zeit zwey Jüdden, beide Hirtz genant, der einer

vor etligen 40 Jahren und der andere vor zehen Jahren alhie gewohnet, so doch alhie nit gestorben, sondern anderwertz verzogen. Habe sonsten von seinen Eltern und andren alten Leuthen vor vielen Jahren sagen gehort, daß von alters auch Jüdden alhie gewohnet und ihren Kirchhoff auf einem Driesch, so annoch das Jüddendriesch genant wirdt, gehabt.
Diese relationes haben die vorgenanten Personen jederzeit auf erforderen mittel leibligen Aydtz zu betheuren sambt und sonders handtästiglich anglobt. So geschehen Drove den 24. Februarii Jahrs sechszehenhondertsechßig und drey in Urkhundt unsers herunden aufgetrückten Gerichtzsiegels.

Vacante secretariatu
Wilhelm Abelß
... Sehlß** subscripsi«*

Wenn im Jahre 1663 Achtzigjährige sich erinnern, daß vor mindestens 60 Jahren, daß »von alters« Juden dort gewohnt haben, darf man wohl daraus schließen, daß spätestens im 16. Jahrhundert, wenn nicht früher schon, Juden dort gelebt haben, und wenn der erwähnte Judenfriedhof »Thumbwärts« gelegen hat, so könnte er da gelegen haben, wo der Judenfriedhof noch jetzt liegt: auch er liegt an der Straße, die nach Thum führt.
(Im Nachbardorf Nideggen ist eine jüdische Familie im 13. Jahrhundert erwähnt.)
Ab 1806 sind die Juden in allen linksrheinischen Ortschaften registriert. Im Jahr 1806 wohnten 34 Juden in der Bürgermeisterei Drove, die aus acht Dörfern und einem Weiler bestand. Im Laufe des 19. Jahrhunderts waren es 45 (1830), 60 (1861), 54 (1871) und im Jahr 1905 waren es 50. Im Jahr 1930 waren im Dorf Drove 31 von etwa 1400 Einwohnern Juden.
Zur Geschichte des Judentums am linken Rheinufer, von Basel bis hinauf nach Kleve, gibt es umfangreiche Studien, historische Arbeiten, Dokumente. Das älteste davon ist

* = unsichere Lesung
** Stadthalter = Stellvertreter des Gerichtsvorsitzenden (Schultheiß)

wohl ein Dekret des Kaisers Konstantin aus dem Jahr 321 über die Rechte und Pflichten der Kölner Juden in Angelegenheiten, die die Stadtverwaltung betrafen, und wenn schon im Jahr 321 ein Dekret notwendig war, kann man voraussetzen, daß die jüdische Gemeinde in Köln schon wenigstens ein Jahrhundert alt war. Noch älter waren wahrscheinlich die Judengemeinden in Speyer, Worms und Mainz. Es gab also Juden im Rheinland, bevor es dort die ersten Christen gab. Wahrscheinlich gab es Juden hier schon vor Christi Geburt. Die Geschichte der Juden im Rheinland ist eine 2000jährige Geschichte. Für das Dorf Drove endet sie mit der Deportation von 25 jüdischen Mitbürgern nach Polen. Und die letzte jüdische Beerdigung in Drove war die von Jetta Leiser, deren Alter nicht bekannt ist, im Jahre 1940.

In Worms hält sich, was Sage oder Legende, aber auch zutreffend sein könnte, obwohl es sagen- und legendenhaft klingt: daß die ersten Juden sich dort nach der Zerstörung des Tempels in Jerusalem ansiedelten. Sicher ist, daß schon Jahrhunderte vor dem Konstantinschen Dekret Juden als Legionäre, als Ärzte und Kaufleute mit den Römern nach Germanien gekommen sind.

Niemals wird erforscht werden können, wieviel jüdische Bürger im Laufe dieser beiden Jahrtausende ihre Religion wechselten oder ablegten und im Laufe der Jahrhunderte in der übrigen Bevölkerung auf- und untergingen. Möglich, daß es kaum einen Rheinländer gibt, in dessen Adern nicht – nach Naziterminologie – »jüdisches Blut« fließt.

Der leidenschaftlich an Historie interessierte Pfarrer von Drove, Johannes Kreitz, veröffentlichte von 1930 an laufend »geschichtliche Notizen« in seiner *Kirchenzeitung für die Pfarrgemeinde in Drove.* In der Ausgabe vom 19. Oktober 1930 berichtet er:

»Im 18. Jahrhundert traten in Drove zwei Juden zur katholischen Kirche über. Zunächst wurde ein Jude getauft am 24. September 1744 durch den Drover Pfarrer Kaspar Hensen. Er erhielt den Namen Joseph Christoph Himmelselig. Als Paten fungierten Freiherr Christoph von Rohe, Herr zu Drove, und Freifrau von Spies, geborene von Vlatten zu Froitzheim, Herrin in Rath bei Nörvenich. Er verheiratete sich nacheinander viermal. Von der vierten Frau hatte er drei Kinder, wovon noch mehrere jetzige Drover katholische Familien abstammen. Am 9. Juli 1786 wurde eine Jüdin in der Pfarrkirche durch den Pfarrer Johann Peter Demmer getauft. Sie erhielt den Namen Maria Theresia Maubach. Paten waren Baron von Spies zu Schimpern, Herr zu Maubach, und die Gräfin Maria Theresia vom Hompesch geborene von Hoensbroich, Herrin zu Drove. Sie feierte an ihrem Tauftag ihre Hochzeit mit Joh. Matthias Müller, der aber schon nach sieben Wochen starb. Dieser Ehe entsprossen keine Kinder.«

Fast 200 Jahre nach der Taufe des Juden Himmelselig (1744) stellt der Pfarrer von Drove 1930 fest, daß »noch mehrere jetzige Drover katholische Familien« von ihm abstammen, und gewiß sind nicht alle Jüdinnen, die Christen heirateten, kinderlos gestorben wie Maria Theresia Maubach, die sich 1786 taufen ließ. Zwei Taufen in einem Dorf mit einer kleinen jüdischen Gemeinde – ließe sich das übertragen auf die vielen tausend Ortschaften zwischen Basel und Kleve, auf die Städte, Dörfer, Weiler, wo Übertritte nicht registriert wurden oder die Registratur verlorenging – man könnte wohl auf ein ganzes »jüdisches Volk« schließen, das da in der Bevölkerung aufging.

Hinter jeder dieser knappen, trockenen »geschichtlichen Notizen« des Pfarrers Kreitz steckt ein ganzer Roman, ein Beitrag zur Sitten- und Kulturgeschichte.

Ebenfalls am 19. Oktober 1930 notiert er:

»Die Sitte des Tabakrauchens wurde um das Jahr 1620, also im Dreißigjährigen Krieg, durch durchziehende spanische Soldaten in unserer Gegend verbreitet.«

Oder:

»Im Jahr 1751 ließ Freiherr von Rohe einen Verbrecher namens Johann Buschmann an den Galgen hängen. Die Unkosten beliefen sich dabei auf 245 Reichsthaler, 18 Albus, 8 Heller, die von den Einwohnern der Herrschaft Drove bezahlt werden mußten und durch Steuerempfänger Macherey eingetrieben wurden.«

Am 5. März 1933, am Tag der Reichstagswahlen, als der Naziterror im ganzen Reich unter Kommunisten, Juden, Sozialdemokraten und Zentrumsleuten wütete, veröffentlichte Pfarrer Kreitz in seiner Kirchenzeitung: »Für das Jahr 1788 ist in Drover Akten (Judenakten in meinem Privatarchiv) das Aufstellen einer Laubhütte beim Israeliten Levy Isaak im Drover Oberdorf bezeugt. Ein Peter Nolden aus Drove-Oberdorf hatte 1788 den Juden bei der Aufstellung seiner Laubhütte tätlich angegriffen. Der Mitherr von Drove, Ricker, befahl genaueste Untersuchung und Bestrafung.«

Schon heute wird kaum noch einer, im Jahr 2000 keiner mehr begreifen, daß es ein Akt des Widerstands war, im März 1933 in einer Kirchenzeitung eine solche Notiz zu veröffentlichen. Da sollte im Jahr 1788 einer bestraft werden, weil er einen Juden beim Errichten der Laubhütte »tätlich« behindert hatte? Und das wurde publiziert in dem Jahr, in dem die an die Macht kamen, deren Pläne zur Judenvernichtung aktenkundig waren? Fünf Jahre später, am 10. November 1938, zerschlug man in Drove der jüdischen Jungfer Röschen Holländer ihren kümmerlichen Hauswarenladen, fegte die Regale leer, zerschmiß das Geschirr und scheuchte das dreiundsechzigjährige alte Mädchen, das nicht wußte, was da und warum es geschah, in die obere Etage ihres Häuschens Hauptstraße (jetzt Drovestraße) 110. Das blieb nicht nur ungestraft, es geschah auf Befehl, wie die Brandstiftung in der Drover Synagoge.

Eins ist mir nach vielen Gesprächen mit Überlebenden, Juden und Nichtjuden gewiß: der Terror kam nicht aus den Dörfern, er wurde in sie hineinbefohlen von Kommandos, die von außen kamen. In der »Kristallnacht« wurde die Drover Feuerwehr alarmiert, nicht, um Brand zu löschen, sondern um Brand zu stiften; es wurde ihr befohlen, Strohballen aus dem Schloß zu holen, sie um die Synagoge herum und in ihr aufzuhäufen, mit Benzin zu übergießen und anzuzünden. Die gesamte Feuerwehr weigerte sich, angeführt von dem überlebenden Tillmann Hoff, unter dem Hinweis, sie sei da, um Brände zu löschen, nicht solche zu stiften. Das Terrorkommando, bestehend aus vier Dürener, vier Kreuzauer und einem Drover Nazi, übernahm die

Brandstiftung, bedrohte den Juden Schwarz, der aus Nideggen mit seinem Motorrad angefahren kam, um wenigstens die Torarolle zu retten, mit dem Tod, und der Ortsgruppenleiter S. aus Kreuzau verkündete den Leuten, die aus der Kirche kamen und entsetzt den Brand beobachteten: »Und der Hahn (die katholische Kirche) kommt auch noch dran.« Dem Dorfpolizisten Nolden war striktestens verboten worden, sein Haus zu verlassen.

Es mag in anderen deutschen Regionen anders gewesen sein, wo man den brütenden Antisemitismus in den Dörfern nur zu entfachen brauchte; in der hier beschriebenen Region war es nicht so. In einigen Dörfern, wo es keine Synagoge mehr gab, fand der Terror der »Kristallnacht« gar nicht statt, weil Ortsvorsteher die jüdischen Mitbürger früh genug warnten, und auch in Drove wurde der Anstreicherbetrieb des jüdischen Bürgers Daniels nicht demoliert, weil er frühzeitig gewarnt wurde und sein Geschäft unkenntlich machen konnte. Im November 1932 bekamen die Nazis im Dorf Drove von 563 abgegebenen Stimmen 26, also 4,6%; die Kommunisten – und das in einem geschlossen katholischen Dorf – fast doppelt so viele Stimmen: 46 = (etwa) 8,1%. Das Zentrum bekam 406 Stimmen = 73%, die SPD 69 = 12,3%. Wie wenig nazianfällig diese Region im Vergleich zu anderen Regionen war, ist einleuchtend, zumal wenn man bedenkt, daß im November 1932 noch lange nicht jeder Nazi*wähler* ein Nazi gewesen sein muß. Im November 1932 betrug der Anteil der NSDAP-Stimmen im Kreis Düren, zu dem Drove gehört, knapp 9%, im März 1933, nach härtestem Terror und intensiver Propaganda, knapp 25%. Die Wahlergebnisse der Märzwahlen 1933 aus Drove waren leider nicht zu erhalten, weil die meisten Unterlagen in der Region verbrannten.

In Drove gab es nach 1933 drei oder vier Uniformierte, von denen nur einer aktiv und aggressiv war, eben jener, der sich auch in der Kristallnacht betätigte. Er war der Kleinste, »wie Goebbels«, und war nachher der »Größte«. Später gab es höchstens 15–16 Uniformierte, und die Hakenkreuzfahne wurde von Haas aus Uedingen mit einem Sonderkommando auf der Drover Schule gehißt. Pfarrer Kreitz kam 1933 zum jungen Nikolaus Nolden und sagte zu ihm: »Du übernimmst jetzt die HJ, dann weiß ich, daß sie in guten Händen ist.« Einige von Noldens Altersgenossen übernahmen die HJ in den Nachbargemeinden. Sie trugen nie die HJ-Uniform in der Schule; als Nolden sie einmal aus irgendeinem Grund – wohl anläßlich eines Feiertages – anzog, zeigte sich einer der Nazilehrer überrascht, und er bekam eine bessere Note.

Natürlich traf nicht bei allen Nazis in leitenden Funktionen die Staatsmacht auf die Eigenmacht. Da wurden auch »Augen zugedrückt«; so ritten noch im Jahre 1938 zwei jüdische Mädchen mit dem Schützenkönig, der zugleich Ortsgruppenleiter war, auf dessen Schimmel durch ein Nachbardorf. Das war wohl eine Ausnahme; und doch: »Er hätte uns Schlimmes antun können«, sagt Fräulein P. Er hatte, das muß man wissen, die Macht, es zu tun und es nicht zu tun. Andererseits war da der Prominentenarzt E., bei dem die ganze Dürener Hautevolée sich behandeln ließ, die Akademiker und die Industriellen – zuerst blieben die Abhängigen weg, später erst die Industriellen. Im Dorf hingegen stimmten bei der Wahl 1938 10 Dorfbewohner mit »Nein« – aber nur eine Stimme wurde registriert.

Das Archiv des Pfarrers Kreitz und damit auch die »Judenakten in meinem Privatarchiv«, die er am 5. März 1933 in seiner Zeitung erwähnt, das alles ist 1944/45 während der Evakuierung verlorengegangen. Ein so penibler Archivar und Historiograph hat sicher auch Tagebuch geführt. Mag sein, daß es im Hin und Her der Kämpfe um die Region in einem Speicher oder Keller liegengeblieben ist. Als die Bewohner 1945 nach Drove zurückkehrten, war das Dorf zerschossen, tote Soldaten lagen noch auf den Straßen. Wer dachte da an Tagebücher und Archive?

Der Pfarrer Johannes Kreitz war ein seltener, ein außergewöhnlicher Mann. Ich wollte mehr über ihn wissen, konnte viel nicht erfahren. Er sei den Archivaren und Historiographen empfohlen. Kreitz stammte aus Stolberg. Er führte seine Ministranten in die Drover Synagoge, ließ ihnen Einrichtung und Ritus durch den Kantor Leo Kaufmann erklären, er lud die jüdischen Mitbürger in seine Kirche ein, feierte gemeinsam mit den Drover Juden und seiner Gemeinde das Laubhüttenfest. Pfarrer Kreitz ließ sich auch später nicht einschüchtern. Er las entsprechende Partien aus Hirtenbriefen und Mitteilungen aus seiner Feder gleich viermal vor: »Was ich jetzt lese, ist fettgedruckt. Jetzt lese ich es noch einmal für die, die nicht hören, und noch einmal für die, die nicht hören wollen, und dann noch einmal für die drei Spione, die gerade hereinkommen.« Er ist 1945 im Alter von 62 Jahren gestorben. Die exakte Todesursache ist unbekannt; möglich, sogar wahrscheinlich, daß er einem Herzanfall erlag, weil er den Hauptnazi-Terroristen H., der Selbstmord verübt hatte, beerdigen mußte, dem sein Heimatdorf einen Platz auf dem Friedhof verweigerte. H. war derjenige gewesen, der Mitbürger zu sich zu befehlen pflegte, wenn sie »zu lange mit einem Juden auf der Straße gesprochen« hatten; er pflegte diese Mitbürger höchstpersönlich zu prügeln und »fertig zu machen«; und »man« mußte sich noch glücklich schätzen, daß er nicht Anzeige erstattete; mit einem Juden »zu lange auf der Straße gesprochen zu haben« hätte Gefängnis, KZ und in einem Gefängnis oder KZ das Leben kosten können.

Wer wird das heute noch begreifen, was Schreckensherrschaft dieser Art in kleinen Dorfgemeinden bedeutete? Wer wird es im Jahr 2000 noch begreifen? Oder werden dann die Merkmale des Schreckens, die Vergehen anderer, feinerer Art sein? Nachforschungen, Befragungen ergeben: Es waren in den Dörfern drei oder vier, in manchen war es nur einer, der Schreckensherrschaft ausübte, allerdings auf eine totale, generell im Reich etablierte Schreckensherrschaft gestützt und insofern nicht mehr eigen-, sondern reichsmächtig. Persönliche *Eigen*macht wird in kleinen Gemeinschaften zur ständigen Todesdrohung, wenn sie mit der *Staats*macht ineinanderfällt und von ihr bestärkt wird.

Seit 43 Jahren keine Beerdigung mehr auf dem schönen Judenfriedhof von Drove, kaum vorzustellen, daß da noch einer beerdigt werden könnte – oder möchte. Die wenigen, die in der Emigration überlebt haben, werden sich wohl kaum aus den Vereinigten Staaten, aus England oder Israel nach Drove überführen lassen wollen. Ob ihre Kinder einmal dorthin pilgern werden, die Gräber der Vorfahren besuchen, das Platt hören, das diese gesprochen haben, durch die Wälder und Felder gehen, wo ihre Vorfahren spazieren-

gegangen sind, und die Häuser ausfindig machen, in denen sie gewohnt haben? Der Bäcker Leiser, der Metzger Kaufmann, der Anstreicher Daniels – und ob es noch Verwandte von Röschen Holländer gibt, die 69jährig deportiert wurde? Wenn die älteren Damen, die gelegentlich aus Israel und England herüberkommen, um ihre Familiengräber zu besuchen, nicht mehr leben, wird wohl kaum jemand noch den Judenfriedhof von Drove besuchen; nur die Gärtner, die ihn im Auftrag der Gemeinde pflegen, werden ihn noch betreten. Werden die vielen hundert jüdischen Friedhöfe in vergleichbaren rheinischen Städten zu Museen oder archäologischen Gedenkstätten nach fast 2000 Jahren jüdischer Geschichte in den Landen links des Rheins? Wer wird sie noch besuchen, wer darüber nachdenken, wer die waren, die dort liegen, warum sie nicht mehr da wohnen, wo sie geblieben sind, die Juden, die auf dieser Erde lebten, aus der sie gemacht waren?
Und Nazis, wer war das – und wer war einer? Gab es hier welche, und welche Schreckensherrschaft haben sie ausgeübt? Nazis, das klingt doch fremd, komisch klingt's – und waren das überhaupt Deutsche? Oder waren das solche Horden wie die Hunnen, die übers Land herfielen und wieder verschwanden? Der Junge, 1983 geboren, im Jahre 2000 17 Jahre alt, ein Junge, der's wissen will, wird viel lesen und forschen müssen, bevor er erfährt, daß die Nazis wirklich Deutsche und nicht überall so wenige waren wie in dieser Region, aus der er stammt, und auch diese wenigen haben hier angerichtet, was die vielen anderswo angerichtet haben. Die Schreckensherrschaft war nicht nur menschen-, sie war auch deutschmöglich. Kann sein, daß der Junge Glück hat und das Buch von Schulte entdeckt: Es würde es ihm erleichtern, die Inschriften auf den vermoosten, inzwischen halb versunkenen Grabsteinen zu entziffern, die inzwischen verwittert sein werden. Und er würde bei Schulte auch die Namen der Deportierten finden, die zusammengepfercht im Hause Leo Kaufmanns auf die Verschleppung in den Tod warteten, einen Tod, an den sie bis zuletzt nicht geglaubt haben. Verschleppt wurden sie in diese große Neuerung der modernen Geschichte: den industrialisierten Mord. Es wurde Ordnung geschaffen und Ordnung hinterlassen.

Da gab's den Jungen Ludwig Schwarz-Treu, 1930 in Drove geboren, bei der Deportation 11 Jahre alt, war Mitglied des Sportvereins, trug das blaue Hemd, schwarzes Halstuch mit dem Lederknoten – der wäre 70 im Jahre 2000, pensioniert, ginge mit seinem Stock an der Drove entlang talaufwärts spazieren, oder durch den Wald nach Soller. Er wäre vielleicht Metzger geworden wie sein Vater, dessen Fleischerei in einem Hinterzimmer aus einem Haublock bestand; möglich auch, daß er Lehrer, Anwalt oder Zahnarzt gewesen wäre in Düren, Köln oder Berlin – und als Pensionär in das idyllisch gelegene Drove zurückgekehrt. Oder Edith Leiser, dann 69, hätte einen Bäcker geheiratet, der den väterlichen Laden übernahm, hieße Schwarz- oder Roer-, vielleicht wäre die Leisersche Bäckerei auch längst einer Supermarktkette einverleibt, die 69jährige Edith säße dort an der Kasse und würde nach vollzogener Abrechnung die Einkaufskarren wieder zurechtschieben oder die Einkaufskörbe ordentlich ineinanderstapeln. Ludwig Schwarz-Treus Schwester Eva Hilde, im Jahr 2000 73 Jahre, mit einem Kaufmann oder Daniels verheiratet, hätte schon Kinder, vielleicht sogar Enkel auf dem Friedhof liegen. Platz wäre auf dem Judenfriedhof noch genug, wie auf den Hunderten rheinischer Judenfriedhöfe. Die Menschen lebten dort mit ihren Friedhöfen, richteten sich da ein, wo sie bleiben wollten und eine Bleibe hatten, wo sie gar nicht angenommen, integriert werden mußten, weil sie längst angenommen und integriert waren; weil sie längst *dazugehörten*. Es war ihr Dorf, sie waren Deutsche, so klug und so dumm wie ihre Nachbarn, sprachen deren Platt, fühlten sich nicht endlich, sondern längst zu Hause, hatten Verwandte in den Nachbardörfern, spielten Karten mit den Dorfbewohnern, turnten mit ihnen und spielten Fußball, nahmen an Kriegen teil, wurden verwundet, fielen, hatten ihre Vorurteile, ihre Urteile. Wäre hier das scheinbare Paradox vom »toten Friedhof« erlaubt? Die Friedhöfe leben ja mit uns, wir mit ihnen, wir gehen zu Beerdigungen, besuchen Gräber, Erde wird aufgeworfen, zugeschüttet, Gräber verfallen, werden neu vergeben; und wenn ein Friedhof voll belegt und als solcher geschlossen wird, wird er gewöhnlich in einen Park verwandelt, in dem man spazierengeht, auf Bänken sitzen kann, zwischen den Gräbern.

Der Friedhof von Drove ist ein toter Friedhof. Er wird verschlossen bleiben – da zittert die alte Angst vor Schändung nach – und was sollte ein Park in dieser Landschaft, wo man in den Wäldern und zwischen Feldern spazierengehen kann?
Noch leben könnte im Jahr 2000 auch Dina de Vries, 92jährig könnte sie im Wohnzimmer sitzen, eine jüdische Großmutter, hätte die fragwürdigen Errungenschaften der neuen Zeit, Fernsehen, Video, Sexwelle überstanden und würde den Verfall des alten Glaubens beklagen. In den jüdischen Dorfgemeinden war man orthodox, traditionsgebunden, entsprechend der Traditionsgebundenheit der katholischen Gemeinden, ländlich war man und über die Liberalität in den Städten beunruhigt bis empört.
Zum Gottesdienst nach Drove kamen auch die Juden aus Nideggen, Kreuzau und Untermaubach, sie kamen zu Fuß, und nach dem Gottesdienst gab es Frühstück bei Kaufmanns oder Leisers, und manchmal kamen nichtjüdische Nachbarn dazu. Ihr Leben in den Dörfern war *selbstverständlich,* selbstverständlich auch der Umgang mit den nichtjüdischen Mitbürgern. Man kaufte sein Brot bei Leiser, ließ auch dort den Sonntagskuchen backen, kaufte Fleisch bei Schwarz-Treu oder Kaufmann und natürlich auch bei dem nichtjüdischen Metzger Nolden, und die Farben und Tapeten bei Daniels. Da gab es sicher auch den einen oder anderen, der verbotenerweise mal nicht koscher, der Schweinefleisch essen wollte – die kamen heimlich zum Metzger Nolden und ließen sich's schmecken.
In Drove war die Wohltätigkeit der Juden sprichwörtlich: zu Weihnachten gab's bei Schwarz-Treu etwas »extra«, und wenn eine Frau gebar, wurden fünf Pfund Rindfleisch ins Haus geschickt, auf daß sich die Wöchnerin stärke und erhole. Auch Geld wurde verliehen. »Die Juden waren überhaupt gut zu den Armen, und keiner weiß, wieviel an Schulden da noch offengeblieben ist« (Frau K.). Kein Zweifel ist möglich: Aus dem Dorf kam der Terror nicht, fand dort kaum Unterstützung, wurde eher gemildert, umgangen. Warnungen wurden verbreitet, geflüstert, und als es nach der »Kristallnacht« gefährlich wurde, noch mit Juden umzugehen, »wußte man, auf wen man sich verlassen konnte«.

Das wußte man auch noch, als die Juden im Kaufmannschen Haus bis zur Deportation konzentriert wurden; es wurde für sie eingekauft, Verstecke wurden abgemacht, obwohl Verhör und Prügel vom eigenmächtigen und staatsmächtigen Terroristenführer H. drohten, der im Nachbardorf residierte.

Widersprüchliches war über den Ortsgruppenleiter S. von Kreuzau zu erfahren; er kommandierte in der »Kristallnacht« den Zerstörungstrupp, ließ auch den Laden von Röschen Holländer verwüsten, drohte dem »Hahn« der katholischen Kirche Brandstiftung an, ließ aber auch dem Pfarrer Kreitz Warnungen zukommen, wurde wohl mit dem Verlauf des Krieges zurückhaltender: Es gehörte zu den Pflichten des Ortsgruppenleiters, den Familien die Gefallenenmeldungen persönlich ins Haus zu bringen – eine nicht einmal für einen Ortsgruppenleiter erfreuliche Pflicht – und »da wird er was zu hören bekommen haben«!

Die Juden von Drove wurden nicht als Fremde empfunden, nichts an ihnen war exotisch, auch nicht mehr, seitdem die Dorfbewohner belehrt worden waren und die Synagoge besichtigt hatten, ihr oft propagandistisch mystifizierter Gottesdienst. Die Juden gehörten dazu, sie hatten eine andere Religion, aber das war seit Jahrhunderten bekannt. Als *fremd* empfunden wurden die ersten Evangelischen, die ums Jahr 1928 in Drove auftauchten, Beamte, Verwaltungsangestellte, Mitarbeiter der vielen Papierfabriken in der Region, und als nicht-gesellschaftsfähig galt nicht, wer Jude war, sondern wer nicht in die Kirche ging. In die Kirche ging sogar – und zwar überzeugt – der dorfbekannte Kommunist, der unbehelligt blieb und nicht denunziert wurde, obwohl man wußte, daß er ausländische Sender hörte und früh schon, auch in den Kneipen, die lebensgefährliche Meinung verbreitete, daß der Krieg längst verloren sei.

Es ist schwer, in die Geheimnisse und Geheimwelten einer Dörflichkeit einzudringen, zu erkunden, wer da wen in den Erzählungen schont, wer da wem verpflichtet ist, wer da »nichts auf das Dorf kommen lassen will«. Klatsch wird wohl nur zwischen den Dörflern selbst ausgetauscht. Diese Verschwiegenheit und Vertraulichkeit mag manches vertuschen und interpolieren. Sie macht aber auch Schutz und

Hilfe möglich, die vor denen verborgen bleiben müssen, die »man nicht kennt«. So war wenig zu erfahren über den Verbleib des mobilen und immobilen jüdischen Besitzes. Gelegentlich wurde gemurmelt von »dem Appel und dem Ei«, für den einer etwas erworben habe, von »Wiesen«, die da auf unklare Weise den Besitzer gewechselt hatten. Ein paar der Drover Juden hatten es nicht zu Reichtum, aber zu Wohlstand gebracht gehabt. Noch im Jahre 1816 waren nur sieben Juden innerhalb der Bürgermeisterei Drove mit ihren acht Dörfern und einem Weiler Eigentümer eines kleinen Landbesitzes im Gesamtwert von 200 preußischen Talern, und auch die Listen für die Kultussteuer weisen keinen Reichtum auf. Wohlstand wird wohl erst im Laufe der Gründerjahre entstanden sein, in einer Zeit, wo auch andere von diesem ersten Wirtschaftswunder profitierten.
Wie deutsch die Juden waren, wie konservativ auch, dafür bürgt ihre Lebensweise, noch die Lebensweise der Überlebenden: Sie wohnen, wie andere Deutsche in diesen Jahrzehnten wohnen, sind eingerichtet wie diese, denken politisch wie die Mehrzahl der Deutschen, konservativ. Doch da gibt es einen, einen gewaltigen Unterschied: Sie fühlen sich nicht so sicher wie die Deutschen, die sich möglicherweise von außen, nie von innen bedroht fühlen können – auch die am stärksten ausländerfeindlichen Deutschen können sich nicht ernsthaft physisch von Ausländern bedroht fühlen! Aber die überlebenden Juden aus dieser beschriebenen Region wissen noch gut, daß es auch damals nur eine *Minderheit* war, die sie bedrohte, vertrieb und ihre Verwandten dem Tod auslieferte, und jede antisemitische Drohung, auch wenn sie von einer heutigen Minderheit ausgeht, bedeutet deshalb für sie mehr, als wir alle wahrhaben wollen, auch die Politiker, die Erhebungen über den latenten Antisemitismus wohlweislich unter Verschluß halten. Und natürlich kennt man sie noch, die Nazis, die überlebten, und denen es so schlecht nie ergangen ist und heute nicht geht. Namen werden kaum genannt, nur Initialen, nur selten schlüpft ein Name heraus, ein Ort, wo der oder jener wohnt. Einige der Überlebenden sind schweigsam, manche fast stumm, starr – der Schrecken sitzt ihnen noch in den Gliedern – nach 50 Jahren noch – und jede, auch die klein-

ste antisemitische Aktion oder Äußerung, und mag sie auch als ganz und gar »untypisch« dargestellt werden, weckt die Angst, die da keiner »ausreden« und »wegargumentieren« kann. Die Erinnerung ist zu stark, die Häuser, in denen sie und die, die ermordet worden sind, gewohnt haben, stehen noch – die Friedhöfe sind tot. In Gey, wo alle deutschen Inschriften auf den Gräbern herausgehämmert, herausgekratzt wurden – da läßt sich nichts wiedergutmachen, und selbst Erinnerungen an Freundlichkeit und Freundschaft machen keinen *Boden,* auf dem man leben könnte.
Die Erinnerungen an die jüdischen Mitbürger sterben mit denen aus, die sie noch gekannt haben. Es gibt noch Verbindungen zwischen alten Schulfreunden und überlebenden Emigranten, Briefe werden gewechselt, Besuche, aber selbst die jüngsten der Ausgewanderten nähern sich den Siebzig; und keiner der Überlebenden der Nachbardörfer lebt in dem Dorf, in dem er geboren und groß geworden, zur Schule gegangen ist. Ist verlorene gute Nachbarschaft möglicherweise ein schwerer Verlust, schmerzlicher zu ertragen als verlorene schlechte Nachbarschaft? Immerhin, da hatte einer wirklich Freunde, mit denen er zu Kirmessen und Tanzereien zog, ein jüdischer Onkel war Schützenkönig, seiner Gastlichkeit wegen berühmt – und da wurden Freunde plötzlich vorsichtig, distanzierten sich, mieden den Umgang, und selbst wenn man weiß, daß da ein Herr H. jeden zu sich bestellte, der »zu lange mit einem Juden gesprochen hatte«, Prügel und Schlimmeres androhte: Freunde und Kumpel zu verlieren, das ist vielleicht eine schmerzlichere Erfahrung, als Feinde zu verlassen. *Heimat*vertrieben ist ein ernstes Wort. Ich verstehe die Dame, die aus Drove stammt, als junges Mädchen emigrierte, jetzt in den USA lebt und die *nichts, nichts* mehr hören will von Deutschland und aus Deutschland. Sie war eine Deutsche, Hauptperson einer wahnwitzigen Begebenheit, die uns von allen gleichlautend erzählt wurde. Sie war blond und wohlanzusehen, an Dürener Kinos wurde sie per Foto als Idealtyp des »Deutschen Mädels« propagiert, und als sie einmal, blond wie sie war, auf dem Dürener Markt sich mit dem »extrem jüdisch-aussehenden«, aber »rein arischen« Küster Winter aus Drove unterhielt, wurde sie von einem vorübergehenden Nazi an-

geschnauzt, wieso sie als deutsches Mädel mit einem Juden reden könne. Winter, dieser »extrem jüdisch-aussehende« Küster aus Drove, ist dann später auf Kreta gefallen. Der mörderische Wahnsinn des Rassismus läßt sich wohl kaum deutlicher darstellen als an dieser Begebenheit.
Ein Überlebender, der früh genug emigriert war, kam als junger Offizier der US-Armee im Frühjahr 1945 nach Drove zurück, wo er geboren, zur Schule gegangen war. Ich will hier nicht in Fiktion verfallen und »auszumalen« versuchen, was er empfunden haben mag, als er sein Elternhaus wiedersah, in dem die Deportierten zusammengepfercht gewesen waren, bevor sie verschleppt wurden, auch seine Eltern; den Friedhof mag er besucht haben, in dem acht Verstorbene seines Namens beerdigt waren. Er sprach noch den Dialekt der Gegend, besuchte Bekannte und suchte auch den *einen* Drover auf, der an der Brandstiftung der Synagoge beteiligt gewesen war, zwang ihn, sich zu bekennen, bedrohte ihn – und ließ ihn laufen.
Nur einer, der fühlt sich heute freier, fast befreit. Als er in der Untertertia war, wurde ihm nahegelegt, die Schule zu verlassen, er fand in Köln eine Lehrstelle als Dieselmechaniker, fuhr freitags oder samstags mit dem Rad von Köln nach Hause, aber 1937, 16jährig, als er merkte, »was gespielt wurde«, emigrierte er schwarz über die grüne Grenze nach Belgien, lebte in Brüssel, ging nach Frankreich, wurde bei Marseille interniert, floh auf abenteuerliche Weise nach Algier. Aber auch er ist nicht wieder in sein Heimatdorf gezogen; dorthin geht er neuerdings nur noch »im Dunkeln«, am hellen Tag mag ihn die Begegnung mit alten Nazis zu sehr schmerzen und reizen. Er hat sich ein paarmal vergessen, wurde einmal tätlich, handgreiflich, wohl auf eine Weise, die ein Legionär gelernt hat – allzu freundlich kam ihm da ein Nazi entgegen. Und als er einmal beim Friseur unter den Wartenden saß, ein Amputierter hereinkam und der Friseur die Jüngeren aufforderte, für diesen Platz zu machen, sagte er: »Für den braucht ihr nicht, für den braucht keiner aufzustehen!«, und der Invalide humpelte wortlos hinaus. Nein, Frieden und Versöhnung – da zittert und brodelt es unter der Oberfläche – heimatvertrieben, zurückkehren und die aktiven Vertreiber noch sehen oder von ihnen

zu wissen. Ob es überhaupt eine Rückkehr geben kann in eine Heimat, aus der so viele Verwandte in den Tod vertrieben wurden?

Ein letztes, das allerletzte Lebenszeichen eines deportierten Drover Juden brachte Tillmann Hoff – eben jener, der sich als Feuerwehrmann weigerte, zum Synagogenbrandstifter zu werden – im Sommer 1942 mit aus Warschau. Mit einem Lazarettzug fuhr er als Verwundeter in den Warschauer Zentralbahnhof ein, der Zug hatte sechs Stunden Aufenthalt, und Hoff beobachtete, auf einer Wagenrampe sitzend, eine Gruppe älterer Leute, die am Schotter arbeiteten. Er erkennt darunter den Bäcker Leiser, diesen stillen, hageren Mann, bei dem man Brot und Brötchen kaufte, der den vorbereiteten Sonntagskuchen der Familie H. um eine geringe Gebühr in den Ofen schob – er rief Leiser mit seinem Vornamen an: »Isidor!«, wurde vom Posten, der die Kolonne bewachte, vertrieben, sammelte dann von den Kranken und Verwundeten im Lazarettzug, die gerade neu verpflegt wurden, Lebensmittel. Es gelang ihm später, sie Leiser zuzustecken und ein paar Worte mit ihm zu wechseln, er fragte nach Frau und Kindern, über deren Schicksal Leiser nichts wußte. Das letzte Lebenszeichen von einem der 25 Deportierten.

Ich weiß nicht, ob er ihr Freude machen würde ... anbieten sollte man ihn ihr: einen Orden für »Tapferkeit vor dem Feind« und Treue bis zum letzten Augenblick. Sie wohnt, jetzt 82jährig, in Drove in einem kleinen Haus am Waldrand, dort, wo der Weg nach Soller führt. Von dort stammt sie, ein Bauernmädchen, das 1916 als Fünfzehnjährige in den Haushalt des Jakob und der Mathilde Daniels kam. Dort hat sie alles miterlebt, von 1933 bis 1941: die Brandstiftung an der Synagoge, die Drohung, daß der »Hahn« auch noch drankomme, die Vertreibung der jüdischen Familien aus ihren Häusern, das Zusammenpferchen im Kaufmannschen Haus, den Abtransport, bei dem sie sich vom Ehepaar Daniels verabschiedete. Sie war Hausangestellte bei Daniels von 1916 bis 1919, mußte, als ihre Mutter starb, zurück nach Hause, kam wieder zu Daniels von 1922 bis 1925 und noch einmal von 1927 bis 1932, bis zu ihrer Hochzeit – eine alte Frau, die geblieben ist, was sie als junges

Mädchen und junge Frau schon war: herzlich, direkt, energisch. Sie hat es gut gehabt bei den Daniels, aß mit am Tisch, außer am Sabbath, wußte Milch- und Fleischding voneinander zu unterscheiden. Sonntags fuhr man nach Köln, nahm sie und auch ihren Verlobten mit, dann wurde bei »Früh« am Dom gegessen, und anschließend ging's ins Kölner Hänneschen-Theater. Sie weiß mehr, als sie sagt, die dörfliche Verschwiegenheit ist bei ihr gut aufgehoben; doch gelegentlich – so wird angedeutet – bricht es aus ihr heraus: Zorn und Trauer über das Schicksal der Drover Juden. Sie nahm auch damals kein Blatt vor den Mund und blieb doch ungeschoren, beschimpfte den Gemeindediener, als er beim Abtransport der Juden triumphierte, fragte den Bürgermeister nach Danielsschen Wiesen, verteidigte den Buffetschrank – den Herr Daniels ihr geschenkt hatte, »damit die Nazis ihn nicht bekommen«. Der Schrank steht noch da, in ihrem Wohnzimmer, massiv, Eiche, schwarz gebeizt, wie er zu einer bürgerlichen Aussteuer ums Jahr 1914 herum gehörte. Wahrscheinlich nicht das einzige Möbelstück aus jüdischem Besitz, das noch in Drove existiert. Sie besorgte auch die Einkäufe, als die Juden im Kaufmannschen Haus zusammengepfercht waren. Von Pfarrer Kreitz wußte sie zu berichten, daß er nach jedem Krankenbesuch einen Schein unters Kissen schob, und beim Metzger Nolden gab's was »extra« für die Juden! Eine außergewöhnliche Frau, »einfach«, wohnt da am Waldrand, wo Spaziergänger, die nichts ahnen können, an ihrem Haus vorbeigehen.

Drove ist heute »judenrein« oder »judenfrei«, es müßte gerechterweise hinzugefügt werden, auch Drove, das judenfreundliche Dorf, »dat Jüddedörp«. Ob die Deutschen je begreifen werden, wie deutsch die Juden in den Dörfern waren, wie »normal« patriotisch – kleinbürgerlich bis »spießig« – und daß Vertreibung mit der Vertreibung der Juden begonnen hat? Begreifen, was Terror-, was Schreckensherrschaft ist, wie das ausgeht, wenn Eigenmacht mit Staats-, mit Reichsmacht ineinanderfällt?

(Für Auskünfte, Hinweise und Hilfe danke ich Frau Christine Nolden, Frau Mechthilde Klinkenberg, den Herren Nikolaus

Nolden und Johann Richter, alle aus Drove, Frau Tina Pommenich aus Niederau, den Herren Erwin Meyer und Emil Kamp aus Düren, Herrn Günter Kratz aus Vettweiss, Herrn Tillmann Hoff aus Winden, Herrn Dr. Domsta vom Stadt- und Kreisarchiv Düren, Frau Dr. Jutta Bohnke-Kollwitz und Frau Anni Mozdzanowski von der GERMANIA JUDAICA *sowie Herrn Victor Böll und Manfred Huiskes vom Stadtarchiv Köln und dem Hauptstaatsarchiv Düsseldorf, besonderen Dank für hilfreiche Hinweise und praktische Hilfe schulde ich Herrn Peter Schumacher von der Gemeindeverwaltung Kreuzau.)*

Epitaphien
auf dem jüdischen Friedhof Drove

1 Ludwig Treu, Drove 1857–1923
2 Frau Ludwig Treu gb Imdorf, Drove 1860–1924 (Mutter)
3 Josef Treu, Drove 1826–1901
4 Frau Josef Treu gb Henriette Pollack 1824–1896
5 Hermann Leiser von Kerpen 1818–1892 Drove
6 Frau Hermann Leiser gb Tauba Roer, Drove 1814–1886
7 Ester Leiser, Drove 1855–1937
8 Lazarus Leiser zu Drove 1853–1899
9 Frau Lazarus Leiser gb Julia Kaufmann zu Drove 1857–1934
10 Sophie Leiser gb Herz 1860–1938
11 Jetta Leiser, gest. 1940 Drove
12 Frau Isaac Kaufmann gb Rosette Roer, Drove 1809–1892
13 Bernhard Kaufmann 1803–1889
14 Simon Kaufmann 1832–1917
15 Abraham Kaufmann 1847–1928
16 Leopold Kaufmann 1843–1919
17 Hermann Kaufmann zu Drove 1853–1911
18 Siegfried Kaufmann 1880–1894
19 Sara Roer, starb den 4. 8. 1868
20 Frau Helene Roer gb Vohsen 1818–1888
21 Josef Roer 1844–1930
22 Sibilla Roer gb Wolf 1853–1922
23 Leopold Roer in Kreuzau 1854–1938 und Julia Kaufmann aus Schiefbahn 1868–1932

24 Sara Roer 1863–1921
25 Emil Roer 1884–1925
26 Jonas Roer, starb 38jährig
27 Karl Daniel 1843–1921 (Gatte, Vater)
28 Josef Pollack 1834–1913
29 Helene Pollack gb Imdorf
30 Moses Pollack, Drove 1850–1932 und Eva Leiser, Drove 1851–1928
31 Helen Imdorf 1861–1926
32 Philipp Levy zu Kreuzau 1863–1924 und Rosalie Kaufmann
33 Robert Dahl aus Geilenkirchen 1883–1935
34 Dina de Vries gb Kamp 1834–1910
35 Bernhard de Vries 1874–1935
36 Frau Isaac Kahn gb Treu 1865–1924 (Tante)
37 David Schlächter zu Nideggen 1842–1931
38 Frau David Schlächter gb Levy 1845–1916 (Mutter)
39 Emma Schlächter, Nideggen 1877–1936
40 Salomon Kratz zu Nideggen 1842–1923
41 Regina Kratz gb Schlächter zu Nideggen 1842–1920 (Mutter)
42 Karl Kratz, Nideggen 1888–1931 (ledig)
43 Fräulein Julia Kratz, Nideggen 1855–1928
44–50 hebr. Inschriften
51 verwittert
52 nur noch Sockel erhalten
53–59 alle Inschriften sind zerkratzt

Nach Klaus H. S. Schulte: *Dokumentation zur Geschichte der Juden am linken Niederrhein seit dem 17. Jahrhundert*, Düsseldorf 1972.

Verzeichnis der aus Drove Deportierten

Name	Geburtstag und Ort	
Carl, Bertha gb Leyser	27. 6. 1862	Moers
Daniel, Alexander	29. 7. 1876	Drove
Daniel, Klara gb …	5. 4. 1883	Sinzenich
Daniel, Jakob	13. 4. 1874	Drove
Daniel, Mathilde, gb …	1. 10. 1887	Düsseldorf

de Vries, Helene gb ...	25. 5. 1875	Drove
de Vries, Dina	26. 8. 1908	Groningen
Hirschberg, Ida gb ...	16. 10. 1885	Drove
Holländer, Rosa	5. 10. 1875	Leversbach
Kaufmann, Leo	9. 7. 1878	Schiefbahn
Kaufmann, Elsa gb ...	25. 8. 1880	Buir
Kaufmann, Johanna gb ...	1. 2. 1890	
	2. 4. 1889	Embten
Leiser, Isidor	5. 11. 1895	Drove
Leiser, Sibilla gb ...	26. 1. 1894	Drove
Leiser, Selma	8. 10. 1898	Weilerswist
Leiser, Hermann	12. 5. 1931	Weilerswist
Leiser, Johanna gb ...	16. 12. 1861	Gladbach
Leiser, Edith	28. 11. 1857	Rödingen
Schwarz, Hermann	7. 10. 1897	Eggersheim
Schwarz, Bertha gb ...	21. 12. 1898	Drove
Schwarz, Jakob	22. 6. 1930	Drove
Schwarz, Henriette gb ...	17. 8. 1927	Drove
Schwarz, Ludwig	14. 10. 1880	Gürzenich
Schwarz, Eva Hilde		
Wolff, Karoline		

Nach Klaus H. S. Schulte: *Dokumentation zur Geschichte der Juden am linken Niederrhein seit dem 17. Jahrhundert,* Düsseldorf 1972.

120 Zweite Weltkriege?

Über Franz Alt, *Frieden ist möglich*

Immer wieder hat Franz Alt die CDU, deren Mitglied er ist, auf ihr C ab-, ihres C wegen bei ihr angeklopft. Bisher, wie mir scheint, mit wenig Erfolg. In seinem Buch *Frieden ist möglich*, Untertitel *Die Politik der Bergpredigt*, konfrontiert er naiv die Bergpredigt mit der C-Komponente der Rüstungspolitik. Sachkundig, soweit einer das in diesem widersprüchlichen Wirrwarr von Zahlen, Berechnungen sein kann, ist er. Alle Auf-, Nach-, Abrüstungstheorien hat er einvernommen, Kapazitäten studiert.

Alt bekennt sich als Abrüstungskonvertit: Lange war er für, nun ist er gegen Nachrüstung. Er stellt fest, daß in den USA »katholisch« – zu dieser Variante des C bekennt er sich – *gegen*, in der Bundesrepublik *für* Nachrüstung steht. Ob das für die statistische Menge von immerhin 50 Millionen US-Katholiken zutrifft, ist schwer nachprüfbar. Für die Katholiken im Regierungslager der USA trifft es nicht zu.

Das *»für«* in der Bundesrepublik trifft nur zu, wenn man die offiziöse Stimme des Zentralkomitees der deutschen Katholiken nimmt, das allerdings mit peinlich-blindem Eifer der Nachrüstung zustimmte, noch bevor die Verhandlungen so recht begonnen hatten. Für die statistische Menge der immerhin 27 Millionen deutscher Katholiken trifft es nicht zu. Mühsam, denunziert, verhöhnt und belächelt, sind viele von ihnen in Friedensgruppen tätig, sind bei Demonstrationen und Diskussionen dabei, *gegen* die arrogante Militanz ihres ZdK, dessen Stimme keineswegs die ihre ist. Und ihre Mühe ist nicht vergeblich.

Die Regierung der USA ist über ihre katholischen Bischöfe so beunruhigt, daß ihre Abgesandten beim Vatikan fast ein und aus gingen und ein kleines Rüstungskonzil bewirkten. Die deutschen Bischöfe verhalten sich mal wieder flau-flau. *Nach* der Wahl sollen wir ihre Meinung erfahren. Merkwürdig, wo sie doch zur Teilnahme an der Wahl aufrufen und dieses Thema nun einmal ein Wahlkampfthema geworden ist.

Alt selbst scheint, was die deutschen C-Politiker betrifft,

nicht sehr zuversichtlich zu sein. Nach einer Reise in die DDR, wo er und sein Freund Norbert Blüm mit einem SED-Politiker Gespräche geführt haben, stellt er fest, daß beide Politiker stramm am Feindbild festhalten. »Jeder«, schreibt er, »braucht den anderen als Feind. Das gilt für meinen Freund Norbert Blüm ebenso wie für den geschätzten Gesprächspartner der SED.« Er stellt fest, daß sie »nicht abrüsten können, weil sie Angst haben vor Abrüstung und letztlich Angst vor dem Frieden«.

Weiß Herr Blüm, daß in Lateinamerika schon jeder Priester oder Bischof, der auch nur ein *Minimum* an Rechten für die Land- und Besitzlosen fordert, ein Kommunist ist und daß sein »Feindbild«, das ihn hier aufrechtzuerhalten scheint, eines Tages auf jeden zurückschlagen kann, der sich mit dem Beiwort »sozial« definiert?

Während ich die Druckfahnen von Alts Buch las, fand in Bonn der Friedenskongreß der CDU statt, auf dem ja dann die Bergpredigt mit Genehmigung der in konfessioneller Ausgewogenheit anwesenden Theologen endgültig zu den Kuriosa abgelegt worden ist. Unbrauchbar ist dieses Juwel. Hält Franz Alt nicht diese Kostbarkeit vor die falsche Pforte? Was bedeutet das C bei Reagan, bei Frau Thatcher, bei Kohl, Strauß, Dregger, Wörner, Blüm – in diesem unserem Land, dem am dichtesten mit Atomwaffen bestückten Land dieser Erde?

Ich fürchte, Franz Alt steht mit seinem C, mit seiner Bergpredigt vor verrammelten Toren. Den C-Politikern ist ja nicht einmal aufgefallen, was am Nato-Doppelbeschluß das *Doppelte* ist: erst verhandeln, dann möglicherweise nachrüsten. Von vier Jahren, die man sich zur Frist gesetzt hat, hat man drei verstreichen lassen, bevor der erste Teil dieses *Doppel*beschlusses verwirklicht wurde. Jetzt eilt's plötzlich, jetzt soll dieses Wahnsinnsprojekt in Hast zu Ende geführt werden. Sollte man da nicht nach dreijährigem Warten *aufs* Verhandeln auch mindestens drei Jahre *fürs* Verhandeln erübrigen können?

Weinberger, von Alt zitiert: »Wenn die Abschreckung versagt, müssen wir fähig sein zu gewinnen, um zu überleben.« Ein fast gleichlautendes Zitat liegt von Breschnew vor. Schon stellt man, laut Alt, in den USA Berechnungen an:

80 Prozent der Bevölkerung hätten eine Überlebenschance, 45 Millionen Menschen würden umkommen. »Wenn«, fragt Alt, »in den USA 20 Prozent der Bürger umkommen würden, wie viele würden es dann in Europa sein, dem Hauptschlachtfeld eines Atomkrieges?« Hauptschlachtfeld, Vorfeld und Feindbild, das sind die entscheidenden Worte. Die Pläne für eine Verlegung des US-Hauptquartiers nach England liegen vor.

Mag sein, daß das C in der Politik zeitweise zu Hoffnungen berechtigte, inzwischen ist es, was Nachrüstung betrifft, zum Zeichen der Hoffnungslosigkeit geworden. Zu verstehen ist, daß es in dieser Frage verschiedene Meinungen geben kann. Nicht zu verstehen ist die *totale Geschlossenheit* der Union in einer solchen Frage.

Vielleicht täuscht sich Franz Alt, wenn er immer noch »christlich« mit friedlich gleichsetzt. Die christlichen Milizen im Libanon, die Christkönigskrieger in Spanien, die katholische Missionierung und Eroberung Lateinamerikas, Kreuzzüge, Religionskriege, sie alle haben dem C nicht viel Kredit eingebracht. Die allerletzten christlichen Politiker der Weimarer Republik, Papen und Kaas, waren auch nicht gerade Hoffnungsträger. Lateinamerika droht jetzt die Missionierung durch eine andere Variante des C, die fundamentalistisch-kapitalistische, und diesem strengen C sind Teile des Katholizismus schon kommunismusverdächtig. Bemerken Blüm und seine Freunde nicht, daß ihre Glaubensbrüder dort dem Feindbild zu gleichen beginnen, das ihnen *hier* zur Rechtfertigung von noch mehr Atomwaffen dient?

Was bedeutet »christlich« noch, was bedeutet »katholisch« noch? Haig oder jener brasilianische Bischof, dessen Kirche man zerstören ließ, weil er für seine Bauern Land und Rechte forderte und deshalb ein Kommunist ist? Franz Alts so naive wie provokatorische Konfrontation Bergpredigt–Rüstungspolitik bringt die Gedanken in Bewegung, verursacht Nachdenken über das C, das uns hier droht.

Die ehrfürchtigsten Urteile über die Bergpredigt habe ich von sowjetischen Autoren gehört, von solchen, die dort noch leben, keineswegs alle Dissidenten, die meisten Agnostiker. In den westlichen Ländern, Bundesrepublik inklusive, habe ich bei Lektoren und Übersetzern merkwürdige Erfahrungen gemacht, wenn sie bei mir auf (mir) geläufige Bibel- und Liturgiezitate stießen. Verblüffte Frage: »Wo haben Sie das denn her?« Sollte man in Ländern, die immer mehr zu Missionsländern werden, nicht endgültig C-Politiker als peinlich empfinden dürfen?

Ich weiß, die Sowjet-Union wird nicht nach den Regeln der Bergpredigt regiert, wer würde das auch von einem Staat erwarten, der sich als atheistisch-materialistisch definiert. Wie definieren wir uns? Wir unterscheiden uns in nichts von den Nichtchristen, die in gesteigerter Absurdität aus- und auf- und aufrüsten, um Abrüstung zu bewirken. Familie, Besitz, möglichst Familienbesitz – das sind lauter »christliche« Werte, die alle »Heiden« ebenso beanspruchen können.

Weder Raketen noch konventionelle Waffen bringen eine frohe Botschaft und verteidigen sie auch nicht. Frieden ist möglich, und die Bergpredigt ist abgelegt. Auch ohne sie ist Frieden möglich, auch Atheisten sind friedensfähig, sogar Materialisten, vielleicht kommt das Christentum aus dem gebeutelten Lateinamerika als Jesustum zu uns zurück, nachdem es das militante C und das militante K (für Kapitalismus *und* Kommunismus) überwunden hat, und macht die Bergpredigt wieder brauchbar.

Aus einem Schweizer katholischen Katechismus von 1975 hat Franz Alt ein schönes Zitat bereit. Frage: »Sind die Anweisungen in der Bergpredigt wörtlich zu nehmen?« Antwort: »Die Anweisungen in der Bergpredigt sind nicht wörtlich zu nehmen, weil das sowohl im privaten wie im öffentlichen Leben zu unhaltbaren Zuständen führen würde.« Na, also. Selten so gelacht. Die unhaltbaren Zustände in Lateinamerika, in fast allen ehemaligen Kolonien, in der Dritten Welt sind, die unhaltbaren Zustände in Auschwitz, Stalingrad, Vietnam, Korea und im Libanon waren *nicht* auf die Bergpredigt zurückzuführen.

Ganz gewiß brauchbar ist die Bergpredigt für die fundamentalistischen Missionare, wenn sie den Land- und Rechtlosen predigen: »Selig, die keine Gewalt anwenden; denn sie werden das Land erben.« Denen, die vier-, fünfhundert Jahre lang beide Wangen hingehalten haben, die täglich erleben, daß nur, wer Gewalt anwendet, Land »erbt«, Somoza

und alle möglichen Konsorten, diesen Habenichtsen kann man dann mit dem *symbolischen* Sinn solcher Worte kommen, während man selbst das »Wer hat, dem wird gegeben« *wörtlich* nimmt.
Der Hinweis auf den Trost im Jenseits kommt peinlicherweise immer von denen, die auch auf dieser Erde nicht ganz so trostlos leben und sich das Land, wo immer sie können, mit Gewalt nehmen. Und da wundert man sich, daß es unter diesen Habenichtsen Frevler gibt, von sämtlichen Teufeln des Kommunismus Besessene, die aufs Jenseits nicht warten wollen, deren Geduld zu Ende ist; die verfluchten Kommunisten der Befreiungsbewegungen, die auch noch von einigen Priestern, Nonnen und sogar Bischöfen unterstützt werden.
»Wer hat, dem wird gegeben«, das wäre doch ein Motto für den nächsten Weltwirtschaftsgipfel – und auf Handzetteln könnte man den Rest des Zitats nachliefern: »und er wird im Überfluß leben; wer aber nicht hat, dem wird auch weggenommen werden, was er hat.« Dieses niederschmetternde Zitat darf man dann wörtlich nehmen, die Bergpredigt aber nur symbolisch.
Franz Alts Gedanken und Recherchen sind mehr als nur redlich und mehr als auf provokante Weise naiv. Er zwingt zum Nachdenken darüber, was das C den Völkern dieser Welt gebracht hat, was es uns noch bringen könnte. Rüstung bedeutet weitere Verarmung, Krieg ist nicht mehr Krieg, nur noch Mord und Selbstmord; konventioneller Krieg ist ein lebensgefährlicher Euphemismus, unkonventioneller Krieg, also Atomkrieg, würde laut Präsident Carter »jede Sekunde einen Zweiten Weltkrieg bedeuten«. Das wären bei nur zwei Minuten Atomkrieg einhundertundzwanzig Zweite Weltkriege.
Vielleicht hätte das Christentum noch eine Chance, wenn es zum Jesuschristentum würde. Beides, Jesustum und Christentum, sind keine notariell verbrieften Besitzstände. Es gehört allen, auch denen, die sich nicht dazu bekennen. Ein paar Hinweise auf Lateinamerika waren notwendig, weil das »Feindbild«, dieses festgefressene Zeichen krankhafter Dummheit, dort eine mörderische Wirkung hat, die es hier nicht haben muß. Es gibt so viele Arten »Kommunismus«,

wie es Arten »Christentum« gibt und Arten »Sozialismus«.

Es gibt glaubwürdige Formen des Christlichen, des Jesuanischen, es sind nicht die Menschen, die sich christlich definieren, es sind die Politiker, die sich das C an die Brust heften, die es immer weniger glaubwürdig machen – oder durch ihre militante Arroganz zu seiner Degenerierung beitragen. Eins sollte man doch wissen: Kreuzzüge sind nicht gefragt, sie bringen mehr Unglauben hervor als Glauben. Die »totale Abschreckung« könnte eine unerwünschte Folge haben: daß das Christentum abschreckender wird, schrekkenerregend in der Anmaßung, »christlich« zu sein im kapitalistischen Panzer.

Franz Alt ist ein Beweis dafür, daß katholisch in der Bundesrepublik nicht ausnahmslos *»für«* Nachrüstung steht, er wird die Friedensbewegung und nicht nur ihren katholischen Teil ermutigen; sie arbeitet ja im Sinne der Bergpredigt gewaltlos, macht noch keine Politik, beeinflußt sie aber erheblich, in der Bundesrepublik und anderswo. Ja, Frieden ist möglich.

Franz Alt wird's schwer haben – oder zu leicht, wenn man seine massive Kritik an der Aufrüstung funktionalisiert, indem man sagt: »Seht da, welche Meinungsvielfalt es bei uns gibt!« Eine solche Vereinnahmung hätte sein Buch nicht verdient. Schwer zu sagen, ob er bei einem Sieg der CDU deren Mediendrahtbürste zum Opfer fallen könnte.

Kain oder Kabel, oder: Sehnsucht nach dem Lieben Bruder

Ob's plötzlich geschah oder mir allmählich zum Bewußtsein kam, wüßte ich nicht zu sagen, ich kann nur annehmen, daß es auf meinen ausgedehnten Spaziergängen langsam in mich eindrang, bis ich eines Tages erschrocken feststellte, daß die Spruchbänder fehlten, an die wir seit Kindheitstagen gewöhnt waren, und auch die Wandschriften nicht mehr zu finden waren. (Später erfuhr ich, daß sie schon vier Jahre, bevor es mir auffiel, verschwunden waren!) Ich erschrak und fing nun an, nach Spuren oder Resten von ihnen zu suchen. Älter geworden, schon seit Jahren Pensionär, Witwer, immer noch in Trauer, machte ich es zu einer Art Sport, die alten Sprüche wiederzufinden. Den einen fand ich auf der Rückseite eines Transformatorenkastens und im abgelegenen Winkel eines Parks an einem halb verfallenen Sommerpavillon, kaum noch leserlich, der Spruch, mit dem wir doch aufgewachsen waren: SEI FROH DASS DU NOCH LEBST. Jahrzehntelang war er uns ins Auge gesprungen und hatte uns in den Ohren geklungen. Auch unter einem Brückenbogen, an den Mauern einer längst aufgegebenen Fabrik fand ich Reste des Spruchs, von mutwilliger Hand verstümmelt zu SEI ROH oder SEI ASS, schließlich an den Grundmauern eines eingestürzten Bauernhauses in der ebenfalls verstümmelten Form DASS DU NOCH LEBST! Das Ausrufezeichen war frisch. Den anderen Spruch, der uns noch intensiver seit unserer Jugend begleitet hatte, der sogar in Hausfluren, über Büroeingängen und Fabriktoren zu lesen gewesen war, fand ich nach langer Suche nur noch einmal, verwaschen, doch noch lesbar auf einem verrotteten Baukran jenseits der Stadtgrenze, wo man zwischen Holunderwildwuchs und Rosengestrüpp eine Siedlung geplant und wieder aufgegeben hatte.

Offenbar hatte ich auch bei meinen Einkäufen nicht achtgegeben. Auf Büchsen und Marmeladegläsern, Milchflaschen und jeglicher Art Einwickelpapier, ob für Brot, Heringe oder Käse, auf Zuckertüten und Essigflaschen hatte es doch gestanden: MACH DIR KEINE GEDANKEN. Ein leichtes,

nach so langer Zeit schon fast wohliges Schaudern fiel in meine Erinnerung, als ich daran dachte, wie wir, jung und mutwillig, gedankenlos auf Papier und Büchsen das KEINE durchgestrichen, es einige Male an Hauswänden übermalt oder überklebt hatten, so daß erschrockene Mitbürger morgens lasen MACH DIR GEDANKEN. Wir hatten das nicht etwa aus politischen, nicht aus inhaltlichen Gründen getan, keineswegs aus Widerstand; mehr aus jugendlichem Übermut und Spaß an kleinen Sprachspielereien; später wußten wir dann nicht mehr, ob wir es zur Mode gemacht hatten, oder ob wir einer Mode erlegen waren. Jedenfalls wurden für diese Spielerei, die sich ausbreitete, immer härtere Maßnahmen angedroht, und zuletzt, als wir uns schon im Krieg gegen unsere barbarischen Nachbarn befanden, wurde das Durchstreichen von KEINE sogar mit dem Tode bestraft.
Diese Barbaren lehnten jegliche feinere Form, die staatliche Ordnung aufrechtzuerhalten, ab: sie folterten, ihre Gendarmen machten rücksichtslos von ihren Fäusten Gebrauch, sie waren stolz darauf, nicht die Telefone abzuhören, setzten plump den Lauscher vor die Tür oder an den Wirtshaustisch, sie lachten über unseren LIEBEN BRUDER, beriefen sich schamlos auf Kain, und so nannten wir sie denn auch KAINITER, ein grobes, blutrünstiges Gesindel, das knüppelte und trat, rücksichtslos um sich schlug und unseren LIEBEN BRUDER in gemeinster Weise verhöhnte. Nun, sie haben ihre Frechheiten teuer genug bezahlt und zeigen jetzt Anzeichen von Gesittung.
Nicht nur verwirrt, auch beunruhigt und erschrocken darüber, daß ich offenbar eine wichtige Entwicklung verpaßt, sie, in Trauer versunken, übersehen hatte, besichtigte ich meine Lebensmittelvorräte: eine Büchse Bohnen, ein Glas Gurken, das Papier, in das mein Brot eingewickelt war, Zündhölzer, Milch, die Butter, den Käse, die Packung Tee: nichts! Lediglich die Warenangabe, das Gewicht, der Preis; nicht einmal ein kleiner Hinweis auf den LIEBEN BRUDER.
Nun sehr beunruhigt, suchte ich mir aus meinem Bücherregal die BRÜDERLICHEN BRIEFE hervor, die uns monatlich zugehen und die ich in einer Mappe sammle. Ich las sie genau – sie sind kurz – und bemerkte mit Bestürzung, daß ich eine weitere Entwicklung übersehen hatte: den Übergang vom

DU zum SIE, der schon vor vier Jahren eingesetzt hatte. VERGESSEN SIE NICHT: ICH HABE SIE IM AUGE! SIE SIND IN MEINEM OHR! ICH WILL IHR BESTES UND WÜRDE MICH FREUEN, WENN ICH SIE ZU EINEM GESPRÄCH BEI EINER TASSE KAFFEE ODER TEE EMPFANGEN DÜRFTE! (DIESE EINLADUNG GILT TÄGLICH VON 8 BIS 18 UHR. IHR LIEBER BRUDER IXXXX) SPRUCH DES MONATS: LESEN SIE NICHT ZUVIEL!

Das traf mich besonders. Seit Jahren verliere ich mich in dickleibigen, möglichst vielbändigen Romanen, verspüre Angst, wenn ein Buch sich dem Ende nähert; gerade hatte ich mir meinen Walter Scott aus dem Regal geholt, beruhigt über Umfang und Vielzahl der Bände. Seit Jahren meide ich Lokale, Bekannte, sogar Freunde, bereite mir morgens meinen Tee, mittags meine Suppe, meide Stätten der Erinnerung, bewege mich am liebsten in den öden neuen und weitläufigen Vorstädten, wo der herumliegende Abfall zu meinem Entsetzen zunimmt: Bier- und Colabüchsen, weggeworfene Verpackungen für irgendein Schleckerzeug; wenn mich unterwegs Hunger überkommt, esse ich stehend in einer Imbißstube eine Wurst, trinke Bier dazu und erdulde die barbarische Musik; das Telefon habe ich abgemeldet, Einladungen, die mir mit der Post zukommen, ignoriere ich; eine Zeitlang habe ich noch von einer Zelle aus hin und wieder meinen Bruder Olaf oder meine Schwägerin Mechtilde angerufen; seit Olafs Tod habe ich auch mit Mechtilde kaum noch gesprochen; ich war ganz in der öden Routine eines tieftrauernden Witwers versunken, las keine Zeitung mehr, hörte kaum noch Radio, nicht einmal den Wetterbericht; hatte Verdauungsprobleme, stapelte die Spülmaschine voll, ließ sie alle zwei Tage laufen, ging spazieren und las, las. Meine Nachbarin, die alle zwei Tage kommt, die Spülmaschine leerräumt, Büchsen und Abfall wegbringt, macht mich immer wieder demonstrativ auf die Spinnweben aufmerksam, die auf meinem Fernsehschirm wachsen und immer mehr einem locker gesponnenen Wollteppich gleichen; ihre Gebärden haben dabei etwas Drohendes, und sie entfernt die Spinnweben nicht, als wollte sie diese zarten Corpora delicti erhalten.

Ich mußte wohl doch meine Menschenscheu überwinden und mit jemandem sprechen. Sollte ich unverzüglich BRUDER

IXXXX aufsuchen? Oder Mechtilde? Sie ist eine von Blumensträußen und -töpfen umgebene ältere Witwe, die den halben Tag Mozart hört, und ich mache mir aus Blumen nichts mehr, seit so viele, so unzählig viele auf dem Grab meiner Frau gelegen haben; Mozart mag ich nicht mehr hören, und seit Olafs Tod lebt Mechtilde mit Mozart, Blumen, Katzen und Tee. Sie ist auf eine erträgliche Weise ganz nett, war früher in mittleren Rängen des diplomatischen Dienstes, eine kluge, geschätzte Analytikerin; lustig, weltläufig, nur – daran scheiterte sie dann – waren ihre amourösen Ambitionen immer zu hoch angesetzt; Olaf machte das nichts, er kicherte nur darüber, auch noch, als Mechtilde im Zentrum der BRÜDERLICHKEIT mit dem Aktenvermerk »zudringliche Person« versehen und im Range einer Ministerialdirektorin in Pension geschickt wurde. Ich entschloß mich, zu Mechtilde zu gehen, zumal gerade meine Nachbarin auftauchte, eine recht mürrische Person, die mir ständig mit der Geschichte ihrer drei gescheiterten Ehen in den Ohren liegt.

Es war nicht einmal ein weiter Weg zu Mechtilde, kaum vierzig Minuten, am Bahndamm entlang, durch den Mörike-Park, am Stadion vorbei; zwischen älteren Villen ihr Häuschen im Cottagestil: Efeu, Heckenrosen, Katze auf der Fensterbank. Man kennt das aus englischen Filmen und Romanen. Sweet.

Sie war überrascht, sehr herzlich, ich tat ihr innerlich Abbitte. Ich war erleichtert: kein Mozart zu hören, die Katze blieb auf der Fensterbank hocken, Tee, Gebäck – und noch an ihrem zerknitterten Gesicht war zu sehen, wie hübsch sie gewesen und wie alt ich geworden war. In ihren Augen eine gewisse Sorge über den Zustand meiner Kleider; ich war ihr dankbar, daß sie den Zustand meiner Kleider nicht kommentierte. Ich fiel gleich mit meiner Frage nach den vermißten Sprüchen über sie her und hätte nicht zu sagen vermocht, ob aus meiner Stimme nun Klage oder Erleichterung klang. Als sie mit einem »Weißt du noch?« auf unsere törichten Durchstreichereien zu sprechen kommen wollte, schüttelte ich so heftig den Kopf, daß sie erschrocken aufhörte; sie dachte wohl, ich wolle nicht an Annegret erinnert werden, die damals die eifrigste gewesen war, doch es war mehr Angst; meine Erinnerung daran war längst nicht mehr

wohlig; nach fünfzig Jahren überfiel mich ein Zittern bei dem Gedanken, daß das bloße Durchstreichen eines Wortes uns das Leben hätte kosten können. Mechtilde mochte nicht glauben, was ich ihr vortrug. »Siehst du denn nicht fern?« Oh, ihr Spinnweben! »Hörst du denn nicht mehr Radio?« Oh, Walter Scott, wie lange wirst du dauern? Sehr laut, deutlich, langsam sagte sie: »WEIL WIR DOCH ALLE FROH SIND UND UNS KEINE GEDANKEN MEHR MACHEN – sind die Sprüche abgeschafft worden.« (Ich möchte betonen, was selbstverständlich, möglicherweise aber nicht ganz glaubhaft ist: nicht eine Spur von Ironie war in ihrer Stimme; man möge bitte auch bei mir – ich betone das mit Nachdruck! – keine politische Ironie herauszulesen versuchen. In meinem und Mechtildes Interesse muß ich mir diese Bemerkung möglichen ausländischen Fehlinterpreten gegenüber erlauben dürfen.) Mechtilde fügte hinzu: »Nur du bist nicht froh, scheinst dir Gedanken zu machen, weil du dir das Bruderding nicht hast eingeben lassen und nicht teilnimmst am unterhaltsamen Flüstern des Kabelfreunds – sie haben die Sprüche überflüssig gemacht.« Das Bruderding, der Kabelfreund? »Geh nun hin«, sagte Mechtilde, »laß dir das Ding eingeben, empfange den Kabelfreund, indem du dein Fernsehen wieder einschaltest – und du wirst froh sein und dir keine Gedanken mehr machen.« Sie begleitete mich zur Tür, sagte noch einmal eindringlich: »Geh nun hin, geh heute noch hin, es ist eine wunderbare Sache, wieder froh zu sein und sich keine Gedanken mehr zu machen. Ich habe noch ein halbes Ohr im BRUDERAMT und höre so manches. Ausländische Hetzer nennen das Ding auch Gesinnungsschrittmacher und den Kabelfreund Unterhaltungsschleimer. Laß dich nicht verwirren durch diese kainitische Wühlpropaganda, falls sie dir ins Ohr dringen sollte.«
Es war noch früh genug, der Einladung zum LIEBEN BRUDER IXXXX zu folgen. Ich ging am Stadion vorbei, nicht durch den Mörike-Park, sondern an ihm entlang. Auf dem großen Platz fand ich das Amt: verändert, schlicht, fast schmucklos stand es da, ohne Sprüche und ohne Spruchbänder, nur die schwarz-weiß-schwarze Trikolore wehte in gewohnter Würde. Die einzige Frage, die mir der Pförtner stellte, war: »Kaffee oder Tee?« Ich wählte Tee. Die Treppen und Flure

waren nicht mehr so makellos, wie ich sie in Erinnerung hatte: da lag hin und wieder ein Zigarettenstummel, und einige Male sah ich weggeworfene Verpackungen von Schleckerzeug. Der Tee stand schon bereit, als ich zu BRUDER IXXXX ins Zimmer trat. Der BRUDER war jung, knapp vierzig, nett, natürlich korrekt gekleidet, und doch: da waren winzige Spuren sehr menschlicher Schlamperei; makellos rasiert war er nicht, seine Krawatte saß nicht ganz korrekt, auf seiner Untertasse – er trank Kaffee – waren ein paar übergeschwappte Tropfen zu sehen. Er schob mir die Teetasse näher, das Milchkännchen daneben, zögerte mit der Zuckerdose, sagte dann lächelnd: »Ich weiß doch, keinen Zucker im Tee, nur Milch. Alles weiß ich: über Ihre Trauer, Ihre Spaziergänge, Ihre nostalgische Suche nach den Sprüchen Ihrer Jugend und Ihres Mannesalters, weiß, daß es Sie immer in die doch recht öden Vorstädte treibt, weiß sogar, warum: Sie wollen Ihre tiefe Trauer mit der scheinbaren Traurigkeit dort bekämpfen und bemerken nicht, wie froh die Menschen dort sind; ich weiß sogar von den Kommentaren, die Sie über Ihrer Lektüre murmeln, Selbstgesprächen in der Küche, Flüchen, wenn Ihnen der Büchsenöffner abrutscht – ich weiß von den Spinnweben auf Ihrem Fernsehschirm, nein, nein, nicht durch Frau Bebber, Ihre Nachbarin, nein – bedenken Sie, daß der Kabelfreund Sie sieht und hört, auch wenn Sie ihn nicht sehen und hören. Ihr Gerät, mein lieber Bruder«, er lachte besonders herzlich, und mein Herz fing an, sich zu erwärmen, »ist ja, auch wenn Sie es nicht einschalten, doch noch angeschlossen – und er sieht Sie eben durch die Spinnweben hindurch, was übrigens eine reizvolle, fast romantische Verfremdung zur Folge hat, ein, ich möchte sagen, Erlkönigeffekt. Nebelschleier – Ich weiß noch etwas, was Sie nicht wissen oder nicht bemerken: Seien Sie auf der Hut vor Ihrer Nachbarin: Sie sollen ihr Vierter werden.« Er lachte bei dieser Bemerkung nicht, sondern lächelte schelmisch, nahm einen Schluck Kaffee, zündete sich eine Zigarette an, hielt mir erst gar nicht die Schachtel hin, weil er natürlich wußte, daß ich Nichtraucher bin. Ich war erleichtert: der LIEBE BRUDER hatte mich tatsächlich nicht aus dem Auge verloren, hatte mich im Ohr, war mir offenbar nicht böse, wußte, wie es

mit mir stand. Noch bevor ich die Bitte aussprechen konnte, sagte er: »Ich weiß, Sie wollen das Bruderding jetzt haben, und Sie haben es verdient. Ihre Meriten sind keineswegs vergessen, Sie sind ein hochverdienter Bruder, im Krieg gegen die Barbaren als Kampfbruder, im Frieden in der Finanzverwaltung. Wenn ich zögere, Ihnen das Bruderding sofort zu geben, so hat das Gründe, die ich Ihnen erläutern möchte. Sehen Sie, wir sind in ein ganz neues Stadium getreten, die Stabilität beträgt neunundneunzig Prozent – und wir haben festgestellt, daß ein Prozent Instabilität zu wenig ist, um Stabilität zu garantieren. Deshalb dulden wir das, was wir SPENST zu nennen uns entschlossen haben. Erschrekken Sie nicht, es kommt nicht von GESPENST, sondern von WIDERSPENSTIGKEIT. Wir dulden den SPENST, ja, wir überlegen, ob wir ihn nicht züchten sollen. Nachlassen der Hygiene, leichte Abstriche vom Frohsinn. Sie sind für uns ein idealer Fall, weil Sie einerseits völlig loyal sind und Keime eines SPENST zu enthalten scheinen. Deshalb...«
»Geben Sie es mir«, flehte ich, »bitte, ich will das Bruderding haben. Ich werde die Spinnweben noch heute abend entfernen und den Kabelfreund mit Freuden empfangen.«
Bruder IXXXX sah mich ernst an, ließ mich warten, sprach dann leiser, während ein zartes junges weibliches Wesen mit der Teekanne hereinkam, mir nachgoß und lautlos wieder verschwand. »Da wir lange schon die Wahl zwischen Kain und Kabel getroffen haben, während unsere barbarischen Nachbarn noch auf Kain bestanden, haben diese nun nach unserem Sieg über sie viel, fast möchte ich sagen, zuviel von uns gelernt. Immer drei, vier Entwicklungsstufen hinter uns, haben sie jetzt die totale Hygiene, haben Abhörvorrichtungen, nähern sich dem Zustand, in dem wir vor etwa dreißig Jahren waren. Sie nähern sich uns. Der SPENST hat also sowohl eine innen- wie eine außenpolitische Funktion. Im Inneren sorgt er für beides: Spannung und Entspannung. Außenpolitisch schafft er notwendige Distanz. Leute wie Sie, die tief loyal sind und doch den SPENST im Keim in sich haben, sind unersetzlich. Sie sind eine Rarität. Glauben Sie mir, wir haben Sie wirklich ständig im Auge gehabt, und unser Ohr war bei Ihnen. Der LIEBE BRUDER selbst würde...«

Ich nahm einen Schluck Tee und hob die Hände. »Ich weiß, was ich dem LIEBEN BRUDER verdanke, der jahrelang ertragen hat, daß ich nicht froh bin, daß ich lebe – und daß ich mir Gedanken mache. Nur: ich möchte wieder froh sein, daß ich lebe, und möchte mir keine Gedanken mehr machen. Ich bin nicht stark, nicht mehr jung genug. Bitte.« Er lächelte, sah mich bedauernd an, öffnete eine Schreibtischschublade, in der ich Hunderte, vielleicht sogar Tausende winziger rosafarbener Gebilde sah, die wirklich Erbsen glichen, aber auch Pillen hätten sein können. »Keine Mystifikation«, sagte BRUDER IXXXX, »was Sie hier sehen, das so zart, fast zärtlich aussieht, ist eine Metallkapsel aus härtestem Material, sie enthält nicht nur einen Sender, auch einen Winzig-Reaktor, der Sie mit Energie versorgt. Sie ist eine geniale Erfindung unserer TECHNIK. Sie wird an einem delikaten Körperteil in die Haut gedrückt, die sich sofort darüber schließt. Kein Schmerz, keine Schamverletzung. Sie sollen es haben. Hotty!!« Das zarte junge weibliche Wesen huschte herein, nahm mich bei der Hand, führte mich in einen kleinen Nebenraum, der einer Sanitätskabine glich, öffnete meinen Leibgürtel, schob mir mit jener neutralen Sachlichkeit, die nur Krankenschwestern aufbringen, die Hose herunter, und während sie flüsterte: »Bruder, so nimm denn das Bruderding«, nahm sie eines dieser zartrosa Gebilde auf die Spitze ihres rechten Zeigefingers und drückte es mir in die Haut jenes Körperteils, der gewöhnlich zum Sitzen dient; als sie ihre Hand zurückzog, war das winzige Ding verschwunden, und ich hatte kaum mehr gespürt als bei einer raschen und geschickten intramuskulären Injektion. Sie zog mir die Hose wieder hoch, half mir beim Einrasten meines Gürtels und entließ mich freundlich durch einen Nebeneingang.

Ich spürte die Veränderung so plötzlich, daß mir ein letzter, allerletzter Gedanke kam, der wie eine einmalige Frivolität aufglomm und sofort wieder erlosch, so rasch erlosch, daß ich wenige Minuten später gar nicht mehr hätte sagen können, was Frivolität denn überhaupt sei! Es war der Gedanke: War ich während all der Jahre auf die subtile Weise gelenkt und im Auge behalten, auf die Probe gestellt worden, und würde das Bruderding mich vielleicht sogar zum SPENST machen? Das glomm auf, erlosch sofort wieder, denn nun war ich FROH, WAR JA WIRKLICH FROH und MACHTE MIR KEINE GEDANKEN! Ich war kaum halbwegs zu Hause, als ich schon fest entschlossen war, den Scott wieder ins Regal zu stellen, mich über den Büchsenöffner nicht mehr zu ärgern, die Spaziergänge einzuschränken und mich öfters vor den Fernsehschirm zu setzen.

Zu Hause fand ich Frau Bebber vor, die soeben den Fernsehschirm gesäubert hatte, sie zeigte mir auf ihrem Putzlappen die Reste der Spinnweben: geschrumpft zu einem hellgrauen, überraschend kleinen Wulst. Zum ersten Mal seit Jahren sah ich Frau Bebber lächeln und stellte verblüfft fest, wie würdig und schön sie aussehen konnte. Der Kabelfreund war schon tätig – er ist immer tätig – Volksmusik, ein Ballett, ein Ratespiel, bei dem man nicht Geld, sondern Bohnen gewinnen konnte, es wurde als »entmaterialisiertes Spiel« angepriesen. Später die übliche – immer schon, vor Jahren war sie üblich gewesen – »Mitteilung über unsere barbarischen Nachbarn«. Sie hatten gerade mal wieder ihre Polizeikräfte verstärkt, ihren Vorrat an Tränengas erheblich vergrößert, Wasserwerfer angeschafft und eine öffentliche Diskussion veranstaltet: »Knüppel oder Pistole«. Man konnte den Eindruck haben, sie würden sich für Pistole entscheiden. Wir lachten, Frau Bebber und ich, saßen da Hand in Hand und wußten gar nicht mehr, wer wessen Hand als erster genommen hatte. Den Scott hatte sie übrigens schon ins Regal zurückgestellt, bevor ich heimgekommen war.

Widerstand muß heute darin bestehen, von seiner Freiheit Gebrauch zu machen

Laudatio anläßlich der Verleihung des Fritz-Sänger-Preises an Franca Magnani

Alte Floskeln, für abgestanden erklärt, verschlissen auch, gewinnen gelegentlich neuen Charme – im Gegensatz zum harten Zugriff des Poppig-peppig-Griffigen, dessen modische Kantigkeit dann künstlicher wirkt als eine altmodische Formel... und so fange ich, nachdem ich schon angefangen habe, noch einmal an, ich sage: Es ist mir eine Freude, auf Sie, Franca Magnani, eine Lobrede zu halten anläßlich eines Preises, der den Namen Fritz Sängers trägt.
Je mehr ich über Sie und vor allem *von* Ihnen las, das ist eine Dimension Ihrer publizistischen Arbeit, die ich nicht kannte, je mehr ich darüber nachdachte, wie sehr wir Ihre Frische, Ihre Direktheit auf dem Bildschirm vermißt haben, wie so viele Deutsche, die das Ihnen gegenüber ja auch zum Ausdruck gebracht haben, um so mehr fiel mir auf, wie gut Sie und Fritz Sänger zusammenpassen. Sie kommen beide aus dem antifaschistischen Widerstand, wissen beide und praktizieren es, daß Widerstand nicht nur in totalitären Systemen erforderlich ist. Auch in demokratischen Systemen gibt es Entwicklungen, Tendenzen, denen nicht nachgegeben werden darf. Jedenfalls ist Widerstandslosigkeit nicht das Merkmal des Demokraten und Republikaners.
Nicht nur die als politisch definierten Parteien sind ja politisch: Wirtschaftsinteressen sind politisch, konfessionelle Parteilichkeit gebärdet sich extrem politisch. Die Grenzen zwischen Wirtschaft und Politik sind ja fiktiv, und Objektivität, das ist dann die feine, fast unsichtbare Macht derer, die die Subjekte – wörtlich genommen also die Unterworfenen – fest in der Hand haben. Sie ist ein Herren- und Damenluxus mit dem unsinnigen Namen Ausgewogenheit.
Auswiegen ist eine ehrenhafte Tätigkeit des Händlers oder Kaufmanns, der mir, wenn ich ein Pfund Mehl oder ein Viertelpfund Butter kaufen will, das auswiegt, das heißt, er stellt, Redlichkeit vorausgesetzt, Gleichgewicht zwischen

Ware und Gewicht her, und ich zahle für die Ware den vereinbarten Preis. Diesen höchst ehrenwerten Vorgang auf irgendeine Berichterstattung oder eine Diskussion zu übertragen – Harmonie um jeden Preis! – ist eine Verkennung, es ist Verfälschung jeglicher Form von Wirklichkeit.
Seveso – ich denke an Ihre Berichte darüber – gegen die chemische Industrie – da ist nichts auszuwiegen, vielleicht abzuwiegen – aber auch nur *ein* mißgebildetes Kind gegen Bilanzen, Aktien, Börsenkurse – wer mag da die Gewichte bestimmen, die Ausgewogenheit herstellen? Die schmerzlichen Probleme der geplagten Menschheit – ausgewogen? Emotionslos betrachten? Da werden Begriffe nicht nur eingeschmuggelt, auch mit propagandistischem Terror eingehämmert; Orwells großer Bruder hat feine Methoden entwickelt, nicht nur in Diktaturen. Letzten Endes werden dann Väter und Mütter im Zustand völliger Emotionslosigkeit am Bildschirm dem Sterben ihrer Söhne zusehen; bei einer ausgewogenen Berichterstattung über einen möglichen konventionellen Krieg (bei einem möglichen unkonventionellen Krieg!) werden wir die Ausgewogenheit der Rüstung vorgeführt bekommen.
Um einer waschechten Italienerin gerecht zu werden, habe ich mir noch einmal eine der ältesten Quellen über uns, die Germans, angesehen, des *Tacitus Germania.* In diesem winzigen präzisen – man kann kaum sagen Buch, es ist eher eine geniale Mischung von Essay und Reportage – stehen bedenkenswerte Sätze über die Germanen, unter anderem: »Bei mühseliger Arbeit legen sie viel weniger Ausdauer an den Tag – als im Kriege.« An anderer Stelle gar: »Für faul und feige gilt, wer mit seinem Schweiß erwirbt, was er durch Blut gewinnen kann.« Nun, in diesem Sinn zähle ich mich zu den Faulen und den Feigen, ich bin immer ein Faulenzer und Feigling gewesen. Seit Tacitus haben wir uns natürlich entwickelt. Es hat, schätze ich, einige Jahrhunderte gedauert, uns zu regelmäßiger Arbeit zu erziehen, dann vielleicht noch einmal tausend Jahre, ehe wir aus der Arbeit eine Weltanschauung gemacht haben; unsere erfolgreichsten Entwicklungshelfer waren die Römer – diese Feststellung mag manchen heutigen Entwicklungshelfer und -theoretiker er- oder entmutigen, weil er feststellen muß, wie lange Zeit man für Entwicklung braucht.

Und so will ich Sie, liebe Franca Magnani, nach diesem Looping in andere Gefilde, hier herzlich begrüßen als Entwicklungshelferin für den Rechts- und Freiheitssinn, den einige Ihrer deutschen Kollegen in sämtlichen deutschen Medien möglicherweise schon bald werden aufbringen müssen. Der Herr, der Ihnen da Schwierigkeiten gemacht hat, der handelte ja in Fortsetzung einer Medienpolitik, der Fritz Sänger schon vor zweiunddreißig Jahren zum Opfer fallen sollte, vor dreiundzwanzig Jahren dann zum Opfer fiel. Auch da also Gemeinschaft.

Adenauer wollte nicht von einem Nachrichtenbüro über den Lauf der Welt informiert werden, das von einem Sozialdemokraten geleitet wurde. Witterte er damals schon die berüchtigte Moskauhörigkeit, die auch im letzten Wahlkampf hier wieder eine Rolle spielte? Nun, er hatte ja seinen Globke und wußte wohl nicht, daß Fritz Sänger von denen, die Hitler stürzen wollten, zum Chef eines Nachrichtenbüros, als eine Art Regierungssprecher, vorgesehen war; von jenem Widerstand also, den man so pompös und doch auf eine merkwürdig verdrückte Weise zu feiern pflegt. Und es gab dann einen wahren Gipfel der Peinlichkeit, als Dr. Filbinger die Festrede hielt, der ja wohl den wahren Widerstand verkörperte, wie sich später herausstellte.

Widerstand, der heute darin bestehen muß, auf seinem Recht zu bestehen und von seiner Freiheit Gebrauch zu machen.

Als ich mich auf diese Rede hier vorbereitete, las ich in einem Bericht über den Bericht unseres Wehrbeauftragten, daß immer mehr Bundeswehrsoldaten nicht mehr von ihrem Recht und von ihren Freiheiten Gebrauch machen; daß sie Unrecht hinnehmen, Schikanen erdulden, weil sie fürchten, aufzufallen, schlechte Noten ins Dossier zu bekommen und für ihr Berufsleben Nachteile fürchten müssen. Ich hoffe, daß unser Parlament, unsere Regierung, der zuständige Minister sich nicht allzusehr über diese bequemen Soldaten freuen, daß sie alle eher Unruhe zeigen über die Folgen einer solchen Entwicklung zur Untertänigkeit. Recht, von dem man keinen Gebrauch macht, stirbt ab; Freiheit, von der man keinen Gebrauch macht, welkt dahin.

Wir vergessen zu leicht, daß das Recht ein Teil, wenn nicht

der wichtigste Teil unserer Kultur ist. Die schönen Künste, oft genug allein als Kultur verstanden, lenken da eher ab und werden auch als Ablenkung benutzt. In einer Republik ist die Rechtskultur für den größeren Teil der Bürger wichtiger als die Freiheit der schönen Künste, die sich ohnehin ihre Freiheit *nehmen* – und keiner Gesetze bedürfen. Gesetze, die Recht verleihen, müssen von denen verteidigt werden, ihre Einhaltung muß beobachtet werden von denen, die sie gemacht haben. Rechte müssen wahrgenommen werden, bevor sie auf dem großen Jahrmarkt der Unterhaltung, in der Ablenkungsindustrie zur herabgeschmunzelten Anekdote verkommen, im legalen Drogentaumel der Bewußtlosigkeitsindustrie nur noch als Querulantentum und Rechthaberei nur noch einem dekorativen Zweck untergeordnet werden.

Ich denke, diese An- und Umschweifungen gehören zur Sache, gehören in die Lobrede auf eine Frau, die auf ihrem Recht besteht und ihre Freiheit verteidigt, eine Freiheit, die auch darin bestand, uns darüber zu informieren, uns deutlich zu machen, daß Italien nicht *nur* aus Quirinal und Vatikan besteht. Pompöse Rituale haben ja einen gewissen Unterhaltungswert, geschickt inszenierte Gipfel, wo Seifenblasen kultiviert werden – und die so oft verführerische Ästhetik der wichtig gemachten Nichtigkeiten –, dahinter läßt sich so leicht der Alltag eines Landes verstecken: Etwa die Hausfrauen, die täglich beim Einkauf und wenig später in ihrer Küche mit den Folgen der Politik, der Auswirkungen von Korruption und Mißwirtschaft konfrontiert werden, wenn ihre Arbeit, ihre Mühe und die ihrer Männer, Söhne und Töchter sich zeigt in dem, was in Pfannen, Töpfen, Schüsseln, Flaschen, Gläsern und Tassen den Hungrigen und Durstigen geboten werden kann.

Schließlich, wenn das Hehre, das Hohe, wenn die wohlplazierte Phrase verklungen ist – zeigen sich die Folgen der Politik, die dann nur noch Wirtschaftspolitik ist: in Moskau und Lima, New York und Peking – sie zeigen sich in dem, was auf den Tisch kommt –, wenn nicht die Sorge gerade darin besteht, daß irgendwelche Herren gerade mal wieder einen Krieg für notwendig halten. Der weitaus größte Teil der Menschheit braucht den Hunger nicht ärztlich verordnet zu bekommen, er hat ihn schon. Und Appetitlosigkeit ist kein Problem für den größeren Teil der Menschheit. Politische Phrasen, Gebete und Flüche sind ja kostenlos; und in den Himmel kommen wollen wir doch alle, auch die Politiker.

Sie, Franca Magnani, haben uns dieses Italien gezeigt. Strenge Objektivisten haben selten Nahrungssorge. Da kommt mir wieder der Begriff Faulheit auf den Weg. Ich habe noch nie einen faulen Italiener gesehen. Es ist mir immer unverständlich gewesen, wie wir, mit knapper Not zur Arbeitswilligkeit erzogen, selbstbewußt und arrogant vom faulen Italiener sprechen konnten. Wie dieses Klischee entstanden ist, ist mir rätselhaft. Ob Autoren, Übersetzer, Bankbeamte, Journalisten, Maurer, Bauern, Kellner, Handwerker aller Sparten, Eisverkäufer, Politiker, Diplomaten und auch die Mafiosi – fleißig sind und waren sie alle.

Auch die letzten uns bekannten italienischen Päpste waren fleißig, fast zu fleißig, ebenso fleißig wie der polnische. Nein, ich will hier nicht schmeicheln. Es ist möglich, daß ich einem bloß reziproken Klischee unterliege. Und ich bitte Sie, Frau Magnani, wenn wir Sie hoffentlich bald wieder auf dem Bildschirm sehen, zeigen Sie uns den faulen Italiener, oder gar, was vielleicht noch schwieriger ist, die faule Italienerin.

Nein, nach allem, was ich von Ihnen gelesen habe, habe ich keinen Grund zu schmeicheln. Was alles um, an und in Italien schmerzhaft und schmerzlich ist, aber nicht nur Mafia, Korruption, Betrug, Elend, Menschlichkeit sind nicht nur Altertümer, Eleganz, Vatikan, bella figura, Belcanto, blauer Himmel und flinke Fußballbeine. Wenn ich Ihre Analysen und Berichte lese, kommen auch Trauer über uns und Neid auf Ihr Land hinzu. Ihr Land hat seine schmerzlichen und schmerzhaften Probleme und hat doch einen Präsidenten wie Sandro Pertini, der nicht nur möglich ist in Italien, auch von allen Parteien geachtet – und vom Volk.

Gustav Heinemann, ebenfalls ein Mann des Widerstands, wenn auch nicht mit einem so dramatischen Lebenslauf wie Sandro Pertini, er war gewählt, er wurde respektiert; bewundert, geachtet oder gar geliebt wurde er wahrscheinlich von dem größeren Teil des Parlaments nicht. Sich vorzustellen, wir hätten einen Bundespräsidenten gehabt, der Emigrant und im KZ war. Bei uns eben durfte Dr. Filbinger die Rede zum 20. Juli halten, ohne daß die Öffentlichkeit aufschrie.

Ich weiß, hier wäre ein stundenlanges historisches Kolleg fällig über die Teilung Deutschlands, die Ursachen für diese Teilung, die den einen wie den anderen deutschen Staat immer im Reflex zum anderen oder einen reagieren läßt. Aber ob es notwendig war, auch den Widerstand zu teilen, daran erlaube ich mir zu zweifeln. Ob das nicht wenigstens gemeinsam hätte bleiben können, ein Ansatz zur vielbeschworenen Einheit der Nation? Man mag mir also Trauer und Neid gestatten, wenn ich an Sandro Pertini denke, der ja wohl für Ihr Leben so entscheidend war wie Valdo Magnani und Ihre Eltern.

Es gab viele Antifaschisten in Deutschland, in allen politischen Lagern. Sie nennen sich inzwischen hierzulande, wenn sie sich noch zum Widerstand bekennen, dann doch lieber Nazi-Gegner. Antifaschist, das klingt doch zu sehr nach Kommunist. Und daran sind nicht nur die bürgerlichen Antifaschisten schuld, auch die Kommunisten, die den Widerstand für sich beanspruchen, so wie eben hier der kommunistische Widerstand lange geleugnet wurde. Ein Emigrant, ein ehemaliger Nazihäftling als Präsident der Bundesrepublik Deutschland? Da wäre Globke vor und auch Adenauer.

Ich erlaube mir, bei dieser Überlegung auch einer Gruppe jugendlicher Kölner Antifaschisten zu gedenken, die sich »Edelweißpiraten« nannten und kurz vor Kriegsende in Köln an einem Bahnübergang gehängt wurden. Bis heute verweigert man ihnen die Anerkennung. Wahrscheinlich hätten sie in Italien auch unter einer DC-Regierung längst ein Denkmal, und ihre überlebenden Angehörigen würden nicht so gedemütigt.

Immerhin gibt es in der Republik Italien, das verdanke ich der Lektüre Ihrer essayistischen Arbeiten, alle Verstrickungen, Verwicklungen, auch einige Heucheleien und Winkelzüge vorausgesetzt, die *Gemeinsamkeit* des antifaschistischen Widerstands. Und die PCI gehört, wie ich ebenfalls Ihren Publikationen entnehmen konnte, nicht nur selbstverständlich zur Republik. Sie ist auch eine der nicht nur verfassungstragenden, auch verfassungs*gebenden* Parteien gewesen. Daß Parteien, die an der Macht sind, immer mehr davon haben wollen, weil ihnen die Macht nicht nur schmeckt, sondern vielleicht sogar bekommt, das liegt, wie man so hübsch sagt, an der Natur der Sache.

Ausgewogenheit ist da nicht mehr gefragt. Man kann der SPD einiges vorwerfen, nicht nur den Radikalenerlaß, der ein Zurückweichen, nicht ein Vorwärtsschreiten war zu Zeiten, als sie an der Macht war. Ihr schlimmster Fehler war, daß sie ihre eigenen gedruckten Medien sich nicht erhalten hat, ein historisch irreparabler, ein entscheidender Fehler, der jedem von uns noch schwer zu schaffen macht, ein unglaublicher Vorgang, mit dem wir uns langsam vertraut machen müssen. Und sie hat Radio und Fernsehen, die ihr viel Sympathie entgegenbrachten, einfach wegrutschen lassen, fahrlässig, ohne Not, ohne sich je darüber klarzuwerden, was da alles über Antenne und Kabel ins traute deutsche Heim transportiert werden kann. (Die SPD hat auch Verdienste. Nicht das geringste davon ist die Bildungsreform, der jetzt ja wieder eine Herren- und Damenbildung folgen soll. Aber da ich hier keine Lobrede, auch keine Grabrede auf eine Partei halte – Grabrede wäre ja bei knapp 40 Prozent auch nicht angebracht – muß ich es bei ein paar Andeutungen belassen.) Es ist sehr ehrenwert, Macht nicht zu mißbrauchen, aber es ist töricht, Macht nicht zu gebrauchen, denn man braucht sie ja, um Einfluß zu erhalten.

Heute kann man fast schon sagen: *NDR* seligen Angedenkens und *fast* könnte man schon sagen: *WDR* seligen Angedenkens, um beim *Bayerischen Rundfunk* dann zu rufen – wenn man die Litanei ganz abgebetet hat: Oh Du Insel der seligen Ausgewogenheit, auf der gar nicht gewogen werden muß, weil alles sowieso stimmt und übereinstimmt. Es ist schon lustig, wenn Barbara Dickmann die *Tagesthemen* nicht mehr moderieren darf, weil sie Sympathie für eine Partei ausstrahlt, und wenn dann die Herren Mühlfenzl und Feller gemeinsam, ausgewogen, wie sie nun einmal sind, ein entscheidendes Wahlkampfhearing moderieren. Da bleibt einem das Lachen nicht im Halse stecken, es rutscht einem frei heraus, bis einem klar wird: das war ja

gar kein Kabarett, und Dieter Hildebrandt hätte es ja auch besser gemacht.
Wenn das ein mögliches Modell zukünftiger Medienpolitik sein sollte, wäre eine gewisse Bangigkeit angebracht. Der Griff nach Franz Alt und seiner Ausgabe von »Report« kam ja dann auch mit einer Plumpheit und Promptheit, die doch überraschend war. Und der personifizierte CSU-Zeigefinger in Gestalt von Herrn Dr. Stoiber war ja auch da im Hintergrund. Wir wollen nicht denjenigen die Schuld geben, die die Macht haben und immer mehr davon haben wollen.
Ich muß schon sagen, leider hat die SPD nicht begriffen, was die Union sehr wohl begriffen hat, daß man auch nicht den kleinsten Fetzen Einfluß preisgeben darf, so wie man das Recht nicht verkommen und die Freiheit nicht verwelken lassen darf. Und wenn man das weiß, wird auch das kleinste Provinzblättchen wichtig, wo Loblied und Hofberichterstattung noch geübt werden können.
Schuld am Verkommen der Rundfunk- und Fernsehfreiheit? Wer wird da mit solch moralischen Begriffen kommen in einem Land, wo Moral und Sentimentalität immer noch miteinander verwechselt werden? Schuldig werden sich die machen, die sich ein paar fetter Pfründen wegen widerstandslos werden schlucken lassen. Und das kann man an ästhetischen Merkmalen messen. Schleim in der Stimme, die Physiognomie zur Ausdruckslosigkeit erstarrt.
Einschüchtern lassen werden sich am ehesten die, bei denen es nicht ums Fressen und um die Miete geht, denen nicht Hunger, Not und Elend drohen, es wird möglicherweise nur gehen um ein paar snobistische, sybaritische Privilegien. Oh, Ihr Deutschen, laßt es doch sein, Ihr werdet ja doch nie echte Snobs und Sybariten, das schafft Ihr gar nicht. Ihr werdet unschön, seht unschön aus, wenn Ihr es mit Gewalt versucht. Erinnert Euch doch der Tugenden, die Tacitus an Euch gerühmt hat. Er, Republikaner von Geblüt, trauerte ja um eine verlorene, verkommene, verworfene Republik. Legen wir uns also zunächst ästhetische Maßstäbe zu: Stimme, Sprache, Physiognomie, Vokabularium.
Die moralischen Ergebnisse purzeln dann von selbst hinterher. Und – nur keine Bange – wir haben keine Machtergrei-

fung, wir stehen nicht vor einer solchen. Und trotz einiger Rückfälle haben wir ein bißchen Republik gelernt. Dies ist unser Staat, er hat eine ehrenwerte Verfassung, er hat eine Rechtsprechung, ein Parlament, das noch nicht schläft.
Was uns bevorstehen könnte, sind Einschüchterungsversuche, wie wir sie im Jahre 1970 bis 1974, am massivsten im Jahre 1977 erlebt haben, in eben jenem Jahr, in dem man anfing, Sie, Franca Magnani, aus der Berichterstattung zurückzuziehen, und ich halte das nicht für einen Zufall. Sie haben getan, was für uns jetzt wichtig sein könnte: Auf unserem Recht bestehen, von unserer Freiheit Gebrauch machen. Das ist nicht leicht, wie sich an Ihrem Prozeß zeigt. Es gehören Ausdauer und Mut dazu.
Das Recht will ja wahrgenommen werden, es fällt einem nicht in den Schoß. Und das erfordert Mut. Und man muß bis an die Grenze des Mutes gehen, jenen Mut, den ich denjenigen wünsche, von denen ich erwarte, daß sie die Medien weiter frei verwalten: Nicht beim ersten Telefonanruf von Herrn Geißler oder Herrn Stoiber oder wer immer da beauftragt sein mag, schon erbleichen und den Hungertod für die Kinder sehen. Die Grenze des Mutes erkunden, immer weiter, immer weiter gehen, bis man einem auf die Finger klopft, dann an den Kragen geht und schließlich sogar – nicht mit Pistolen, sondern mit Schlagzeilen – schießt, und in den Reden bewährter politischer Stimmungskanonen die Kanonade fortgesetzt wird.
Nie vergessen: Es geht nicht um Leben und Tod, es geht um Gesetze, Vorschriften und Freiheit. Es geht darum, Raum für Freiheit und Mut freizuhalten. Der Mut der freien Journalisten und Autoren muß einen Platz haben. Es muß Raum für sie freigehalten werden. Der Mutige, der keine Gelegenheit mehr dazu bekommt, seinen Mut öffentlich zu zeigen, verkommt in Thekenweinerlichkeit und privatem Jammer. Terrain erhalten für diese Dinosaurier in unserer Gesellschaft, die man noch Freie nennen kann.
Ich weiß, das klingt fast zu gut, ein bißchen zu volltönig auch. Aber die Gefahr, daß wir einrekrutiert werden in eine Hochberichterstattungskultur, die Gefahr ist immer da. Wir sind verwöhnt, weil wir dieses rechtlich verankerte freie Mediensystem haben. Es liegt an uns, ob es bleibt, liegt

auch an der Einsicht der Politiker. Vertrauen wir nicht zu sehr auf deren Gnade, sondern auf unser Recht und auf die Freiheit, die uns versprochen ist. Die Medienpolitik, der Sie geopfert werden sollen, hat eine gewisse verblüffende, fast animalische Unschuld. Sie ist offen, sie zeigt die Zähne, fletscht sie gelegentlich, sagt nur: Wir haben die Macht, wir machen Gebrauch davon, seht zu, wie Ihr mit uns zurechtkommt. Sie setzt das Recht ja nicht außer Kraft, sie verletzt es nur, sie schafft Strittigkeiten, so daß also ewig lange Prozesse möglich wären. Und es ist mühsam, in einem solchen Fall von seinem Recht Gebrauch zu machen. So viel Geduld, Kraft, Zeit und auch Geld steht nicht jedem zur Verfügung, und so verkommt mancher Rechtsanspruch im Gestrüpp der Resignation.

Aber nun komme ich wirklich zur Sache, verzeihen Sie meine Abschweifungen. Ich komme von Italien, der Bundesrepublik, der Person Franca Magnanis, von Ihnen, zum *Fall* Magnani. Und da ist es nun interessant, daß Sie nie Ihrer Berichte wegen, Ihrer publizistischen Arbeiten wegen auch nur andeutungsweise getadelt worden sind – nicht aus München, nicht aus Rom. Man hat Sie nicht einmal des Kommunismus verdächtigt, nicht Ihre Tendenzen gerügt, nein, die Ursache für Ihre Behinderung ist eine andere.

Und dazu gibt es eine Erklärung des ehemaligen Fernsehdirektors beim *Bayerischen Rundfunk,* Professor Dr. Clemens Münster, vom 23. Oktober 1982, die ich hier ganz im Wortlaut vorlesen möchte: »In der gesamten Zeit von über 16 Jahren beim *Studio Rom* des *Bayerischen Rundfunks* ist von keiner Stelle innerhalb oder außerhalb des *Bayerischen Rundfunks* irgendeine, insbesondere keine politische substantielle Beanstandung gegen Sendungen, Informationen oder Anordnungen von Frau Magnani erhoben worden.

Es war allgemein bekannt, daß Frau Magnani zwar eine Allround-Redakteurin ist, in Rom aber weit überwiegend die Politik wahrgenommen hat. Die jeweiligen Leiter waren meistens Kulturredakteure.

Als Fernsehzuschauer (und Fernsehdirektor a. D.) ist dem Unterzeichneten in den letzten Jahren aufgefallen, daß Frau Magnani – trotz ihrer hervorragenden Berichterstattung – durch Herrn Wolf Feller herausgedrängt wurde, vor allem

bis auf einen fast verschwindenden Rest aus der Tagesschau und verwandten Sendereihen. Herr Feller übernahm diese Berichterstattung, wie der Unterzeichnete sehen konnte. Aufgrund dieser Feststellung erinnerte sich der Unterzeichnete an den *Druck* (Betonung stammt von mir), der auf ihn als Beauftragtem des Intendanten für die Auslandsstudios des *Bayerischen Rundfunks* während seiner Dienstzeit ausgeübt wurde – und zwar von den verschiedensten Stellen (von Abgeordneten, Regierungsmitgliedern, Mitgliedern der Aufsichtsgremien des *BR*), um Franca Magnani im römischen Studio auszuschalten, und zwar wegen der Zugehörigkeit ihres Mannes zur kommunistischen Partei. Die vorstehenden Feststellungen sind mit bestem Wissen und Gewissen gemacht. Der Unterzeichnete ist bereit, sie durch Zeugen bestätigen und ergänzen zu lassen.
D 8229 Ainring, den 23. 10. 1982
Prof. Dr. Clemens Münster«
Soweit der Brief von Herrn Münster. Und ich denke, da ist einiges klar, oder klarer: daß der Druck, den Dr. Münster und die römischen Studioleiter vor Herrn Feller nicht auszuüben gedachten, sofort wirksam wurde, als der neue Studioleiter im Hetz-, Hatz-, im Hysteriejahr 1977 auftauchte.
Und wie nannte man das doch in einer noch nicht lange vergangenen Epoche deutscher Geschichte? Etwa Sippenhaft? Und wußte man nicht einmal, daß Valdo Magnani einer der frühesten Eurokommunisten war, längst von Moskau entfernt und aus der PCI ausgeschlossen? Ich will hier nicht alle Turbulenzen, alle die Wellen der Einschüchterung und Denunziation des Jahres '77 wieder aufkochen, das ist alles dokumentiert. Ich möchte nur daran erinnern dürfen, daß ich in diesem heiligen Jahr deutscher Geschichte vom *Bayerischen Rundfunk* die erste Zensur in meiner Laufbahn erfuhr.
Es ist anzunehmen, und dazu gehört wenig Phantasie, daß die CSU – vielleicht auch andere Parteien – exakte und erschöpfende Dossiers über alle Redakteure beim Funk und Fernsehen haben. Ist da vielleicht doch noch jemand mit einer oder einem, wenn auch ehemaligen, Kommunistin oder Kommunisten verheiratet, oder auch nur einem Soziali-

sten? – hat vielleicht einmal einen Stein geworfen, oder überhaupt hat sie oder er an Demonstrationen teilgenommen? Oh, es gibt da noch Feineres und Plumperes.
Es gab ja nun mal diesen äußerst merkwürdigen Komm-Prozeß, und er soll hier stehen als Beispiel, als Muster für das, was man alles *versuchen* kann, wenn sich kein Widerstand zeigt; in diesem Fall hat Widerstand, permanenter, langer, immer wieder hartnäckiger Widerstand von den Betroffenen, von ihren Eltern, von Juristen und Journalisten gesiegt; in *einem* Fall, der dann so viele Peinlichkeiten offenbarte, daß man ihn von der Bühne nehmen mußte. War auch in diesem Fall die offene, animalische Unschuld am Werk, die da sagte: wir haben die Macht, wir machen Gebrauch von ihr? Seht, wie ihr mit uns zurechtkommt? Auch damit bin ich bei Ihnen geblieben, Franca Magnani.
Ich hoffe, so weit ich auch abgeschweift sein mag, ich war immer bei Ihnen, Ihrem Fall, der auch unser Fall ist, und zeigen kann, was uns drohen könnte, was nicht eintreten muß. Die langsam und erfolgreich anschleichende Gefahr der Verschleimung braucht sich nicht auszudehnen.
Die deutschen Medien des öffentlichen Rechts, nicht ohne Werbung, aber nicht abhängig von dieser, waren immer erstaunlich frei, sie waren die wichtigsten Förderer der Nachkriegsliteratur, des Theaters, des Films – und ihre Auslandskorrespondenten haben vom Beginn des Vietnamkrieges an bis zu den gegenwärtigen Entwicklungen uns Bilder und Berichte vermittelt, die uns befähigen, uns ein Urteil zu bilden. Alle Korrespondenten, denen ich im Ausland begegnet bin, auch die der gedruckten Medien, haben mich informiert, sich hilfreich und hilfsbereit gezeigt, auch die der Springer-Presse. Ich möchte die Gelegenheit wahrnehmen, mich dafür zu bedanken. Wir haben einen Auslandsjournalismus von erheblichem Niveau – der Fall Franca Magnani muß nicht bedeuten, daß wir ihn einmal *hatten.*
Da wurde ein Hebel angesetzt – noch hat der Hebel nicht endgültig seine Wirkung getan –, und die Hebelwirkung aufs Inlandprogramm – ob sie Erfolg haben wird, liegt nicht nur an denen, die – der Natur der Sache gemäß – den Hebel ansetzen werden – es liegt mehr noch an denen, die ausgehebelt werden sollen –, und für diese, Franca Magnani,

könnten Sie beispielhaft sein: Nicht als Heldin, nicht als Märtyrerin, als jemand, der sein Recht kennt, von ihm Gebrauch macht, und der sich seine Freiheit nicht nehmen läßt, ganz im Sinne Ihres Staatspräsidenten Sandro Pertini und auch im Sinne Ihres eigenen Ausspruchs »Je mehr Bürger mit Zivilcourage ein Land hat, desto weniger Helden wird es einmal brauchen.«

Ein paar Worte noch zu Italien, die mit dem antikommunistischen Hebel zusammenhängen, der ja bei Ihnen angesetzt wurde. Nicht nur blauer Himmel, Florenz, Siena, nicht nur Tacitus, Dante, Silone, Pavese, Moravia, nein, ich habe aus dem, was Sie geschrieben haben, etwas gelernt, etwas erkannt. Ich will hier nicht über Ihre Artikel und Referate referieren. Die Spaltungen in Parteien und innerhalb von Parteien, Richtungen und Wendungen, möglicherweise sogar für einen Italiener oft schwer durchschaubar, die soziale Spaltung Italiens, alles ist mir noch deutlicher geworden. Auch Kommunismus und Sozialismus in einem Land, das nicht nur katholisch ist, sondern vielleicht *das* katholische Land, das ja nicht die älteste Tochter der Kirche sein kann, weil die Mutter nicht jünger sein kann als die Tochter. Die Mutter ist ja immer ein wenig älter als die Tochter.

Ihre Arbeiten haben mir eine Einsicht vermittelt, die mir gefehlt hat, auch zur Klärung mancher Unklarheit diente. Da beide Staaten, die Republik Italien und die Bundesrepublik Deutschland, aus einer faschistischen Vergangenheit entstanden sind – bei uns war dieser Faschismus durch den Nazismus erheblich verschärft, über diesen Unterschied ist genug gesagt und geschrieben worden –, war mir ein Vergleich der beiden Staaten wohl erlaubt.

Und da fiel mir eben bei der Lektüre Ihrer publizistischen Arbeiten auf, daß der Widerstand gegen den Faschismus, ich wiederhole es, ein bestimmendes Element der italienischen Nachkriegspolitik ist. Daß die PCI von Anfang an auch verfassungsgebendes Element der italienischen Politik war, auch das wiederhole ich. Ich will darüber nicht in Euphorie verfallen, will hier nicht auf alle Verstrickungen, Verwicklungen, Verschiebungen, Bewegungen und auf branchenübliche Heuchelei eingehen.

Und doch hat Italien, wo doch meistens und wieder einmal

eine C-Partei die Regierung stellt, einen sowohl allseits geachteten wie auch populären Präsidenten wie Sandro Pertini, der viele Jahre seines Lebens in Haft verbrachte, diszipliniert, wie ich las, ungebrochen, viele Jahre auch in der Emigration, zuletzt durch die Deutschen zum Tode verurteilt, sechsmal verurteilt, zweimal ausgebrochen, ein Sozialist, dem von Nenni »maßlose Liebe zur Freiheit und zum Sozialismus« zugesprochen wurde; der seinen Sozialismus so definiert: »Die Befreiung des Menschen von jeglichen ideologischen, ökonomischen und konfessionellen Ketten. Der Mensch muß Herr seiner Gedanken und Gefühle sein.« Freiheit statt Sozialismus? Oder Freiheit durch Sozialismus?

Die Sorte Antikommunismus, die bei Ihnen wirksam wurde, Franca Magnani, ergibt sich ja nicht aus einer intellektuellen Auseinandersetzung mit dem Kommunismus und dem Sozialismus, nicht aus einer, wenn man sich die Länder ansieht, die sich so definieren, verständlichen Ablehnung – diese Sorte Antikommunismus ist eine tiefsitzende Krankheit, eine Hygienehysterie, der jedes militärische und propagandistische Mittel recht ist, die auch keine finanziellen Mittel scheut, sich und die Welt vor allem zu bewahren, das auch nur nach Sozialismus riechen könnte. Die unseligen Wirkungen dieser Krankheit zeigen sich offen von Vietnam bis Chile.

Im Augenblick ist Mittelamerika eindeutig das Opfer. Diese Krankheit, gegen die noch kein Kraut gewachsen ist, ist ein geistiger Bazillus von der Sorte, die Religionskriege verursacht, und mir scheint, es ist einer im Gange – ein neu entfachter, militanter, missionseifriger Fundamentalismus, der vom Puritanismus abstammt, er bestimmt Rüstungs-, Wirtschafts-, Leistungs-, Währungspolitik, verkennt in seiner Blindheit, daß soziale Mißstände dieser krassesten Art, die ja auch der Papst verurteilt hat, gar nicht von Moskau geschürt zu werden brauchen, sie explodieren nach Jahrhunderten der Unterdrückung aus sich selbst heraus, ihre Ursachen liegen in einer Zeit, als es Kommunismus noch gar nicht gab, vierhundert Jahre vor der Geburt von Marx. Es sieht nicht so aus, als würde Lateinamerika eine zweite gewaltsame Missionierung hinnehmen.

Italiens Verdienste um die Kultur dieser Erde – vom Ackerbau bis zu einer Stadt wie Siena, die fast zu schön ist, um noch von dieser Erde zu sein, der Name steht auch für die äußerst radikale Katharina Benincasa – ich empfehle sie den Frauenbewegungen zum Studium –, Italiens Verdienste um die Kultur dieser Erde könnte wohl keiner aufzählen.
Ich kann mir vorstellen, daß das moderne Italien dazu ausersehen ist, den Sozialismus, der in sich, an sich und im Vokabularium der Hygienehysterie zu verkommen droht, über die Zeiten zu retten. Sie, Franca Magnani, könnten, nicht durch Propaganda, durch die Weise, die von Ihnen bekannt ist – Sie könnten dazu beitragen, daß dieses europäische Kulturgut erhalten bleibt.

Sole MIO

Zur Ästhetik diskreter Geldübergaben

Wie das bisher gelaufen ist, ist es einfach unschön, plump; es vulgär zu nennen, wäre ungerecht gegenüber dem vulgus, der solche Dinge meist taktvoller vornimmt: dem Bargeld wenigstens einen Blumenstrauß oder eine Schachtel Pralinen hinzufügt. Hier wäre nun wirklich ein »So nicht!« angebracht.

Das ist ja ein regelrechter Bargeld-Porno: Da steckt man einfach ziemlich hohe Beträge in einen »Spezialbrief« (»Couvert« klingt etwas vornehmer, ist aber auch mit »Gedeck« zu verwechseln) und schiebt sie über den Schreibtisch dem Begünstigten zu, oder man legt es in einem renommierten Lokal (»Tulpenfeld«, »Hilton«, »Steigenberger«) zwischen Kaffeetasse und Cognacglas, woraufhin der Begünstigte, von dem man eine Gegengunst erwartet, verschämt lächelt und zusehen muß, wo er das Päckchen unterbringt. Einstecken muß er es, und so ist er dann einer, der »was eingesteckt hat«. Peinlich. Und Ähnlichkeiten mit einem Gewerbe, von dem ich gar nicht glaube, daß es das älteste ist, sind unvermeidlich.

Nein, da muß doch ein bißchen Ästhetik rein. Ich finde, ab 10000 Mark könnte man sich einer dieser schicken kleinen Ledertaschen bedienen, ab 100000 Mark müßte ein Köfferchen drin sein, oder gar angesichts der steigenden Wanderlust ein Rucksäckchen mit dem Aufkleber »Geleitzug II«. Was soll gar einer mit einem »Couvert« machen, in dem – sagen wir – 250000 Mark drin sind? Peinliche Unterbringungsprobleme tauchen da auf, und wenn dann mal eine Million fällig würde – im Geldüberbringungsgewerbe schlicht eine MIO genannt – wohin damit? Übrigens ist MIO eine merkwürdige Abkürzung. Wer denkt da nicht an »Sole mio«, das könnte einer, der sich seines Lateins erinnert, des Italienischen aber nicht ganz sicher ist, mit »MIR allein« übersetzen.

Nein, so kann es nicht bleiben. Das sind doch keine Manieren. Da sollten sich die flotten, gar nicht unbegabten Herren von *Capital, Impulse* und *manager magazin* mal was einfallen lassen, und auch die *FAZ* sollte da stilbildend mitwirken. Auch Damen könnten als Überbringerinnen Verwendung finden: als Journalistinnen oder Vertreterinnen für Kostbares (Les must de Cartier) könnten sie wohlgeformte Etuis aus edelstem Material vorführen (nicht unbedingt aus dem Fell junger Robben) und dann eins davon – etwa ab 50000 Mark – diskret liegen lassen. Einen beigelegten Zettel mit der Aufschrift »Geleitzug I« würde ich für ästhetisch tragbar halten, denn man muß doch wissen, worum es geht.

Vielleicht könnte man dem Gunstgeber, wenn er an einem schönen Sommertag im Garten sitzt und Kaffee trinkt, ein entsprechend beladenes Modellflugzeug, ferngesteuert, zur präzisen Landung fähig, auf den Rasen vor dem Kaffeetisch setzen: ab 25000 Mark müßte das möglich sein; in der Ladung versteckt ein Zettelchen »Sie wissen (Du weißt) schon warum. Ihr v. B. (Dein E)« (Nichtzutreffendes streichen). Da es sich in den meisten Fällen wohl mehr um Parks als um Gärten handelt, darf man ruhig erwägen, die Fallschirmkundigen Möllemann oder Wiesheu als neckisch verkleidete Götterboten mit – sagen wir – einer Eisbombe herabschweben zu lassen.

Jedenfalls, wie es bisher gelaufen ist, ist das feiner Leute unwürdig. Nicht nur der Überbringungsstil, auch die Sprache sollte – am besten dann doch durch einen *FAZ*-Mann (oder gar eine Dame) – wenigstens ein bißchen verfeinert werden. Feine Leute sagen doch nicht, wenn es sich um eine halbe MIO handelt: »So was haben wir bei uns im Schreibtisch.« Das klingt dann doch ein bißchen *zu* plump und auch angeberisch. Nicht einmal ein »Neureicher« würde so etwas tun, er würde vielleicht sagen »Wir verfügen über entsprechende Mittel« oder »Eine solche Summe liegt nicht außerhalb unserer Kapazität«. Im übrigen könnte ein solcher Ausspruch Emotionen wecken, die der *FAZ* so verhaßt sind.

Da muß wirklich etwas geschehen. Es könnte ja einer auf den Gedanken kommen, er möchte »so was«, eine halbe MIO, auch mal im Schreibtisch haben. Man kennt doch diese verfluchten Neider, und solchen Leuten müßte man dann Ratschläge geben, wie man »so was« in den Schreibtisch hineinbekommt. Ein Aufsatz: »Wie bekomme ich eine halbe

MIO in meinen Schreibtisch« ist doch dann fällig, sonst kommen diese Neider auf den nächstliegenden Gedanken, der da ist: Bankraub.
Möglicherweise sollte man auch bedenken (oder zu bedenken geben), daß der weitaus größte Teil der Bevölkerung durch die nun wirklich vulgäre Tätigkeit, die man Arbeit nennt, sein Geld verdient, und für eine halbe MIO muß einer, setzt man ihm 2500 Mark netto monatlich an, fast siebzehn Jahre lang arbeiten, und dann hat er die halbe MIO keineswegs im Schreibtisch oder auf dem Konto, denn er gehört ja nun mal zum vulgus und muß Miete, Essen, Trinken, Kleider – auch die Schuhe für seine Kinder – wirklich bezahlen. Wenn also einer eine halbe MIO »so was« nennt, könnte es Leute geben, die das als ärgerlich empfinden, und Ärger ist nun mal eine Emotion, und die will die *FAZ* doch nicht. Und wenn da, wie es in einem Fall gewesen sein soll, einem im Laufe der Jahre fast eine ganze MIO über den Tisch zugeschoben worden ist, so bedeutet das 33 Jahre Arbeit, mehr als ein halbes Arbeitsleben.
Da schreibt doch einer, dieses ziemlich viele Bargeld habe zur »Versachlichung« und zum Ausschalten »sachfremder Einflüsse« gedient. Versachlicht werden mußte da die Tatsache, daß der Flick-Konzern 840 MIO Steuern sparen wollte. Das hing von der Interpretation des »überaus zerbrechlichen Kindes 6b« ab, und da war natürlich jeder mögliche Einwand gegen die günstige Auslegung »sachfremd«. Denn 840 MIO – das ist eben doch eine Sache.
Da schreibt ein anderer: »Ich glaube, wir sollten nicht unterschätzen, welche große Bedeutung für unser Haus die besondere Pflege der Bonner Landschaft, aber auch der gutwilligen Leute im Gewerkschaftsbereich hat. Die Wichtigkeit dieser sorgfältigen Behandlung hat sich nicht nur im bisherigen 6b-Bereich gezeigt, sondern wird es uns auch eher ermöglichen – wenn es einmal notwendig ist –, politisch unpopuläre Maßnahmen durchzuführen.« Nun sind die »unpopulären Maßnahmen« ja inzwischen fällig, aber die Offenheit, mit der dieser Landschaftspfleger spricht, ist dann doch verblüffend.
Das kann man doch feiner machen. Und da betätigt sich auch prompt einer, der sieben Jahre später Bundeskanzler

wurde, als Landschaftsgärtner, denn er schlug vor, »daß er für die Partei und Carstens/Stücklen für die Fraktion sicherstellt, daß nicht von links – CDU/CSU-Seite – das 6b-Thema politisch für uns negativ emotionalisiert wird.« Erstaunliche Feststellung: Es gibt Linke in der CDU/CSU! Und außerdem ist ja das Thema inzwischen positiv emotionalisiert. Weiterhin schlägt er vor, »eine Auswahl interessierter und gefährlicher CDU/CSU-Abgeordneter zu einem parlamentarischen Abend nach Bonn einzuladen und ihnen über die Überlegungen des Hauses Flick – im besonderen in der Angelegenheit 6b – Bericht zu erstatten«. Immer wieder dieser 6b! Und da gibt's doch in der CDU/CSU tatsächlich gefährliche und interessierte Leute.

Und da nun das »überaus zerbrechliche Kind« trotz aller Geleitzüge doch noch Störfeuer zu gewärtigen hatte, mußte ein bewährter trouble-shooter angeheuert werden, der die Störenfriede Spöri und Böhme ermahnen sollte, »ihre durchaus legitimen Änderungswünsche der Paragraphen 6b und 4 nicht zu vermischen mit dem konkreten Fall Flick«. Wo es doch gerade um diesen »konkreten Fall« Flick ging und wo doch 840 MIO nicht gerade eine Kleinigkeit sind und wo man doch einige Jahre lang mit verschiedenen Würsten (zwischen 5000 und 950000) nach dieser 840 MIO-Speckseite geworfen hatte; außerdem sollte der trouble-shooter, derselbe, der später Amnestiegedanken mit einigen Kollegen ausbrüten sollte, dem (damaligen) Finanzminister zu verstehen geben, daß ein positives Votum von ihm keinerlei Schwierigkeiten beim (damaligen) Bundeskanzler, bei der Partei und der Fraktion zu gewärtigen habe.

Und so ist das zerbrechliche Kind dann heil an allen Klippen vorbeigesteuert worden, und da es nicht gestorben ist, lebt es noch heute; und ist wieder einmal – oh, armer 6b – in seiner Zerbrechlichkeit gefährdet, weil da einer allzu penibel das »Dispositionskonto« geführt hat und der Steuerbeamte Klaus Förster den verruchten und verfluchten Wunsch hatte, Gesetze erfüllt zu sehen. Er wurde strafversetzt.

Die »Art des Hauses« Flick hat sich seit 50 Jahren nicht geändert; da hat schon der Papa immer alles bar »gerichtet«, er gab's schon dem Hitler, dem Göring und dem Himmler

und fuhr nicht schlecht dabei, bekam auch Arbeitskräfte genug, die wohl kaum einen Groschen pro Stunde kosteten. Von »so was«, dieser halben Million, die »wir« immer im Schreibtisch haben, wagten die nicht zu träumen, hatten nur den frivolen Wunsch, sich hin und wieder einmal satt zu essen.
Wie weit wird's gehen? Wie wird's weitergehen? Die Sorte Giftmüll, um die es hier geht, heißt Bargeld, und obwohl das angeblich nicht riecht, fängt's an zu stinken, aus allen Kanälen, in die es geflossen ist. Könnten sich da ein paar Landschaftsgärtner verkalkuliert haben? Jedenfalls ist das Zeug nicht abgeflossen, es ist im Rückstau verfault, die Sikkergruben quillen über. Die Staatsanwälte sind nicht zu beneiden. In wie viele Kanäle müssen sie steigen, wie viele geheime Adern – sind's wirklich 1700? – ausfindig machen, müssen von Jauchegruben die Deckel heben – und von überallher stinkt's! Und keiner ist's gewesen, keiner hat's bekommen: eine ganze Phalanx strammer Nein-Sager.
Ein starkes Nein auch von dem einst sehr hochgestellten Herrn, der so ganz billig nicht gewesen sein soll. Von wegen »wegen«, »wg« A bis »wg« Z. Da werden »einige tausend Mark« im Nu zu 565 000. Und alle diese MIOs nur, damit die »Parteien die Erfüllung ihrer vom Grundgesetz vorgeschriebenen staatspolitischen Pflichten« wahrnehmen können? Welch ein redlicher, nützlicher und notwendiger Beruf ist es doch, Fäkaliengruben zu leeren oder Kanalarbeiter zu sein. Um die Art »Kanalarbeit«, die hier Staatsanwälte auf der Spur von »Kanalarbeitern« leisten müssen, sind die Staatsanwälte wirklich nicht zu beneiden.
Wie macht man aus zehn MIO deren dreizehn? Ganz einfach: man spendet zehn, spart fünf an Steuern, läßt sich acht zurückgeben und hat die dann in der »Dispositionskasse« oder »im Schreibtisch«. Und wenn man in diesem Spiel als Geldwaschanlage dient und das Glück hat, eine kirchliche Institution zu sein, kommt man mit 36 000 Mark Strafe weg.
Es ist wirklich simpel, plump fast die Methode, mit der man die Würstchen herstellt, mit denen man dann nach der gewaltigen Speckseite wirft. Kein Milchmädchen hätte es sich so simpel gedacht. Und da läßt man eine gepflegte Land-

schaft zurück, lächelnde Landschaftsgärtner, deren Gesichter von NEIN und NEIN und NEIN nur so strahlen. Es ist Zeit, sich an Sonnemanns »unbegrenzte Zumutbarkeit« zu erinnern. Was ist begrenzt zumutbar, was unbegrenzt oder grenzenlos unzumutbar? Wahrscheinlich wird sogar eine Amnestie noch als zumutbar empfunden. Da wird ja schon gegrinst und geschmunzelt, die geistig-moralische Erneuerung ist in vollem Gang. Spricht da noch einer von Glaubwürdigkeit, von Vertrauensverlust? Nein, jetzt kommt er ja doch: DER NEUANFANG, und vielleicht geht da der eine oder andere zur Beichte und kommt mit gereinigtem Gewissen aus dem Stuhl wieder heraus, oder er geht einfach nur »in sich«, durchaus konform mit der Innerlichkeitswelle, weint sich mit und an sich selber aus und macht sich an den AUFSCHWUNG. Schnee von gestern.

Ein deutsches Watergate? Wird's nicht geben. Immerhin ist über Watergate ein Präsident der Vereinigten Staaten gestürzt, mühsam am Kittchen vorbeiamnestiert worden. Ins Kittchen gingen dann einige seiner Mitarbeiter, während hierzulande Minister, die immerhin verdächtigt werden, Wahlkämpfe heil überstehen und strahlend ins Kabinett zurückkehren. Und so ein Ministerposten ist ja auch nicht das schlechteste, nicht weil es – wie das kleine Fritzchen glauben möchte – ums Ministergehalt geht, sondern weil man da über Kanaleingänge wacht und »überaus zerbrechliche Kinder« heil durch Kloaken steuern kann. Da kann man zur »Versachlichung« beitragen, »sachfremde Einflüsse« ausschalten, und wenn man erst weiß, daß es sogar in der CDU/CSU »interessierte und gefährliche« Abgeordnete gibt, offenbar sogar linke, weiß man, welche Schwerarbeit da geleistet werden mußte.

Vor der Dorfkirche in Merten, geschmackvollerweise direkt vor dem Kircheneingang (allerdings nicht an einem Sonntag), bekam ich vor der letzten Bundestagswahl an einem CDU-Wahlstand von netten jungen Menschen Glühwein angeboten, obwohl ich mich von vornherein als unbekehrbar bezeichnet hatte. Den Glühwein mochte ich nicht, es war noch ziemlich früh am Morgen, auch die Broschüren und Handzettel lehnte ich ab (ich habe ohnehin immer zu viel Kram in meinen Manteltaschen), aber einen sehr guten schwarzen CDU-Filzstift und zwei stabile, sehr brauchbare CDU-Bleistifte nahm ich an, ich konnte der (echten) Liebenswürdigkeit, mit der man mir sie anbot, nicht widerstehen. Für Kinder gab's Bälle und Luftballons, und wochen-, wenn nicht monatelang blickte ich im gesamten Vorgebirge auf die strahlenden Gesichter von Kohl, Worms, Möller und Milz (in irgendeiner verschämten Ecke hing dann auch einmal ein Vogel!). Broschüren, Plakate, Glühwein, Luftballons, Stifte, Honorare für Ghostwriter, ein paar nun wirklich unzumutbare Vokabeln – ist das die staatsbürgerliche Pflicht, die Parteien an mir erfüllen, und müssen ihre Funktionäre wie in Gaunerkomödien sich dafür was »zustecken« lassen? Hat da einer möglicherweise MIO mit »mein« übersetzt? Die Demokratie ist auch ein »überaus zerbrechliches Kind«, und gerade an Paragraphen wie dem 6b erweist sich ihre Zerbrechlichkeit. Die Staatsanwälte sind nicht zu beneiden. Es steht viel auf dem Spiel, sehr viel mehr als 840 MIO Steuern für einen Konzern, der »so was« – mindestens eine halbe MIO – immer im Schreibtisch liegen hat.

Ein unbekannter Held

Vorwort zu Lew Kopelew,
Der heilige Doktor Fjodor Petrowitsch

Uns, die wir gewohnt sind, Heldentum nach der Anzahl der »Abschüsse« zu bemessen, wird hier von Lew Kopelew ein deutscher Held in glaubwürdiger Form vorgestellt, den wir vernachlässigt, vielleicht gar verdrängt haben. Ist dieser Wohltäter der Menschheit, den uns auch die Lexika verschweigen, bisher unterschlagen worden, weil er nur ein Wohltäter der Russen war, sogar ein Wohltäter russischer Häftlinge? Merkwürdig genug, daß er in Deutschland so wenig, fast gar nicht bekannt ist, wo es doch so wenige Deutsche gibt, die wir als Wohltäter der Menschheit vorzuzeigen haben.

Die Schwierigkeit, das Leben eines guten Menschen zu beschreiben, ist Verfassern und Lesern von Heiligengeschichten bekannt; sie geraten so leicht etwas flau; das Leben des landläufigen Helden zu schildern, ist leichter: sie bedienen sich rücksichtslos der Zeitgeschichte und deren Gegebenheiten, sie setzen ihr Leben aufs Spiel, aber auch das Leben derer, die die Zeitgeschichte ihnen entgegenstellt, eben jener, die es abzuschießen gilt.

Das Leben des Dr. Friedrich Joseph Haass ist von ganz anderer Art als das des landläufigen Helden. An Haass könnte man den Unterschied zwischen Gutmütigkeit (die in den meisten Fällen eine Komponente Faulheit hat) und Güte (die ruhelos ist und Tiefe voraussetzt) studieren; studieren könnte man an ihm auch, daß *Mitleiden* nicht das sentimentale Nebenprodukt von Caritas ist, als das sich Mitleid gelegentlich gebärdet. Er war ein frommer Mensch, gläubig, auch kirchengläubig, ein junger Katholik aus Münstereifel, den es über die Universitäten Köln, Jena, Wien nach Moskau verschlug, wo er Karriere zu machen begann, ein Modearzt, später Amtsarzt, der immer auch ein Amtsarzt war und blieb. Er wurde Chefarzt eines renommierten Spitals, bekam seine Orden, wurde im Alter von 31 Jahren Hofrat, war als Forscher wesentlich beteiligt an der Entdeckung der Heilquellen im kaukasischen Kislowodsk (wo hundert Jahre später Alexander Solschenizyn geboren wurde), wurde Stadt-Arzt von Moskau, als solcher einer der ersten Europäer, der hartnäckig, unermüdlich in einem wahrhaft heldenhaften Kampf gegen den herrschenden Geist um eine Strafreform kämpfte.

Prompt wurde er der »outrierten Philanthropie« bezichtigt. Leidenschaftlich verwandte er sich dafür, die Transportbedingungen der Häftlinge zu verbessern, die in Ketten und dazu noch an Stangen aneinandergekettet in neun Monate dauernden Fußmärschen in Etappen nach Sibirien marschieren mußten. Haass fragte nicht nach Schuld, er sah die *Leidenden,* die sich unter unerträglichen Umständen im Sommer und Winter, aneinandergekettet, monatelang dahinschleppten: Mörder und Diebe, Zahllose, die im Gestrüpp von Vorschriften, bürokratischen Angeln und ungeklärten Rechtsfragen hängengeblieben waren, und wenn man ihm vorhielt, sie wären ja wohl alle schuldig, verwies er auf Christus, der ja auch unschuldig verurteilt, gefoltert und zu Tode gebracht worden sei. Bei seinen Kämpfen für Hafterleichterungen kam ihm ein uraltes, sehr russisches Empfinden für die Verurteilten und Leidenden entgegen, wie auch Dostojewskij es schildert und wie es auch noch den Opfern der Stalinschen Säuberungen entgegengebracht wurde, die Schilderungen der Jewgenia Ginsburg beweisen es. Das russische Volk war nie auf seiten der Schergen und Henker. So ist es nicht erstaunlich, kein Wunder, daß der Doktor Haass wie ein Heiliger verehrt wurde und noch immer verehrt wird. Täglich sind noch heute Blumen an seinem Grab in Moskau zu finden, und noch heute hängen an seinem Moskauer Grab Häftlingsketten, um deren Verbesserung er jahrzehntelang kämpfte.

Seine Erfolge waren nicht spektakulär, seine »actions« – die man ja von einem Helden erwartet – waren die unerbittlichen Kämpfe eines »outrierten Philanthropen«, für den jeder Leidende der leidende Christus war.

Kaum zu verstehen, daß er in Deutschland so wenig bekannt wurde, sein Ruhm nie in seine Heimat zurückdrang. Schämte man sich etwa dieses frommen Jungen aus Münstereifel?

Lew Kopelew ist es gelungen, diesen gütigen Menschen in

seine Zeit zurückzuversetzen, ihn in und aus seiner Zeit heraus zu erklären, die geistigen und politischen Strömungen, Gegner, Förderer und Freunde des Doktor Haass, den gesamten zeitgeschichtlichen Hintergrund sichtbar zu machen, darzustellen, worin das Heldentum des Doktor Haass bestand und welcher Art seine Heiligkeit war. Diesen »sonderbaren Heiligen«, dem eine Karriere als Mode- und Amtsarzt, Reichtum und gesellschaftlicher Glanz sicher gewesen wären – seine Hinterlassenschaft bestand aus Gerümpel. Wir, die wir gewohnt sind, Heldentum nach der Anzahl der Abschüsse zu bewerten, bekommen hier von Lew Kopelew, einem Russen, einen Deutschen vorgestellt, den wir vernachlässigt oder gar verdrängt haben.

Radikaler in Gottes Dienst
Über Thomas von Aquin

Vorausgesetzt muß sein, daß ich hier einen Akt fast frivoler Hochstapelei begehe, indem ich mich diesem erstaunlichen Menschen und seinem erstaunlichen Werk einige Schritte, vielleicht auch nur einen, nähere, wo ich deren einige tausend tun müßte, um ihm möglicherweise »gerecht zu werden«, und ihn, wie er gewünscht hätte, auch zu kritisieren.

Wahrscheinlich haben die Thomisten und die Anti-Thomisten ihn uns so verstellt, daß wir ihn nie (oder nur gelegentlich, oberflächlich und sporadisch) wirklich *gelesen* haben. Manches, und auch mancher Text, wird uns ja nicht durch sich selbst »verleidet«, sondern durch die, die es uns nahezubringen versuchen.

Nun habe ich also, ich kann es nicht anders nennen, reingeschaut in sein Werk, habe einiges von ihm und über ihn gelesen (auch noch einmal die berühmte Biographie von Chesterton, deren brillante, neokatholische Eleganz doch – wie mir schien – über einiges allzu flott hinwegblendet, wirklich: ein blendendes Buch!).

Und nun muß ich mich bremsen, um nicht permanent Thomas von Aquin zu zitieren. Es tut schon wohl in einer Zeit, in der Ronald Reagan und Alexander Solschenizyn und die meisten Gazetten und sämtliche »moralische Mehrheiten« in aller Herren Länder, wo sie alle so genau wissen, was gut und was böse ist, nämlich der Kapitalismus gut und Kommunismus böse; wohl tut's in so ärmlich argumentierender Zeit, bei Thomas zu lesen: »Gutes ohne Böses kann es geben; Böses aber ohne Gutes kann es nicht geben.« Und: »Hätte Gott alles, woraus der Mensch Gelegenheit zur Sünde gemacht hat, aus der Welt hinweggenommen, das All wäre unvollkommen geblieben.« Außerdem: »Mag auch, worauf der Wille sündigend zielt, in Wahrheit böse sein und der vernunftbegabten Natur widersprechen – erfaßt wird es dennoch als Gutes und Naturgemäßes.« Und – und – und so weiter.

Dieses Genie der Sachlichkeit und Gründlichkeit wird uns

als jemand geschildert, der die Ruhe selbst gewesen ist; nur einmal »fuhr er aus der Haut«, als ihm seine Familie eine Sünderin in die Haftzelle schickte, um ihn vom mönchischen Weg abzubringen, und da wurde er nicht nur zornig, sondern auch – was ansonsten nicht von ihm vermeldet wird – unhöflich: Er ging mit einem brennenden Holzscheit auf die Schöne zu und vertrieb sie, anstatt mit ihr zu disputieren, um sie, die ihn vom Wege abbringen wollte, von ihrem Weg abzubringen. Und hätte jemand dabeigestanden und den Dialog mitgeschrieben, so wären wir heute im Besitz eines Klassikers der Anti-Pornographie.

Dieser »stumme« Ochse, der gar nicht aus Sizilien, sondern aus der Nähe Neapels stammte, hat ein bewegtes Leben geführt. Als Sohn eines Grafen und naher Verwandter Friedrichs II. war er zu Höherem bestimmt; wenn schon Priester, dann Erzbischof, Kardinal oder gar Papst; wenn schon Mönch, dann Abt. Er wollte nicht und ließ sich nicht beugen, trotz einjähriger Haft auf St. Giovanni. In einem Bettelorden war er, und er wollte drin bleiben, Gott und der Wissenschaft dienen, mehr Gott als der Wissenschaft, aber Gott ohne Wissenschaft? – das war ihm unmöglich.

Er war so fest im Glauben, daß er es riskierte, gleich zwei »Häresien« zu verfallen: einer theologischen, dem »Materialismus« des Aristoteles, der ihm als Kirchenfeindlichkeit hätte ausgelegt werden können – und einer säkularen Häresie, dem Bettelorden, der nicht nur seiner Herkunft widersprach, der dem gesamten »gesellschaftlichen Gefüge« keineswegs willkommen war. Thomas von Aquin war, versucht man ihn in unsere Gegenwart zu versetzen, klassische Apo, ein Aussteiger, ein Achtundsechziger – und er blieb einer, trotz übelster Verleumdungen, Drohungen, Boykotte. Auch die damaligen theologischen Fakultäten hatten ihren Radikalenerlaß.

Im Gegensatz zu der Überzahl der Achtundsechziger, die heutzutage ihren vergangenen Trotz gemächlich veteranisiert haben, blieb er »dabei«. Er wollte nicht nur Gott gerecht werden, auch dem Menschen in seiner Leiblichkeit, der gesamten Schöpfung: »Offenkundig falsch ist die Meinung derer, die sagen, im Hinblick auf die Wahrheit des Glaubens sei es völlig gleichgültig, was einer über die

Schöpfung denke, wenn er nur von Gott die rechte Meinung habe. Denn ein Irrtum über die Schöpfung wirkt sich aus in einem falschen Wissen von Gott.«

So kühn konnte nur einer sein, der gottesgewiß war. Ich halte es für denkbar, daß seine eigenen Ordensbrüder, denen kurz vor Thomas' Geburt die Inquisition übertragen worden war, ihn vor ihre Kommissionen zitiert, ihn verurteilt und dem grausamen »weltlichen Arm« übergeben hätten, wenn er neunzig geworden wäre, aber er starb mit neunundvierzig, wurde bald heilig gesprochen, und Heiliggesprochene, besonders solch ruhmvolle, verbrennt man nicht posthum. Eher spricht man dann Verbrannte später heilig. So blieb er nicht unumstritten, aber unangetastet, auch sein gewaltiges Werk, dieser nüchterne und sachliche, fast unpersönliche Versuch, eben nicht nur den Himmel, auch die Welt zu erfassen, zu ordnen, eine »Summa« zu erstellen.

Seine Sprache ist gänzlich »unfeuilletonistisch«, im Gegensatz, wie mir scheint, zu Augustinus, der gelegentlich »glänzt« und »blendet«. Es ist wohl erlaubt, sich den neunzigjährigen Thomas vorzustellen, der noch weitere vierzig Jahre gebrütet und formuliert hätte, der möglicherweise sich weiter und weiter an der Leine der Gottesgewißheit in Wirklichkeiten hineingewagt hätte, die sogar ihn hätten beängstigen können. In dem Jahr, in dem er heiliggesprochen wurde, 1323, wäre er neunundneunzig geworden.

Nicht nur ein erstaunliches Schreib- und Diktierpensum hat er absolviert, auch sein Reisepensum ist gewaltig: Nachdem er, einundzwanzigjährig, aus dem Familienprivatgefängnis durch seine Schwester befreit worden war, ging er nach Paris, blieb dort drei Jahre, ging für vier Jahre nach Köln (mein Gott, was mag er im Sumpf der Bursen wahrgenommen haben!), wieder nach Paris, wo er, achtundzwanzig Jahre alt, Professor wurde, Verleumdungen, Boykotten, Drohungen ausgesetzt – ein wahrhaft Radikaler, wenn auch nicht im Öffentlichen Dienst, sondern im Dienst an der Schöpfung und ihren Geschöpfen.

Von Paris noch einmal nach Italien und noch einmal nach Paris. Reisen bedeutete damals zu Fuß gehen, vielleicht mal auf einem Esel reiten oder als Anhalter, Thomas war so modern wie einer nur sein konnte in diesem Jahrhundert, modisch nie. Er war sich seiner spirituellen Heimat so sicher, so fest an ihr angeseilt, daß er getrost in die Niederungen der Materie hinabstieg. Wirklichkeitsbesessen.

»Es ist nichts Unangemessenes in dem Gedanken, daß Gott mit den Ehebrechern mitwirke in deren natürlichem Tun. Nicht die Natur der Ehebrecher ist böse, sondern ihr Wollen. Was aber aus der Kraft ihres Samens bewirkt wird, entspricht nicht ihrem Willen, sondern ihrer Natur. Darum ist es nicht unangemessen, daß Gott zu diesem Tun mitwirkt und ihm seine letzte Vollendung gibt.«

Findet da einer auch nur andeutungsweise eine Berechtigung für die mörderische Behandlung, die man jahrhundertelang den un- und außerehelichen Müttern und ihren Kindern angedeihen ließ? Aber natürlich heißt es auch: »Das Böse ist auf jegliche Weise zu meiden; darum darf man auf keine Weise Böses tun, damit daraus etwas Gutes erwachse. Das Gute soll man nicht auf jegliche Weise tun; darum muß man bisweilen etwas Gutes unterlassen, damit große Übel vermieden werden.«

Nein, leicht oder gar »einfach« ist das alles nicht, und was Thomas da übers Geld schreibt: »Mag das Geld auch den Charakter des bloß Nützlichen haben, so hat es doch eine gewisse Ähnlichkeit mit dem Glück, weil es ja auch den Charakter des Allumfassenden besitzt, da ja dem Geld alles untertan ist« – das könnte fast wörtlich vom jungen Marx sein.

War Thomas so etwas wie der »dritte Weg« der Theologie, zwischen den »Idealisten«, die die Materie vernachlässigten und für die Gott indiskutabel war? Der berühmte Satz von ihm, daß die Gnade die Natur voraussetze, wird ja unvollständig zitiert, denn er sagt: »Die Gnade zerstört nicht die Natur, sondern setzt sie voraus und vollendet sie.« Das klingt ganz anders und setzt andere Gedanken in Bewegung, wenn man bedenkt, was er über die »Natur« der Ehebrecher sagt. Und allen Rechtsbesessenen – deren haben wir ja einige – sagte er: »Gerechtigkeit ohne Barmherzigkeit ist grausam; Barmherzigkeit ohne Gerechtigkeit ist die Mutter der Auflösung.« Aber: »Barmherzigkeit hebt die Gerechtigkeit nicht auf, sie ist vielmehr sozusagen die Fülle der Gerechtigkeit.«

Mir scheint auch, er hatte für die blinde Tapferkeit von Kriegshelden – und das in seinem Jahrhundert, wo ein Mann ohne Schwert kein Mann war! – wenig übrig. »Tapferkeit ohne Gerechtigkeit ist ein Hebel des Bösen.« Und: »Nicht in Wahrheit tapfer sind jene, die um der Ehre willen Tapferes vollbringen.« Schrieb das etwa ein Früh-Pazifist? Er, er war tapfer, wich nicht zurück, ließ sich nicht beirren, und wahre Tapferkeit war für ihn »Standhalten«. Das hat er getan: standgehalten. Nichts nahm er hin, wie es überliefert war, prüfte es, voll Menschlichkeit, ohne jede Sentimentalität, und er verachtete die »Straße« nicht, auf der er sich so oft bewegte und wohin er als Bettelmönch ja gehörte. Er verachtete die Glaubensbeweise, hielt sie für eine Beleidigung Gottes und wußte: »Spielen ist notwendig zur Führung eines menschlichen Lebens.«
Mitleid, Almosen, diese den Puritanern so kostbaren Dinge, nahm er nicht ungeprüft hin, zigseitenlang betrachtet er sie von allen Seiten, billigt jene, verwirft andere Formen des Mitleids und der Almosen und bleibt nach These, Antithese in seiner Synthese die Antwort nicht schuldig, die da etwa bei der Überlegung, ob eine Buhlerin von ihrem Lohn Almosen geben dürfte, so lautet: »Wenn nämlich ein Weib Buhlerei treibt, so handelt es schimpflich und gegen Gottes Gesetz: Daß sie aber etwas nimmt, darin handelt sie nicht unrechtmäßig und nicht gegen das Gesetz. Was demnach auf diese Weise unrechtmäßig erworben wurde, kann sie behalten und davon Almosen geben.« Von den Opfergaben auf dem Altar schließt er Buhlerinnen aber aus, wegen des Ärgernisses und der Ehrfurcht vor dem Heiligen. Zum Haß war er unfähig, auch denen gegenüber, die ihn anfeindeten. Was wir Kritik nennen, nannte er »brüderliche Zurechtweisung«, hielt diese auch Ordensoberen gegenüber für angebracht. Welch ein Wort: brüderliche Zurechtweisung!
Josef Piper, aus dessen Thomas-Brevieren ein Teil der Zitate stammt, vergleicht ihn mit dem Bach der Kunst der Fuge. Ich dachte manchmal an einen »Linné der Theologie«, auch an Rudolf Steiner, der ebenfalls keinen Gegenstand ausließ, auf seine Weise eine Summe schuf, eine Schola gründete und einen »dritten Weg« vorschlug, den heute, sechzig Jah-

re nach seinem Tod, immer mehr zu gehen versuchen: in Wirtschaft, Landwirtschaft, Medizin, Erziehung.
Einen wie Thomas von Aquin würde ich gerne fragen: nach Atombomben, Auf-, Ab-, Nachrüstung, nach der Christlichkeit christlicher Parteien, Drogen, Selbstmord, Leistungszwang, Fernsehen, Familie, Geburtenkontrolle, Terrorismus, Aufstand, Revolte, Revolution. Immerhin gab er dem Mundraub volle Billigung: »Im Falle äußerster Not sind alle Dinge gemeinsam. Deshalb darf der, der solche Not leidet, vom fremden Gut zu seinem Unterhalt nehmen, wenn er keinen findet, der ihm freiwillig gibt. Aus demselben Grund ist es erlaubt, etwas von fremdem Gut zu nehmen und Almosen zu geben, natürlich auch anzunehmen, wenn dem Notleidenden anders nicht geholfen werden kann. Wenn es allerdings ohne Gefahr geschehen kann, muß zunächst das Einverständnis des Besitzers geholt werden, und dann muß man für den Armen, der in äußerster Not ist, sorgen.«
Die Frage wäre: Gibt's nicht nur den Mundraub des einzelnen, auch den Mundraub ganzer Völker? Und wer hätte schon »ohne Gefahr« Somoza oder die Multis auch nur um ein Almosen angehen können? Die Antworten auf meine Fragen sind wohl *in nuce* in seinem Gesamtwerk schon enthalten, das man weiterdenken müßte.
Die Vernunft, auf die er baute, die er voraussetzte, war wohl zu sehr die Vernunft mediterraner Prägung. Nachkomme der römischen *ratio.* Es gibt wohl mehr Vernunften oder Vernünfte als diese eine, die wir als unsere akzeptiert haben. Und was in unser gemäßigtes Klima nicht paßt, erscheint uns gleich unvernünftig, so wie es vielen bei Thomas unvernünftig erscheinen mag, wenn er sich ausführlich mit der Natur des Höllenfeuers auseinandersetzt. Brennendes Feuer muß ja Stoff haben. Woher kommt er, welcher Art ist er? Brennendes Feuer leuchtet, aber in der Hölle herrscht doch Finsternis? Welcher Art ist also dieses Feuer, das keinen Stoff braucht und nicht leuchtet? Darüber grübelt er, wendet das Thema hin und her, durchaus – in seinem Sinne – vernünftig.
Wir grübeln heute jahrelang über unser seelisches Weh, oft genug Wehwehchen, oft genug herbeigeredet, er wußte ein Mittel gegen die Traurigkeit der Seele: nicht Beten, sondern

Baden und Schlafen, und er wußte auch, was denen, die ihre Schreiberei so ungeheuer wichtig nehmen, nützlich sein könnte: »Alles, was ich geschrieben habe, ist Spreu.« Ich werde mehr von dieser Spreu lesen.

(Die Zitate sind entnommen dem Thomas-Brevier, herausgegeben von Josef Piper, Kösel Verlag 1956, und einigen Bänden der Walberberger Thomas-Ausgabe, erschienen im Gemeinschaftsverlag F. H. Kerle, Heidelberg und Verlag Styria, Graz – Wien – Köln.)

Wir müssen die Sitzredakteure wieder einführen

Rede auf dem »Kulturforum« der SPD am 16. 9. 1983 in Bonn

Demonstrieren, Blockieren, so interpretiere ich das, was Jürgen Habermas angedeutet und Prof. Dworkin ausgeführt hat, sind also beste angelsächsische Traditionen. Wir verhalten uns also, indem wir demonstrieren und blockieren, sehr amerikanisch, nicht antiamerikanisch, obwohl es gegen die amerikanischen Raketen geht. Ich weiß nicht, ob viele von Ihnen wissen, daß aus dem amerikanischen Lager in Mutlangen Zettel herausgereicht wurden mit der Aufschrift »Don't yield«, Gebt nicht auf. Und ich hoffe, daß wir in einem Jahr so weit sind, daß aus deutschen Kasernen solche Zettel herausgereicht werden, daß also unser Republikanisierungsprozeß fortschreitet. Politiker neigen dazu, die Straße zu verachten oder verächtlich zu machen, zu sagen, wir lassen uns von der Straße nicht beeinflussen. Ich möchte darauf hinweisen, daß alle Parteien, alle Regierungen von der Straße gewählt sind. Sie werden nicht gewählt von der versammelten Herausgeberschaft sämtlicher konservativer Zeitungen, die 0,01 % der Wähler ausmachen. Die Straße wählt, und wenn der berühmte Mann von der Straße, auf den man immer als Werbeopfer, als Wähler so freundlich zugeht, wenn der dann auf die Straße *geht*, wird er plötzlich verdächtigt. Wir wollen uns diese neue Definition von Straße und Mann auf der Straße merken. Im übrigen, ich glaube, das hat sowohl Herr Dworkin wie Herr Habermas gesagt, ich habe sie nicht ganz genau verstanden. Es sind ja Arbeiterbewegung, Frauenbewegung, Bürgerrechtsbewegung, Anti-Vietnam-Bewegung von der Straße in die Politik und in die Gesetzgebung gekommen. Das Außerparlamentarische gehört zum Parlamentarismus. In Diktaturen gibt es nicht Außerparlamentarisches, sondern nur Irrenhäuser und Kittchen. Ich möchte noch eine Zuordnung vorschlagen: Widerstand und Zumutung. Es kommt ja darauf an, was einem an dem geographischen, politischen und historischen Ort zugemutet wird, an dem man lebt. Wenn mir 40 Jahre Somoza zugemutet werden, scheue ich vor keiner Flinte zurück. Das ist doch klar. In unserem System brauchen wir keine Gewalt, keine Waffen, das ist ganz klar. Ich halte einen Teil unserer Regierung für äußerste Zumutung, aber sie sind frei gewählt in einer völlig unbestreitbar freien Wahl, also müssen wir sie hinnehmen. Ich halte den Regierungssprecher für eine potenzierte Zumutung, aber auch den muß ich hinnehmen. Wir wollen uns auch den Begriff Widerstand nicht so ganz historisieren lassen und ihn allein auf den 20. Juli reduzieren. Widerstand ist ein Lebenselement. Im Taufgelübde, ich weiß nicht, wieviele von Ihnen das haben über sich ergehen lassen müssen, werde ich ja aufgefordert, dem Teufel zu widersagen oder zu widerstehen. Und da wir ja alle Gerechte sind, müssen wir also 7mal 70mal am Tage Widerstand leisten. Wir müssen Widerstand leisten gegen die Werbung, gegen alle möglichen Sorten von Verführung. Wir sind also auf Widerstand angelegt. Nur keine Angst vor diesem Wort – und nicht nur an den 20. Juli denken.

Ich möchte noch etwas zur Straße sagen. Wer so alt ist wie ich, älter oder ein bißchen jünger, ist natürlich auch traumatisiert durch die Straße, den Nazi-Terror auf der Straße, die, ich habe es so empfunden, Heimatvertreibung von der Straße durch die Nazis. Die Kölner Straßen, die ich als Heimat betrachtete, waren für mich nicht mehr betretbar, weil diese Horden da durchmarschierten, nicht nur zu dem Zwang, die Hand hochzuheben, sondern auch noch ihre blutrünstigen Lieder sangen. Verstehen Sie, wir sind auch traumatisiert durch die Straße. Natürlich auch durch den Marsch über die Straßen Europas, die wir im Krieg entlangmarschiert sind. Ich muß mich von diesem Trauma befreien, um auf die Straße zu gehen, aber ich gehe nicht nur auf die Straße, ich *setze* mich auf die Straße. Ich setze mich der Regelverletzung, der Ordnungswidrigkeit, der Strafbarkeit aus und möchte darauf hinweisen, daß man sich vielleicht strafbar machen muß, um das Delikt, dessen man sich strafbar macht, aus dem Strafgesetzbuch zu eliminieren. Sehen Sie sich an, was vor 120 Jahren alles strafbar war. Ehebruch war noch strafbar, ich brauche das ja gar nicht auszuführen, die Juristen unter Ihnen und die Rechtsphilosophen unter Ihnen wissen das viel besser.

Ich schlage vor, nein, ich möchte noch darauf hinweisen, daß die Straße das Medium, Ausdrucksmedium, von Meinungen ist, die in der Medienlandschaft, wie man sie nennt, nicht mehr vertreten werden. Die Verschleimung unserer Medien nimmt täglich zu. Sie erinnern sich, Herr Glotz, wie ich hier vor ein paar Monaten diese Verschleimung angesichts der Laudatio für Franca Magnani geahnt zu haben glaubte. Sie nimmt täglich zu. Die Straße wird unser Medium, und wenn diese Meinungsumfragen stimmen, sind wir ja eine Mehrheit auf der Straße. Ich denke auch, daß die Verschleimung noch zunehmen wird. Der Regierungssprecher, den wir haben, ist ja ein Platitüdenkaiser ersten Ranges, ein Demagoge mit fast 30jähriger Erfahrung im Plattschlagen von Problemen, und das wird seine Wirkung auf die Medien haben, hat es schon. Hören Sie mal ganz genau hin. Also wird die Straße für uns immer wichtiger, und wir werden uns auch daraufsetzen. Ich erinnere Sie an die Einrichtung der Sitzredakteure. Wir müssen die Sitzredakteure wieder erfinden.

Undertakers for Peace

Auch die Beerdigungsunternehmer in der Bundesrepublik, so entnehme ich einer Wirtschaftsnotiz, klagen über Rezession. Das könnte einen fröhlich stimmen und zu dem Ausruf veranlassen: Es sterben weniger Menschen in diesem gesegneten Land! Bei näherem Forschen nach den Ursachen dieser schweren Rezession stellt sich heraus: Es sterben nicht weniger Deutsche, sondern die, die heute potentielle Kundschaft für Beerdigungsunternehmer wären, sind schon gestorben: im Krieg. Wenn ich annehmen darf, daß von den 3250000 toten deutschen Soldaten der größte Teil den Jahrgängen 1914 (Bundespräsident Carstens) bis 1924 (Bundestagspräsident Barzel) angehörten, so wären sie, die im Alter zwischen 20 und 30 Jahren gestorben sind, heute 60–70 Jahre und sozusagen natürliche Sarg-Anwärter. Nimmt man die Opfer der Vernichtungslager, Bombenopfer, Fluchtopfer hinzu – so mag man auf einige zigmillionen Särge kommen, die der Beerdigungsindustrie heute entgehen. Dazu kämen die Kerzen, die Blumen, die Kränze, allerlei sonstiges Grünzeug und andere Beerdigungsparaphernalia, und nicht verschwiegen werden sollten auch die vielen Millionen ungespielter Largos.

Der sechzehnjährige Benjamin Marcus aus einem galizischen Dorf, der in Auschwitz-Birkenau, weil rachitisch und weder für Bayer noch für Flick brauchbar, sofort vergast und verbrannt wurde, er wäre heute mit 56 möglicherweise am Ende seines elenden Lebens, eine Beerdigung aber, wenn auch eine ärmliche, wäre ihm so sicher wie dem Kanonier Schmitz II, für den in Stalingrad gewiß kein Sarg bereitstand, und der heute 62jährig in Köln eines friedlichen Todes sterben könnte. Ein schöner Sarg wäre ihm gewiß gewesen, Blumen, Kerzen, Totenamt, eine Würdigung seines Lebens am offenen Grab. Man denke auch an die Trinkgelder für die Totengräber: Millionenverluste! Und die vielen obligatorischen Essen im nahe gelegenen Restaurant. Ob da nicht für alle Betroffenen die Chance besteht, noch auf Kriegsfolgeschäden zu klagen? Ich denke da auch an die vielen Musiker und Musikstudenten, die sich durch Largospielen (wenn's nicht lieblich vom Tonband erklingt!) ein Zubrot verdienen, und an die Küster, die bei feierlichen Totenämtern ihren Bariton erklingen lassen. Da wir ja alle keinen Krieg wollen, also alle Pazifisten sind, von Reagan bis Geißler, zähle ich auch die Beerdigungsunternehmer zu den Pazifisten. Bei ihnen käme zu den ideellen Motiven noch ein materielles hinzu, ein wahres Sarg-*Sach*-Argument – und nichts überzeugt ja mehr als *Sach*-Argumente. Die US-Beerdigungsindustrie, die angesichts von »nur« 250000 amerikanischen Toten im Zweiten Weltkrieg den Sargverlust als nicht ganz so herb empfinden mag, sollte sich klar darüber werden, daß bei einem möglichen Atomkrieg mit 45 Millionen toter Amerikaner gerechnet wird, die eines Sarges nicht mehr bedürfen. Da wäre doch eine Friedenslobby fällig, der sich Blumenzüchter, Kerzenhersteller, Friedhofsgärtner anschließen könnten unter der Sammelbezeichnung *»Undertakers for peace«*. Ich erinnere mich der Sargattrappen im letzten Kriegsjahr, mit denen für Zivilisten wie Soldaten eine Art »bürgerliche Beerdigung« vorgetäuscht wurde: das sah nach »ordentlichem Sarg« aus, wurde ins oder übers ausgebuddelte Loch gestellt, wenn dann die – gewöhnlich hastige – Zeremonie vorüber war, wurde ein Klapp-Mechanismus betätigt, der den Toten, in eine Decke oder ein Leintuch gewickelt (falls vorhanden), in die Erde fallen ließ, und wenn die Trauernden weggegangen waren, nahmen die Friedhofswärter den Sarg ungerührt – heute würde man sagen »emotionslos« – wieder mit. Unzähligen unkenntlichen Kriegstoten wurde nicht einmal diese Täuschung bereitet. Wird der »mündige« Bundesbürger darüber aufgeklärt, was ein Massengrab ist?

Obwohl ich zu den hauptbetroffenen Jahrgängen gehöre, bin ich – die Chance für meinen Jahrgang war, wie beim russischen Roulette, 4:1 – einer, der die Beerdigungsindustrie nicht schädigen wird, ich bin ein Sarg-Kandidat, es sei denn, die neuerworbene Busenfreundin der Deutschen, Milliarden- oder Knopfdruckmargaret, würde ein paar Minuten zu früh knopfdruckfreudig.

Der Mut zum Widerstand

Über Jiři Gruša (Hg), *Verfemte Dichter*

Schwierige Entscheidung, bange Frage: ist das *erst* oder *schon* 15 Jahre her, daß die sowjetischen Panzer in Prag im Keim erstickten, was als demokratischer Sozialismus, als Sozialismus mit menschlichem Antlitz in die europäische, vielleicht sogar in die Weltgeschichte hätte eingehen können. Die Empörung der Tschechen über diesen Erstikkungsprozeß – ich habe ihn an Ort und Stelle erlebt – war einhellig.

Das erscheint manchmal alles weit weg, tief versunken – keine eineinhalb Jahrzehnte, sondern Jahrhunderte entfernt –, und macht die Unmöglichkeit deutlich, »geschichtliche Räume« noch gebührend abmessen zu können und den Ablauf geschichtlich-politischer Prozesse auch nur annähernd vorauszusetzen. Drei Jahre »Solidarność« – waren das nicht drei Jahrzehnte? – werden vielleicht in 20 Jahren als ein halbes Jahrhundert erscheinen.

Inzwischen hat sich täglich erwiesen, daß beide Supermächte demokratischen Sozialismus nicht hinnehmen können. Erstickung ist die Methode, die man dann »Normalisierung« nennt. Ob Strauß inzwischen weiß, was er angerichtet hat, als er die gegenwärtige Entwicklung in Polen mit freundlichen Worten bedachte, eine Entwicklung in jene Richtung, die die ČSSR genommen hat, Entwicklung zu einem »ordentlichen Friedhof« hin?

Der Vergleich zwischen Polen und der Tschechoslowakei müßte unter präziser Einschätzung aller historischen, politischen und religiösen Unterschiede vorgenommen werden. »Normalisierung« jedenfalls ist das gemeinsame Schlüsselwort.

In dieser hochaktuellen Anthologie, die Jiři Gruša zusammengestellt hat, hören und lesen wir nun die Stimmen einiger, nicht aller, die in der ČSSR nicht »normalisiert« sind, derer, die im Sinne der Machthaber nicht die *vorgeschriebene Art* annehmen wollen, die man bloß *unartig* oder auch *entartet* nennen kann. Trotz Haft, Folter, Demütigung, Einschüchterung, auch – wie drei Beiträge in dieser Anthologie belegen – Mord, schweigen sie nicht. Erstaunlich, was da über die Grenze zu uns herüberdringt. Leicht, von hier aus zu sagen, sie seien »tapfer und ungebrochen«, wo doch jeder spürt, daß fast alle, Šimečka, Havel und die Šiklová, die sich mit der Darstellung und Analyse der Konflikte beschäftigen, im besonderen Maß »mit letzter Kraft« schreiben und rufen, und nicht nur beschäftigt mit tschechischem Erbe und dortiger Hoffnung, nicht blind gegenüber den Problemen auch der übrigen Welt.

Wäre es möglich, daß gerade dort, in Haft und Unterdrükkung, Probleme erkannt, definiert und analysiert werden, die auch uns betreffen, vor denen wir aber inmitten der Fettlebe die Augen verschließen? »Die Herdeneigenschaften des Konsumlebens«, schreibt Václav Havel, »deren prachtvollster Ausdruck die modernen Siedlungen, deren prächtigstes Instrument das Fernsehen ist; der Zerfall des Menschen in seine einzelnen, anonymisierten Funktionen (Produzent, Konsument, Patient, Wähler etc.); sein totales Ohnmächtigwerden angesichts der anonymen Makrostrukturen, seine komplexe Adaption an die allgemeine ›sittliche‹ Norm...« Sind das die Probleme eines tschechischen Autors, der in der Haft wohl kaum den Verführungen der Konsumwelt ausgesetzt war?, oder werden da Entwicklungen vorausgesehen, denen wir alle blind und dumm im Ablenkungskerker entgegentaumeln? Zwinkert da nicht Mr. Schlitzohr mit dem Kabelauge? Die Warnung kommt nicht von einem westlichen Medienexperten, sie kommt von einem, der einige tschechische Gefängnisse ausgiebig von innen kennengelernt hat. Eine Warnung vor »Normalisierung«!

Da wäre viel zu zitieren, auch von Šimečka und der Šiklová, jeder Beitrag ausführlich zu würdigen, schon der Umstände wegen, unter denen er entstanden ist. Im ersten Teil dieser Sammlung werden die Konflikte dargestellt, im zweiten wird deren literarische Behandlung vorgestellt. Der zweite Teil ist der Besitzerin einer Schreibmaschine gewidmet, Frau Šinoglová, ein Dank, »der gleichzeitig all denjenigen gilt, die unter ähnlichem Risiko tschechische und slowakische Texte abschreiben«; dankbar wird auch vermerkt, daß Gustáv Husák »es nicht wagte, Frau Šinoglová weiter im

Gefängnis zu halten und ihr Gnade erwies – dies ist, soweit ich weiß, die einzige Gnade, die er je erwiesen hat«, schreibt Gruša.
Schreibmaschine gegen Panzer, Maschinenpistole und ganze Heere von Spitzeln? Da lachen doch die mächtigen Herren dieser Erde, die sogar den Papst nach seinen nicht vorhandenen Divisionen messen. Oder lachen sie schon lange nicht mehr, wenn ihnen da vor Augen kommt oder berichtet wird von dem, was Schreibmaschine, Bleistift oder Kugelschreiber alles an- und ausrichten? Bücherverbrennung, Bücherverhinderung, Bücherausmerzung in Bibliotheken, Verbannung, Haft, Folter, Einweisung in Irrenhäuser für die, die da in vielen Teilen der Welt betreiben, was unter dem Namen »Samizdat« in seiner russischen Version bekanntgeworden ist, beweisen, daß beschriebenes Papier gefürchtet wird.
Diese Anthologie *Verfemte Dichter* ist ein in der ČSSR verhindertes Buch, alle Autorinnen und Autoren leben unter den schwierigsten materiellen und existentiellen Umständen. Drei von ihnen, Benýšek (vor sechs Monaten nach Wien emigriert), die Kotrlá und die Prochazková, waren 1968 17 bis 20 Jahre alt, haben also fast schon die Hälfte ihres bisherigen Lebens unter diesen Umständen verbracht, und doch klingt in allen erzählerischen Beiträgen etwas mit, das ich nur zögernd benenne: Humor, der ja hierzulande in der täglich sich steigernden Dümmlichkeit der Medien immer wieder mit Fröhlichkeit oder gar Frohsinn verwechselt wird. Humor, der ohne Trauer, ohne Schwermut, ohne Bitterkeit gar nicht möglich ist – und ohne Grimm nicht erlaubt sein dürfte.
Es ist, wie mir scheint, längst nicht mehr Schwejk, der da bei der Kriseová im »Wachtmeister Bláha«, im »Meister der Versöhnung« von Karel Pecka und »Wir sind keine Mörder« von Zbyňek Benýšek spürbar wird. Schwejks Sorte Humor bestand ja in der mehr oder weniger unfreiwilligen naiven Konfrontation mit der spezifischen Absurdität des k. u. k. Systems, das nicht die mörderische Konsequenz des industrialisierten Mordes im Nazisystem und nicht die blutige Willkür des stalinistischen Terrors hatte; Schwejk ist mit dem k. u. k. System in nostalgische Bereiche verschwunden.

Ansätze von Schwejkschem Humor sind denn auch nur in der Erzählung »Gymnasium Flagri« von Iva Kotrlá zu finden, die weit in die Geschichte zurückverlegt ist. Der Humor, der in den anderen Erzählungen spürbar wird, ist von anderer Art: Intellektuelle Bitterkeit bestimmt ihn, meist ist er zwischen, nur selten auf den Zeilen zu finden, ist situationsgebunden. Es ist nicht ein Humor, der »trotzdem«, sondern »überhaupt« noch lacht, nicht befohlenes Frohsinnsgebrüll, von Animateuren oder Fröhlichkeitsprofis gegängelt, die das Lachen erst durch einen Tusch hochkitzeln lassen.

Einen besonderen Rang nimmt die Erzählung »Komm doch mal probieren« von Lenka Procházková ein, eine Liebesgeschichte, die ganz in den tschechoslowakischen Gegebenheiten ihre Realien findet und doch weit über diese hinaus gültig ist; in ihr sind Abschied und Trennung, Verzweiflung und Hoffnung, wenn auch ganz eben *dort* zu Hause, auch anderswo als *dort* gültig, für alle die, denen »bleiben« oder »weggehen« zum Problem wird. Schilderung einer mißglückten oder auch bewußt verhinderten Abtreibung, während der Vater des Kindes gerade das Flugzeug besteigt, das ihn in den Westen bringt. Schwangerschaft, Annahme und Erwartung des Kindes, dann ein ausführliches Telefongespräch kurz vor der Entbindung, mit dem Vater des Kindes, der aus Genf anruft und die Frau herauszulocken versucht, emigrieren, nicht emigrieren, ja, nein, doch – wie der, der da im goldenen Westen lebt, sie doch bei sich haben möchte – sie aber nicht will, eine Geschichte, die klarmacht, daß das alles nicht so einfach ist, wie manche westlichen Medienfritzchen sich das vorstellen, das Leben dort, das Leben hier, jedenfalls nicht ganz so einfach; daß auch eine gedemütigte, normalisierte Heimat Heimat ist – ahnen läßt die Geschichte auch, daß nun nicht jede Form der Annäherung an die Normalität Kollaboration genannt werden darf.

Alle, die in dieser Anthologie vertreten sind, viele, die wir nicht kennen, von denen wir nur gelegentlich hören, sind im Sinne der dortigen Machthaber nicht »normal«, möglicherweise gar »entartet«, wie Kurón, Michnik, Walesa und viele andere in Polen. Das macht die Worte Normalisierung und Entartung zu Schreckensworten.

Es war weit unter dem Minimum an Intelligenz und Sensibilität, das einer bei Strauß hätte voraussetzen dürfen, daß er das Wort Entartung, das immerhin gefallen war, auf eine fast schon dümmlich-demagogische Weise zu bagatellisieren versuchte. Nicht nur Strauß und Zimmermann (schweigen wir – vorläufig! – von Boenisch) kommen mir in den Sinn, wenn ich diese Stimmen aus der ČSSR lese und höre, auch die Klagen mancher, inzwischen schon vieler, die sich über den Anpassungszwang und -drang in den hiesigen Medien beklagen. Hat denn keiner je nachgelesen, was Dr. Friedrich Zimmermann, wenn er sich zu Kunst und Literatur äußerte, seit mehr als zehn Jahren offen und öffentlich gesagt hat? Und er ist der Innenminister einer ohne jede Einschränkung frei gewählten Bundesregierung.

Bemerkenswerte Feststellung, daß die Aufforderung zum Mut eher von draußen, aus der ČSSR und aus Polen kommt, als von drinnen, wo Widerstandskraft und aufmerksames Zuhören wenig geübt wurden. Wenn Havel von der »Verdummung der Völker« schreibt, von der »Produktion Tausender neuer thermonuklearer Bomben«, von der »Zerstörung der Erdkugel« – so beschränkt er keinen dieser Termini auf die sozialistisch oder kommunistisch beherrschten Völker und Staaten, und dieser Blick in die Welt unterscheidet ihn von den meisten sowjetischen Emigranten, er schreibt auch, daß man sich verantwortlich verhalten müsse, »trotz allem«, und »auf den Einwand, dies habe keinen Sinn, antworte ich einfach: Es hat Sinn«. Müssen wir von dort, von jenseits der Grenze, die unter fürchterlichen Umständen erworbene Einsicht vermittelt bekommen, die man uns hier täglich auszureden versucht, daß »es« Sinn hat? Fünfzehn Jahre nach 1968 dringen diese Stimmen aus der ČSSR zu uns. Können wir uns vorstellen, was hier, wo wir dann immer noch frei wählen dürfen, nach fünfzehn Jahren Medieneinschüchterung, in Snobismus und Zynismus verkommener Freiheit, von apathischen Sybariten gefragt werden könnte: Ist das *schon* oder *erst* fünfzehn Jahre her?

Keiner konnte für das Vorwort zu diesem Buch besser geeignet sein als Hans-Peter Riese, ein sensibler Kenner der dortigen wie der hiesigen Szene. Als Korrespondent war er

Opfer der dortigen Normalisierung, wurde ausgewiesen; hier sollte er eins der ersten Opfer massiver Medieneinschüchterung werden, weil er es doch tatsächlich riskiert hatte, die Bonner Wendemanöver kritisch-ironisch zu kommentieren. Sein Vorwort verhilft dazu, Nuancen zu erkennen.

Wir gefährden die Demokratie nicht, wir machen Gebrauch von ihr

Ein offener Brief an Oberst Heinz Kluss

Sehr geehrter Herr Oberst,
wie viele »unvergeßliche Augenblicke« es in dem einen oder anderen Menschenleben geben könnte, kann ich nicht ermessen; in meinem Leben gibt's deren einige, und jeder davon wäre möglicherweise einige Seiten Prosa wert. Zwei dieser Augenblicke will ich nur andeutungsweise schildern: den Kriegsausbruch, den ich in einer Kaserne erlebte; die vollkommene Lustlosigkeit, mit der die deutsche Wehrmacht in diesen Krieg »zog«, hat mich damals überrascht, hatten wir doch alle die irre Begeisterung von 1914 oft genug geschildert bekommen. Der zweite dieser Augenblicke: ein kühler Aprilmorgen des Jahres 1945, als ich – nach übrigens »äußerst unangenehmem« ausgiebigem Artilleriebeschuß – in amerikanische Gefangenschaft geriet. Ich erlasse Ihnen und mir weitere kriegstechnische Details. Ich hasse Veteranengeschwätz, weil es meistens den bramarbasierenden Urstoff, sozusagen die Veteranenhefe für die nächste Veteranengeneration enthält. Wichtig ist: ich fühlte mich befreit durch diese Gefangennahme, befreit von wem? Befreit vom deutschen Terror, der in den letzten Kriegsmonaten Ausmaße annahm, die noch nicht beschrieben worden sind. Nicht einmal die später berüchtigten Gefangenenlager Sinzig, Namur, Attichy, in denen ich hockte, haben meine Dankbarkeit gegenüber der amerikanischen Armee verringert. Heute allerdings würde ich mich gern noch einmal mit dem freundlichen amerikanischen Offizier unterhalten, der mich registrierte und vernahm – unterhalten über die Herren Barbie und Konsorten, die ja dann in südamerikanische Diktaturen verfrachtet wurden. Was die amerikanische Armee später in anderen Weltgegenden an- und ausrichtete, hat die amerikanische Öffentlichkeit länger und ausgiebiger beschäftigt, als uns das beschäftigt hat, was wir im Zweiten Weltkrieg angerichtet haben. Es wäre vielleicht auch Zeit, den Roman *Bitterer Lorbeer (The Crusaders)* von Stefan Heym noch einmal zu lesen, dessen »Held« im Ruhrgebiet

erlebt, wie schonungsvoll die deutsche Industrie behandelt wird.
Die Dankbarkeit dieses Augenblicks – es war am Morgen des 9. April 1945 – ist unvergessen. Nein, sehr geehrter Herr Oberst, ich demonstriere nicht gegen die amerikanische Armee, die mich und meine Familie vom deutschen Terror befreit hat. Ich demonstriere gegen die Rüstungspolitik der gegenwärtigen amerikanischen Regierung, soweit sie uns betrifft, und sie betrifft uns sehr, das wissen Sie als Offizier in höherem Rang besser als ich. Ja, ich blockiere eine US-Kaserneneinfahrt, weil nun mal Raketen zwar von Politikern »bestellt«, aber von Armeen verwaltet werden. Was Sie da übrigens von Politikern schreiben, denen Sie »selbstkritische Einsichten« nicht zutrauen, die »vielfältigen Einflüssen« ausgesetzt sind (Basis, Ideologie, Taktik, Erwartungsdruck) – erscheint mir nun bedenklicher als alles, was Sie den Blockierern vorhalten. Immerhin bestimmen Politiker unser Schicksal, auch Ihres, und es sind diese Politiker, denen wir zeigen wollen, was – wenn man die letzten Meinungsumfragen halbwegs glaubhaft finden darf – inzwischen nicht mehr nur eine Minderheit, sondern eine Mehrheit glaubt: daß diese neuen Raketen (und es sind noch »neuere« geplant!) unsere Sicherheit nicht erhöhen, sondern verringern.
Sehr geehrter Herr Oberst, ich kann kaum glauben, daß ich ernst nehmen soll, was Sie da über das »Einsperren« von Soldaten, ja über deren »Peinigung« schreiben. Sie wissen doch, was jeder Soldat lernt: daß man Kasernen nicht nur am Haupteingang verlassen und betreten kann; es gibt ja Mauern, Zäune, Posten, die mit sich reden lassen, und was die Versorgungslage angeht, so ist dieses Problem seit der segensreichen Erfindung des Helikopters doch leicht zu lösen; auch zum Zahnarzt, zur schwerkranken Mutter, zu einer dringlichen Operation kann man ja ausgeflogen werden; ich würde – wäre ich Kommandant der Kaserne – sogar Flüge zu Damenbesuchen bewilligen beziehungsweise willige (und natürlich freiwillige) Damen einfliegen lassen, falls der Liebesdrang und -druck dann unerträglich werden sollte. Die beste Lösung – auch für zukünftige Blockaden – wäre: die ganze Besatzung – bis auf die notwendigen Feuer-

und sonstigen Wachen – in Urlaub zu schicken: sollen sich die armen Kerle, die da in der Öde der Kasernen hocken, ein paar schöne Tage machen! Meinetwegen sogar auf Kosten der Steuerzahler. Wir betreten die Kasernen nicht. Wirklich, Herr Oberst, da könnten die Flugmaschinen, die uns so oft sinnlos in den Ohren liegen, endlich mal sinnvoll verwendet werden.

Wie ich verschiedenen Publikationen entnehmen konnte, sind die Detektive und Agenten der amerikanischen Polizei in 9 von 10 Fällen mit Drogenproblemen beschäftigt, und daß da einer durchdrehen könnte, dem seine tägliche »Dröhnung« fehlt, erscheint mir als viel gefährlicher als alle Ihre »Peinigungs«-Argumente. Es wäre also gut, wenn die Soldaten sich rechtzeitig mit »Stoff« versorgen oder dieser – ebenfalls per Helikopter – notfalls eingeflogen würde. Auf den Straßen von New York bin ich einige Male von Süchtigen angebettelt worden, die dringend ihrer Dröhnung bedurften – das war nun wirklich gefährlich, und ich gab willig mein Kleingeld her. Was Ihren Hinweis auf den möglichen Antiamerikanismus angeht, so nehme ich den sehr ernst, und ich schlage vor, bei allen Aktionen und Demonstrationen gegen Ausländerfeindlichkeit nicht zu vergessen, daß auch die Amerikaner, die hier leben, Ausländer sind, und keinerlei Drohung oder Gewalt ausgesetzt sein sollten. Im übrigen nehme ich an, daß auch amerikanische Soldaten amerikanische Zeitungen und Magazine lesen und wissen, daß das, was wir hier tun, in Amerika üblich ist: Demonstrationen, Blockaden: und daß wir nicht antiamerikanischer sind als die Freeze-Bewegung, zu der ein großer Teil des amerikanischen Klerus aller Konfessionen gehört, viele Politiker, Publizisten, sogar ein Präsidentschaftskandidat der Demokraten (Cranston). Das, sehr geehrter Herr Oberst, sollten auch Sie nicht vergessen und gelegentlich Ihren Soldaten mitteilen, falls die es noch nicht wissen.

Ich befürchte eher, daß man uns den Soldaten als Kommunisten, wenn nicht Terroristen avisiert, fürchte bezahlte Provokateure, fürchte auch, daß man uns, den »Prominenten«, eben jene »Immunität« angedeihen läßt, von der Sie doch genau wissen, daß wir sie weder haben noch beanspruchen. Nein, Herr Oberst, wir gefährden die Demokratie nicht, wir machen Gebrauch von ihr, wir gefährden nicht die Integration der Streitkräfte (die Weimarer Republik ist übrigens unter anderem auch daran gescheitert, daß sich die Reichswehr weder integrieren ließ noch lassen wollte – sie blieb monarchistisch!).

Also, bitte: wir blockieren ja nicht den Luftraum über Mutlangen: mag also ein Helikopter den Feldwebel zu seiner schwerkranken Mutter fliegen, den Achtzehnjährigen, der gern schwimmen gehen möchte, ins Schwimmbad befördern, Milch, Obst, Gemüse einfliegen, auch »Stoff« und willige Mädchen. Es liegt uns fern, irgend jemand zu peinigen. Zur Sache, zum Anlaß der Blockade, zu den Raketen selbst, habe ich in Ihrem Brief nichts gefunden, nur einiges über Ungehorsam, Gehorsam. Fragen Sie sich und Ihre Soldaten einmal, was die äußerst gehorsamen Deutschen Eichmann, Barbie, Höss angerichtet haben, wieviel Segen dagegen die wenigen Ungehorsamen, nicht nur die Männer und Frauen des gesamten Widerstandes.

Ein paar Sätze müssen Sie mir noch gestatten über die Art und Weise, mit der mir Ihr Brief zur Kenntnis kam. Am Montag, dem 29. August, wurde ich auf Ihren Brief angesprochen, ohne daß ich den Brief schon kannte. Das war, glauben Sie mir, äußerst peinlich. Da ich die F.A.Z. nicht nur nicht regelmäßig, nicht einmal unregelmäßig, sondern nur sporadisch lese, war mir Ihr Brief nicht bekannt, bis ich ihn am Abend des 29. August dann unter ziemlich viel Post fand, die ich mit meiner Sekretärin durchsah. Da der Brief weder als Einschreibe- noch als Eilbrief besonders gekennzeichnet war, außerdem keinen Absender trug und lediglich mit »Köln« adressiert war, wo ich seit zwei Jahren nicht mehr wohne, war Ihr Brief in Gefahr, als anonymer Brief entweder beiseite gelegt oder gar weggeworfen zu werden, denn anonyme Briefe sind ja Briefe, die ich nicht beantworten kann. So ist mir Ihr Brief nur zufällig durch die Aufmerksamkeit meiner Sekretärin zur Kenntnis gekommen, mit einer Verspätung von fünf Tagen. Ihr Brief ist vom 25. August datiert, aber am 24. August gestempelt! Sie hätten nur die nächste Buchhandlung anrufen, dort nach den Verlagen fragen müssen, in denen ich publiziere, und jeder Verlag hätte Ihnen sofort meine Anschrift mitgeteilt. Verzeihen Sie mir diese Belehrung, die ich nur ungern erteile, aber das Ritual des »offenen Briefes« hat auch seine Spielregeln, die selbst bei offener Feindschaft, die ja zwischen uns nicht besteht, eingehalten wird.

(s. Brief von Oberst Heinz Kluss im Quellenverzeichnis)

Im grinsenden Swinegel-Land

Ein offener Brief

15. September 1983

Lieber Schwab,
bevor ich Dir Grund gebe, mich des Pessimismus oder mindestens verstärkter Melancholie mit Übertreibungsbeiklang zu zeihen, versuche Dir vorzustellen, wir hätten vor drei Jahren fröhlich beisammen gesessen und Du hättest mir eine Wette angeboten: 50 : 1 – daß Zimmermann in drei Jahren Innenminister wird; ohne Zögern hätte ich diese Wette gehalten – und meine Mark inzwischen verloren; dann hättest Du mir sozusagen eine Zweierwette angeboten: 250 : 1 – daß Zimmermann Spranger zum Staatssekretär macht; diese 250 Mark hätte ich mir nicht entgehen lassen wollen, denn ich hätte gedacht: wenn schon, dann doch nicht *beide.* Nun haben wir beide – und wieder einmal wäre meine Mark verloren. Der rückwärts geschaltete Wettgedanke läßt mich nicht los – wenn ich in Dublin bin, renne ich prompt zum abendlichen Hunderennen, mein »keltisches Blut« begehrt das Spiel, und ich bin einmal mit einem Hund, der ausgerechnet »Speedy Nancy« hieß, fürchterlich hereingefallen – also wetten wir noch einmal, diesmal vor *einem* Jahr: 1000 : 1 – daß Boenisch Bundespressesprecher wird! Die tausend Mark wollte ich mir erst recht nicht entgehen lassen – und wieder bin ich meine Mark los, und Du kannst Deine tausend behalten! Dies nur als Vorspiel, zur Einstimmung.

Mir schwant – ein gutes Wort, das Ahnung, Glauben, ein bißchen Wissen einschließt –, daß wir uns auf etwas gefaßt machen müssen, auf das wir nicht vorbereitet sind: eine neue Variante der inneren Emigration, die durch die Welle neuer Innerlichkeit vorbereitet ist. Als hätten ihre Poeten gewußt, was auf uns zukam und uns inzwischen eingeholt hat. Man muß eben früh genug merken, daß das Unmerkliche sich bemerkbar macht, und ich muß mir jetzt die Frage stellen: »Wohin soll ich mich *wenden,* ich tumbes Brüderlein?« (Betonung von mir!) Wendebruder, Wendeschwester, gewendeter Bruder, gewendete Schwester, soll ich mich *ans*

Feuilleton wenden, *ins* Feuilleton zurück? Diese immer ein wenig schlüpfrigen Arme sind natürlich weit offen (so weit nun auch wieder nicht, die Seiten sind knapp bemessen). Dann aber stelle ich fest, daß die politischen Moderatoren und Kommentatoren immer feuilletonistischer werden, und daß sogar ein Meister des Feuilletons mitten im Kabinett sitzt: Norbert Blüm. So ist auch das Feuilleton besetzt, und da gibt's ja auch noch den unvergleichlichen Johannes Gross, der bei aller Blitzgescheitheit und gelegentlichen Blitzgemeinheit noch gar nicht weiß, daß er ein Hofnarr ist, und ein Hofnarr, der nicht weiß, daß er einer ist – der flüstert dem Herrscher eben keine »Wahrheiten« mehr ins Ohr, sondern macht nur noch Witze; das alles hat keine Shakespeare-Dimension. Außerdem: *dieses ständige Grinsen!* Das gesamte Kabinett miteinander-nebeneinander in permanentem Grinsen vereint. Kohl ist »irgendwie« der beste Grinser. Schau mal genau hin! Das ist ein Grinsen, das »keinen Spaß versteht« – da funkelt's und glitzert's, keineswegs »sehr nett«. Und da haben sie auch noch ihren Pseudomephisto Geißler, der die dämonische Komponente einbringt – das dämonische Grinsen, natürlich christlich, und vielleicht ist der christliche Mephisto, eine Woolworth-Ausgabe von Dostojewskis Großinquisitor, das, was wir erwartet haben. Das alles erinnert mich auf fatale Weise an Swinegel, der immer schon da sitzt. Wird die Bundesrepublik zum Swinegelland? Und wer spielt da die Hasen?

Vor ungefähr zehn Jahren, lieber Schwab, habe ich in Israel vor versammelter internationaler literarischer und israelischer politischer Prominenz einen Vortrag gehalten mit dem Titel: »Ich bin ein Deutscher«. Und nun lese ich, daß John Le Carré in seiner *Libelle* einen Deutschen sagen läßt, »im nächsten Leben« möchte er »Jude oder Spanier oder Eskimo oder ein radikaler Anarchist« sein »wie alle Welt auch. Bloß nicht Deutscher – das tut man nur einmal, aus Buße, und damit hat sich's auch.« Das klingt nicht nur nicht schlecht, sondern geradezu verlockend! Manchmal bilde ich mir ein, ich wäre ein guter Holländer geworden oder Engländer, stelle mir vor, meine mütterlichen und väterlichen Vorfahren wären nur etwa zwanzig beziehungsweise acht Kilometer weiter westwärts geboren, dann *wäre ich* – doch diese nostalgische Koketterie hilft mir nicht: Xanten und Heinsberg und die umliegenden, noch grenznäheren Dörfer liegen wirklich auf deutschem Boden, und – mag es den Preußen immer noch nicht einleuchten und den Bayern immer noch preußisch vorkommen – Köln ist wirklich eine deutsche Stadt. Gerade las ich den großartigen Essay von Alfons Paquet *Der Rhein als Schicksal* noch einmal; 1920 geschrieben, zuerst bei Kurt Wolff erschienen, hat dieser Essay prophetische Dimensionen, die ich hier nicht explizieren will. Vielleicht druckst Du ihn Dir zum Abschied noch einmal im *Merkur* ab, denn Bonn, die Hauptstadt der Bundesrepublik Deutschland, liegt ja nun wirklich am Rhein. Wirklich, Schwab, wenn Du's nicht glaubst, schenke ich Dir eine Landkarte, wo Du den Beweis finden wirst! Und wenn Du's auch dann noch nicht glaubst, komm her und wir machen einen schönen Spaziergang auf der Rheinpromenade vom Alten Zoll bis ans Bundeshaus.

Ist der grinsende Swinegel möglicherweise das wahre Wappentier der Bundesrepublik Deutschland? Natürlich gehört der Atemlose, der Gehetzte dazu, sonst hätte Swinegel ja keinen Grund zu grinsen. Kein unpassendes Wappen, das vielleicht zu einer neuen Nationalhymne inspirieren könnte: »Renn, Deutscher, renn, dieweil ich friedlich penn', mein Schäfchen, das ist trocken, verschleiß Du Deine Socken. Renn, Deutscher, renn.«

Es war keine linke, konsumkritische Deutsche, es war eine dissidente sowjetische Freundin, die uns nach vielen Spaziergängen in Dörfern und Städten gestand, sie fröstele ein wenig angesichts der vielen netten, kleinen Häuschen, mit den netten Blumen im netten Vorgarten, nett geschnittenen Rasen, netten Kindern und Hündchen oder Pferdchen, sie fröstele: obwohl sie – wie ich – natürlich nichts hat gegen nette Häuschen mit netten Gärtchen, netten Kindern und Hunden und Erwachsenen, die wirklich *echt* freundlich sind. Dieselbe Dame war begeistert von den Gesichtern dieser Hunderttausender junger Deutscher, die da in Bonn am 10. 10. 81 demonstrierten, dieselben Deutschen, die Ludolf Herrmann so abschreckend häßlich fand; begeistert war sie ebenfalls von den Gesichtern der jungen Deutschen anläßlich einer vergleichbaren Veranstaltung im Frühjahr 83 in

Essen, und hingerissen war sie von Gesichtern der jungen Deutschen, die sich Anfang September in Mutlangen versammelt hatten, obwohl sie in puncto Nachrüstung mit keiner der drei Gruppen einverstanden ist. Die mehr oder weniger popperigen jungen Deutschen, die man bei Pro-Nachrüstungsveranstaltungen sieht, die liegen ihr gar nicht. Nun bin ich ja, verflucht, ein Deutscher und frage mich, welche Deutschen wollen die dann? Das grinsende Gesicht oder das ernste, dessen Heiterkeit unübersehbar ist, eine Heiterkeit, gegen die man hechelnde Hunde und Wasserwerfer »ein-«, die man mit Spitzeln durchsetzt, Spitzel, die dann »aus dem Ruder laufen« und mal das eine oder andere Steinchen aufheben. Sollte man die Herren Lummer und von Weizsäcker nicht doch einmal nach Holland schicken, wo »nach einem Gerichtsurteil aus dem Jahr 1973 Hausbesetzung keine gesetzwidrige Handlung« mehr ist, »solange das Haus unbewohnt ist« (lt. *Frankfurter Rundschau* vom 5. 8. 83). Ich möchte gern wissen, was sich *wirklich* hinter dem Abschied von Herrn Rastemborski verbirgt. Zu den hauptamtlichen Grinsern gehörte er offensichtlich nicht.

Ich habe nicht vor, Schwab, mich aus dieser gespannten, gereizten, leicht vernarbten deutschen Haut zu entfernen – in die innere Emigration. Es sind die Gesichter, die ich in Bonn, in Essen, in Mutlangen sah, die mich vor der »Matratzengruft« bewahren. Merkwürdigerweise war nur in einigen »kleineren« Zeitungen zu lesen, daß dort in Mutlangen einige Male aus dem amerikanischen Lager Zettel herausgereicht wurden mit der Aufschrift: »Don't yield!« (Gebt nicht auf!) Ob das aus einer deutschen Kaserne heraus möglich wäre, in der doch gewiß auch Gegner der Nachrüstung sitzen? So viel republikanisches Selbstverständnis darf man aus einer deutschen Kaserne heraus wohl nicht erwarten. Demonstrieren und Blockieren – selten mit Blümchen! – sind ja amerikanische Selbstverständlichkeiten. Wir haben uns also in Mutlangen sehr »amerikanisch« verhalten. Die »schweigende Mehrheit«, die offenbar auch hier gegen die Nachrüstung ist – wo *ist* sie? Steht wohl noch in den netten kleinen Häuschen hinter der Gardine, kommt vielleicht zögernd in den Vorgarten und läßt die Karawane mit schüchternem Wohlwollen vorüberziehen.

Die Politiker, die sich von der *Straße* distanzieren, distanzieren sich von denen, die sie wählen; die Bundesregierung ist ja nicht nur von den versammelten Herausgebern der hochwohllöblichen *Frankfurter Allgemeinen* gewählt worden, auch nicht von den Herausgebern der *Welt* und einschlägiger Publikationsorgane ... die Straße, die Masse, das Volk hat sie ja gewählt; indem man von der Straße sagt, sie sei etwas Verächtliches, verachtet man den vielzitierten Mann von der Straße, wenn er auf die Straße geht. Die »Straße«, der Mann auf der Straße, er ist es doch, der Regierungen wählt: die Arbeiterbewegung, die Frauenbewegung, die Bürgerrechtsbewegung, sie alle sind von der Straße aus zu politischer Wirkung, zu politischer Macht gekommen, auch die irischen Katholiken waren einmal die verachtete »Straße«. Ja, ich weiß, Schwab, *auch* die Nazis, auch sie kamen von der Straße, und nach 1933 *nahmen* sie die Straße in Besitz, terrorisierten sie, fegten sie leer: die Erinnerung an die Straßen Kölns als verlorene Heimat bleibt eins meiner unheilbaren Traumata, die gröhlenden Herden, die das »Judenblut vom Messer spritzen« lassen wollten, nahmen mir die Straße weg. Ich habe Angst vor Wasserwerfern, hechelnden Hunden, lummergesteuerten V-Männern, die »aus dem Ruder laufen«; ich schlage vor, alle hechelnden Polizeihunde, die auf den Mann dressiert sind, sofort zu erschießen. Da mag dann *Bild* getrost eine Weile heulen. Hechelnde Hunde gegen Demonstranten – das ist der Bundesrepublik unwürdig.
Bild leistete sich übrigens in Mutlangen einen Kurzschluß, der nebensächlich wäre, wäre er nicht so typisch. *Bild* rief also bei unseren über die Maßen liebenswürdigen Wirtsleuten im Hotel »Löwen« in Straßdorf an, frage, wann Frühstückszeit sei; wahrheitsgemäß antwortete der Wirt, Herr Mattes, daß es Frühstück ab 6.30 Uhr gebe. *Bild*-Kurzschluß, tückischerweise dem Löwen-Wirt als wörtliches Zitat in den Mund gelegt: »Die müssen dann schon mit knurrendem Magen demonstrieren.« Dieser gefälschte Satz sollte natürlich die Abneigung des Wirtes gegen die Demonstranten belegen. Tatsächlich war's umgekehrt: äußerste Freundlichkeit des gesamten Personals und weit entfernt von knurrendem Magen! Wir wurden mit Thermoskannen-

Kaffee versorgt, mit reichlich belegten Broten, konnten in Ruhe zwischen 4.00 Uhr und 4.30 Uhr auf dem Zimmer frühstücken! Nebeneffekt von Mutlangen: mindestens *eine* schwäbische Familie von *Bild* kuriert zu haben. Daß *Bild* dem Löwen-Wirt mit Gewalt Heinrich Albertz als Gast aufschwätzte und trotz gegenteiliger Aussage dann auch in den Löwen plazierte – eine sogar im Sinne der Tendenz sinnlose Fälschung – oder sollte Heinrich Albertz auch ein »knurrender Magen« verpaßt werden? Die *Welt* leistete sich den Kurzschluß, Wallraff, der gar nicht dort war, nach Mutlangen zu plazieren; nach den Vorstellungen der *Welt* gehört Wallraff dorthin, wird dorthin transportiert, auch wenn er gar nicht da war. Da gab's in der *Welt* auch die herzerweichende Zwischenüberschrift: »Mütterlein wachen vor ihren Gemüsebeeten«. Im Text dann: »Den Mütterlein fehlen seit der letzten Nacht eine Menge (im Original ein Druckfehler: Henge) Rüben. Sie haben einen bestimmten Verdacht, aber sie sprechen ihn nicht aus.« Warum sprechen sie ihn nicht aus, den Verdacht, wo doch jeder weiß, daß Demonstranten und Blockierer Diebe und Tagediebe zugleich sind? Dabei waren alle Ladenbesitzer in Mutlangen und Schwäbisch Gmünd von der Freundlichkeit der jungen Leute, die ja außerdem auch Kunden waren und das Geschäft belebten, angetan. Ich schlage den leidgeplagten schwäbischen Mütterlein vor: Meldet Eure Verluste dem sozialistischen Büro in Offenbach an: wir werden zusammenlegen und Euch entschädigen.

Schwab, erlaubst Du mir ein einziges »Weißt Du noch?« – wie Du mit Siedler angereist kamst, mich zu überreden, meine Taschenbücher bei Springer-Ullstein zu lassen, bei Springer, von dem dann auch Siedler bald wegging? Vor Jahren hatte ich eine öffentliche Kontroverse mit dem damaligen Justizminister von Nordrhein-Westfalen, Posser, der nach meiner Attacke auf *Bild*, die prompt in eine Attakke auf die Bundesrepublik umgemünzt wurde, schrieb, es sei eine für ihn schreckliche Vorstellung, wenn *Bild* mitregiere. Nun haben wir ja *Bild* als Mit-Regierung. Keine Wetten mehr, Schwab. Nachdem ich drei Mark verloren habe, will ich diese zwei Mark behalten und lieber meinen Enkelkindern Luftballons oder Seifenblasenlauge dafür kaufen.

Merkt Ihr immer noch nicht, Ihr versammelten Journalisten und Publizisten, was da scheinbar *unmerklich* vor sich geht? Wie da die Kommentatoren und Moderatoren nicht das Fürchten, sondern das Grinsen lernen?
Du weißt, daß ich vorhatte, über Miłosz zu schreiben, über das *Verführte Denken;* über diesen großartigen, sehr europäischen Autor, einen Polen, der in Litauen aufwuchs (Oh, du stilles »Tal der Issa«!), Miłosz, der nicht nur für Polen immer aktueller wird; zu still, auf eine wunderbare Weise still, als daß er auf der Straße Aufmerksamkeit erregen könnte. *Verführtes Denken,* wie ich heute glaube, im kalten Krieg gröblich mißbraucht; den Rechten aus oberflächlichen Gründen willkommen, den Linken aus ebenfalls oberflächlichen Gründen kaum der Beachtung wert. Diese tiefsinnige Analyse der Verführbarkeit, ich habe sie noch einmal gelesen; erstaunt und erschrocken über ihre Aktualität, bezog ich sie auf *unsere* Verführbarkeit. Was die sozialistischen Länder betrifft, müßte sie bei Beibehaltung der Methode neu gefaßt werden; dort herrscht nicht mehr, was für Miłosz in den vierziger Jahren aktuell war: der Puritanismus der Ideologie – es herrscht die Korrumpierung des Denkens und Handelns, eines Denkens der »Vorteilnahme« – auf Lippenstifte, Strumpfhosen, ein Pfund Wurst, Jeans bezogen – bis zu Datschen, flotten Autos und kleinen Kaviarhügeln. Die Ideologie mit ihren wechselnden *Vorbildern* ist nur noch eine säkularisierte Ikonostase, brüchig, durchlöchert, die kaum noch das »Mysterium« verbirgt, das sich hinter ihr vollzieht: Zähnefletschen, Griff an die Gurgel. Der Materialismus, nicht der historische, der alltägliche, der gewöhnliche, hat sie erwischt! Hat er nicht auch uns erwischt? Diese ordengeschmückten Klötze da auf dem Leninmausoleum, die nur mühsam ihr Knurren unterdrücken, genügen sie noch als Vehikel für einen obligatorischen Antikommunismus, der immer weniger eine Geisteshaltung, immer mehr eine ansteckende Krankheit wird? Eine neue Version des *Verführten Denkens* wäre fällig, auch auf die direkteste, platteste Weise aktuell bezogen auf den geborenen Denkverführer, der da über ein Amt mit fast siebenhundert Mitarbeitern verfügt.
Annemarie und mir, lieber Schwab, wirst Du wohl glauben,

daß wir nicht nach Mutlangen gefahren sind, um uns wegtragen zu lassen und dabei fotografiert zu werden. Hingefahren sind wir, um öffentlich zu zeigen (zu demonstrieren eben), daß wir die geplante Nachrüstung nicht für eine Erhöhung, sondern für eine Verringerung unserer, der deutschen Sicherheit halten; hingefahren ohne die geringste Illusion über die bedrohliche Qualität und Quantität der sowjetischen Rüstung *und* Politik, deren Bedrohlichkeit wir eben durch mehr und noch mehr und noch einmal mehr Raketen nicht verringert, sondern erhöht sehen. Wir nahmen an der Blockade teil, nahmen Regelverletzung, Ordnungswidrigkeit, möglichen Rechtsbruch in Kauf, weil wir uns *genötigt* sahen. (Jemand fragte dort, ob wir nichts Besseres zu tun hätten, und wir antworteten: Nein, wir haben nichts Besseres zu tun!) Wenn der Innenminister des Landes Baden-Württemberg nun triumphierend feststellt, er habe uns die »show« gestohlen, unterliegt auch er verführtem Denken. Wir sind nicht um der Show willen hingefahren, sondern *obwohl* die mögliche Show unvermeidlich war. In der Verkennung der Motive könnte der Triumph des Innenministers Herzog sauer werden. Immerhin ist auch er, rechtskundig und rechtsgelehrt wie er ist, fähig, zu erkennen, daß Gleichheit vor dem Gesetz nun wirklich der »Grundpfeiler« eines Rechtsstaates ist. Ich weiß, der Trick bestand darin, daß die Amerikaner *nicht* drauf bestanden, die Straße geräumt zu bekommen. Die Frage bleibt, ob Tricks und Kniffe auf die Dauer weiterhelfen. Durch Grinsen, den immer modischer werdenden Gesichtsausdruck deutscher Politiker, löst man keine Probleme. Die Hunde von Bitburg waren realistischer als die Blümelein von Mutlangen, die sogar *Bild* ein wenig gerührt haben. Es ist immer Vorsicht geboten, wenn *Bild* gerührt ist. Ein rührender oder gar gerührter Boenisch ist durchaus vorstellbar; ein gerührter Zimmermann ist noch nicht vorstellbar. Ungerührt schweigsam und verschwiegen, in der *Welt* lesend und blätternd (warum nicht mal die *FAZ*?), hörte er seinen gelegentlich peinlich wirkenden Verteidigern zu, als der Selbstmord Altuns im Bundestag zur Sprache kam. Kein Wort von ihm. Das hat er nicht nötig, er hat »seine Leute«. Welche? Biedermänner meist. Du wirst mir doch hoffentlich nicht mit Blutflaschen

und Busengreifern kommen, wenn ich Dir sage, daß die besten Reden, die seit Jahren im Bundestag gehalten wurden, von Josef Fischer gehalten wurden, in Sachen »Geißler – Auschwitz« (mein Gott, Schwab, wissen wir noch, wo wir leben?) und nach dem Selbstmord Altuns. Die Busen-Sache ist ja ausgerechnet von der Zeitung aufgegriffen worden, die ihren Lesern in jeder Nummer einen sozusagen griffbereiten Busen anbietet. Die Empörung der Damen war berechtigt und richtig, die Empörung von *Bild am Sonntag,* das war echte Boenisch-Schule. Um ein Urteil zu fällen, müßte ich wissen, wieviel offene, heimliche und unheimliche Busengreifer in Bonn herumlaufen – und wieviel Damen da den Mund halten und halten *müssen.* Außerdem müßte berücksichtigt werden, daß wir ja in einer Busen-Angebots-Gesellschaft leben.
Boenisch weiß ja wirklich mit Charme herzusagen, was die da in Williamsburg und Stuttgart zu *fressen* bekommen haben; (waren auch diesmal wieder Prinzeßböhnchen dabei?) – so wird die Nichtigkeit pompös inszenierter Gipfel durch genüßliches, lang hingezogenes Aufzählen der Speisenfolge verbrämt.
Eine Kleinigkeit noch, Schwab: persönlich, lyrisch, fast innerlich: da ich meistens abends lange lese, erlebe ich das Heraufkommen der Morgendämmerung nur, wenn es in die Zeit zwischen 7.15 Uhr und 7.45 Uhr fällt. In Mutlangen freuten wir uns, die Morgendämmerung, die Poesie der gemäßigten Klimazonen, heraufziehen zu sehen. Es war uns nicht vergönnt: die Scheinwerfer der Fernsehleute blendeten uns. Ob der Innenminister von Baden-Württemberg *diesen* Verlust, den uns die »show« einbrachte, zu würdigen weiß? Noch sechs Jahre, lieber Schwab, dann – wie nennt man das? – »steht uns Hitlers hundertster Geburtstag ins Haus«. Sollen wir wetten, wie weit der Grad der Verschleimung unserer Medien bis dahin fortgeschritten sein wird? Nein, keine Wette mehr, Schwab. Wenn ich mal wieder in Dublin bin, folge ich lieber den »keltischen Trieben« in mir, gehe zum Hunderennen, um festzustellen, ob »Speedy Nancy« immer noch am Werk ist, oder vielleicht ein »Speedy Joe« oder »Jim« mir das Geld aus der Tasche lockt. Ein schlechter Ire wäre ich auch nicht geworden, lieber Schwab, aber,

verflucht – siehe John Le Carré – ich bin ein Deutscher und komm aus meiner Haut nicht raus. Im nächsten Leben werde ich vielleicht Gemüsefrau in Mutlangen und bewache meine Rüben.
Ich hoffe, das ist nicht wirklich ein Abschiedsbrief.

Dein alter *Böll*

PS: Was wird im Dezember sein?

P. Alois Schuh S. J. – 65 Jahre Jesuit

»Aus grauer Städte Mauern« am Wochenende in die Wahner Heide, den civilisierten ehemaligen Truppenübungsplatz, der einige Jahre später wieder militarisiert und gesperrt wurde; das war *richtige* Heide und roch danach: herbsüß, auch ein Hauch von Hermann Löns darüber. Baracken, leicht verkommen, geräumte Kasernen, zu Jugendheimen zweckentfremdet. Wimpel, Klampfe, Lagerfeuer, Lieder (»Wir wollen zu Land ausfahren...«). Eine schöne Stimme hatte er schon damals, und damals schon strahlte er aus, was unter Christen so selten ist: eine Pax christiana. Ein Spee'scher Jesuit – im Gegensatz zu manchem groben Beicht-Erzwinger, die wir Höllen-Winker nannten. Er, der Schuh, entsprach so gar nicht dem Klischee »jesuitisch«; oder war gerade das – daß er nicht dem Klischee entsprach – das Jesuitische an ihm? Da gab's nicht nur Lieder, Spiele, Wanderungen, Wimpel –, da gab's auch Schmierwurst und Margarine auf frischem, noch warmem Brot, den meisten von uns willkommen. Er strahlte etwas Franziskanisches aus – und doch könnte ich ihn mir als Franziskaner nicht vorstellen. Warum nicht? Das ist mehr als fünfzig Jahre her, und meine Erinnerung ist ungenau. Könnt' es sein, daß mit ihm und anderen schon damals jene neue Strömung begann, die dem Papst heute soviel Kummer zu machen scheint: diese *unmilitante* Art Jesuiten? Mit dem strikten Beichten, dem Hauptmerkmal aller von Jesuiten geführten Jugendverbände, nahm er's nicht so genau. Im Speiseraum, der ehemaligen Kantine, wurden sogar Filme vorgeführt, und da waren sogar Mädchen aus einem sozialistischen Jugendbund anwesend. Papierbälle, im Kinodunkel geworfen, dienten als Annäherungsversuche – und wurden zurückgeworfen. Sonntagabend zurück in »grauer Städte Mauern«.

Bald darauf trat ich aus diesem Jugendbund aus, hatte nicht mehr viel im Sinn mit Jesuiten, Kirche – und so. Dann, etwa sieben Jahre später, kam ein Krieg. Und nach vierzehn, fünfzehn Jahren hörte ich die Stimme wieder: in der Pfarrkirche St. Maria Königin in Köln-Marienburg. Der Gottesdienst fand in einem leicht angeschlagenen Riesenraum einer ehemaligen Prachtvilla statt. Nicht nur die Stimme, auch was sie sagte: Friede den Trümmern und in den Trümmern. Nie auch nur eine Andeutung apologetischer Militanz. Friedfertig, ökumenisch. Dieser Stadtteil war bei Bombenangriffen verschont worden, weil die Engländer in ihm zu wohnen gedachten – sie hatten schon einmal zwanzig Jahre vorher als Besatzung dort gewohnt. Und da gab's einen Kirchgänger, dessen Name respektvoll geflüstert wurde: Lord Pakenham, ein ebenfalls Versöhnlicher. Unverständlich an ihm für die immer noch mehr oder weniger gesättigte Bürgerlichkeit der Pfarrer: daß er ein Labour-Politiker, sozusagen ein »Sozi« war – und ging doch in die Kirche!

Wir trafen den Schuh oft, auch privat. Gespräche in einem Trümmerhaus. Dann verschwand er wieder, tauchte bald wieder auf: als Pfarrer von St. Peter. Wieder die Stimme – singend und predigend. Merkwürdigerweise verlieren seine Predigten ein wenig, wenn man sie als Manuskript liest – da fehlt eben die Stimme. Inzwischen ist seine Pfarre fast eine Konzert-Pfarre. Sie ist ein Mittel-, ein Sammelpunkt für alle, die die Predigten in ihrer eigenen Pfarre nicht mehr ertragen. Das bringt – unvermeidlicherweise – einen Hauch des Modischen, des Extravaganten in diesen schönen Kirchenraum, der einmal die Pfarrkirche des Peter-Paul Rubens war. Die Pfarre, die einmal die am dichtesten bevölkerte Kölns war, ist in Gefahr, inmitten von Büros, Schulen, Verwaltungsgebäuden zu veröden – aber er hat sie: seine Gemeinde, und die Gemeinde hört auf seine Stimme.

Später erfuhr ich, daß Pater Schuh zwischen Juli 1944 und Mai 1945 dem von der Gestapo verfolgen Kunrat von Hammerstein zu wechselnden Verstecken in Köln verhalf, bei vertrauenswürdigen Familien (Kunrat von Hammerstein war als Kurier Gördelers in Lebensgefahr). Schuh als Lebensretter vor Naziterror.

Natürlich ist er nicht ganz »unumstritten«; und da schickt man ihm gelegentlich Aufpasser in sein Gotteshaus: Predigt er nicht etwas zu milde? Redet nicht etwas zuviel von Liebe, Freundlichkeit? Ist er möglicherweise pluralistisch, gibt

Leuten, denen er sie nicht geben dürfte, die Sakramente? Gehört diese Kirche noch zur »Kirche«? Da finden viele Trost, die der Trostlosigkeit mancher Predigt und manchen Gottesdienstes überdrüssig sind. Mag der Hauch des Modischen gelegentlich darüber liegen – es gibt ja sehr erfreuliche Moden!

Jetzt, wo ich schon lange nicht mehr in Köln wohne, selten nach St. Peter komme (er weiß, daß ich gern in Kirchen gehe, wenn gerade kein Gottesdienst stattfindet, er *weiß* es!), jetzt, wenn ich mir aus der Ferne Köln vorstelle, erscheint mir St. Peter wie eine Laterne, in der eine Kerze brennt; und ich weiß auch, daß in *einer* Nacht am 30. Juni 1943 zweitausend Pfarrkinder auf fürchterliche Weise ums Leben gekommen sind.

Schuh wurde also schon Jesuit, als ich gerade geboren wurde. Er bedeutet uns viel, und ich hoffe, daß die Kerze in der Laterne St. Peter noch lange brennt: Friedenslicht, Friedensstimme – und mögen die Aufpasser sich ärgern und Notizen machen!

Dank und Gruß

Heinrich Böll

PS: Pater Schuh ist, kurz nachdem dieser Aufsatz erschien, verstorben.

Immer mehr werden merken, welchen Spaß es macht, mit eigenen Augen zu lesen

Wenn die Etymologen recht haben, Buch von Buche kommt, von Buchenholztafeln, auf die Sprüche, auch Mitteilungen eingeritzt waren, dann wird das Buch noch lange leben. Wenn nach der totalen Verkabelung noch einige übrigbleiben, die tatsächlich lesen wollen, werden wir möglicherweise zu Buchenholztafeln oder Tontafeln zurückkehren müssen. Wir vergessen, daß Buch nicht nur das Bücherschrankbuch ist.

Angesichts der Tatsache, daß die Verleger so gierig aufs Kabelgeschäft starren, ihren (vorläufigen) Untergang so eifrig mitbetreiben, wird sich wahrscheinlich eine westliche Abart des *Samisdat* entwickeln, wie er von vielen kleinen Verlegern schon betrieben wird.

Wenn sich die Bibliotheken dann – notgedrungen und notwendigerweise – auf Lesegeräte umstellen, sozusagen Textträger statt Bücher, so brauchen sie immer noch das Buch als Vorlage für den Textträger. Es wird immer wieder und immer noch Menschen geben, die das Geschriebene in der Hand haben wollen, nicht nur im Auge, im Textträger oder Videogeflimmer. Und wenn dann selbst das altväterliche Kopiergerät nicht mehr zur Hand sein sollte – Buchen- oder Tontafeln.

Möglich auch, daß einige übrigbleiben, die das Geschriebene in der Tasche haben möchten, möglich aber auch, daß es eines Tages gar keine Kleidungsstücke mit Taschen mehr gibt: Eine schnupfenfreie, durchhygienisierte Welt braucht ja keine Taschentücher, und die Haustür wird durch irgendein magisches Auge geöffnet.

In Raum-Welten und Raum-Anzügen ist kein Platz für Bücher vorgesehen – und alle Autoritäten wissen längst: Leser sind gefährliche Leute, die wollen das Geschriebene in der Hand haben, wollen noch einmal lesen, nachschlagen, nachdenken – es ist also besser, alles vorüberflimmern zu lassen.

Geschriebenes wird es immer geben, selbst das Drehbuch

für den blödesten aller Videofilme muß ja geschrieben, wenigstens skizziert werden. Da wird es eben die Hartnäckigen, die Widerständigen geben, die nicht nur in Bildern sehen, sondern in Buchstaben lesen möchten. Das Schreiben wird bleiben – sogar »Dallas« ist ja geschrieben! – das Bücherschrankbuch und das Buch, das man einfach in die Tasche steckt, werden vorübergehend Einbußen erleiden (es ist mir unbegreiflich – da verweigere ich einfach die Analyse! –, daß es Menschen gibt, die Dallas auch noch lesen wollen!)

Da Printe ja von print = drucken kommt, wäre jungen avantgardistischen Verlegern vielleicht anzuraten, sich mit Printenfabriken in Verbindung zu setzen oder mit den Herstellern von Lebkuchenherzen. Von Spekulatius wäre abzuraten, der ist zu brüchig; oder sie sollten, bevor das Waldsterben alle Buchen hinwegrafft, Buchenholz hamstern.

Wir vergessen immer, daß es Bücher schon vor Gutenberg gegeben hat, Vervielfältigungen durch Mönche (daher kommen die Schreibfehler, die englisch »clerical error« heißen) oder durch ganze Brigaden von Schreibsklaven.

Ich bin ein zu leidenschaftlicher Leser, als daß ich mir das herkömmliche Buch wegdenken könnte – aber Opa hat sich da schon oft getäuscht und täuschen lassen. Video- und Kabelanalphabetismus, mit Feuereifer betrieben, können Folgen haben, die ich nicht ermessen kann. Möglicherweise werden Optiker und Augenärzte einen gewissen Profit davon haben.

Geschrieben werden muß weiter; ob weiterhin auf Papier gedruckt wird? Ich weiß es nicht. Ich weiß nur, daß wir uns verzweifelt gegen das Fernsehen und die Comics zu wehren versuchten – vergebens: Da hockten sie eben in der Nachbarschaft, bei meiner Schwester vor der Glotze, da waren uns sogar die Comics lieber als das Fernsehen, und es kam eine Zeit, wo unsere Kinder des Fernsehens müde wurden, mit dem Rücken zum Bildschirm auf dem Teppich lagen und Comics lasen – und wir Erwachsene waren es, die fernsahen!

Der Sprung von drei auf dreiunddreißig Programme wird möglicherweise den Appetit auf Bilder vergrößern, aber die

Augen werden größer sein als der Magen, und dann wird's kommen: das Sodbrennen, vielleicht das Kotzen? Magengeschwüre, wenn alles, alles ver»bild«ert ist, auf Schlagzeilen reduziert – und alles, alles weggehudelt wird, was Literatur ausmacht: Sprache, Ausdruck, Phantasie.
Einige, immer mehr werden sich besinnen, daß es ja da einmal Bücher gegeben hat, richtig gedruckt, schwarz auf weiß, werden sich erinnern, welchen Spaß es machen kann, ein Buch richtig in der Hand zu haben, mit eigenen Augen zu lesen, etwa *Glanz und Elend der Kurtisanen* (ach, Esther, das kannst du, die du in ständig wechselndem Mischungsgrad Süße und Verderbtheit in Sprache verkörperst, das kannst du doch nicht sein, die mir da »verBILDert« vorgeführt wird; und erst der düstere Abbé Herrera, Erzschurke im Priestergewand, du siehst ja aus wie der betrügerische Buchhalter einer Landwirtschaftsbank. Im Buch bist du wirklicher!).
Nicht jede Verfilmung muß eine *Ver*filmung sein, aber auch der Film, das Drehbuch muß ja geschrieben werden, das braucht Zeit – fürs rasche Videogeschäft, wo die Konkurrenz lauert und vielbesungene »Vielfalt der Meinungen« vor der Tür steht, ist da nichts zu holen.
Es wird immer welche geben, die lesen wollen – mit eigenen Augen. Wie viele es sein werden, das hängt von der geistig moralischen Erneuerung ab und vom Widerstand!

Deutscher Narrenspiegel

Über Werner Krauss, *PLN – Die Passionen der halykonischen Seele*

In Zeiten der (allgemeinen?) Wende ist es notwendig, an eine Wende erinnert zu werden, die nicht stattgefunden hat: die Wende nach 1945. Unter den Wendebüchern, die sich Naziterror, Lager, Gefängnisse, Zuchthäuser zum Gegenstand gewählt haben, hätte dieses Buch von Werner Krauss einen besonderen Rang einnehmen müssen. In ihm findet der Widerstand nicht nur in Gesinnung, Haltung, Aktion, hier findet er auch in Sprache statt, eine bewundernswerte, feingliedrige Sprache, die mich nicht, wie es manchen früheren Rezensenten schien, an Cervantes, eher an Proust erinnert; mit proustscher Sprache an ein Kafka-Thema?

Der Titel: *PLN* (Postleitnummer) ist sperrig, der Untertitel mysteriös: *Die Passionen der halykonischen Seele.* Das klingt nach Geheimwissenschaft. Es war schwierig, herauszufinden, daß mit halykonisch eine Dissimilierung von halkyonisch vorgenommen wurde, und halkyonisch – damit bezeichnet man die vierzehntägige Windstille, die der Windgott Aiolos den Eisvögeln während ihrer Brutzeit gewährt (das geht auf den Mythos um Alkyone und ihren Gatten, den König Keyx, zurück, die in Eisvögel verwandelt wurden). Wenn halkyonisch also Ruhezeit bedeutet, Windstille, Harmonie – dann signalisiert halykonisch das Gegenteil von Ausgeglichenheit und Seelenruhe.

Der Titel *PLN* ist nur der Einstieg in den wichtigeren Untertitel, dessen Bedeutung so schwer zu enträtseln war. Ja, die Großhalykonier, wir Deutschen also, sind immer noch weit entfernt von der wunderbaren halkyonischen Stimmung, die den brütenden Eisvögeln durch Aiolos, den Windgott, gewährt wird.

PLN ist ein Buch des Widerstands, des antifaschistischen Widerstands, in Gefängnissen und Zuchthäusern der Nazis geschrieben, nicht nur von innersprachlicher Spannung, Diktatur ist ja nicht nur die Brutalität grölender Straßenhorden und blutrünstiger Schergen, sie ist auch Sprachdiktatur: Vorgeschriebene Sprache, die vorgeschriebenes Denken (hier wäre ausführlich an Milosz *Verführtes Denken* zu erinnern) bewirkt: Sprachmuster, Denkmuster, Zwangsmuster, die tiefer sitzen, als uns bewußt ist. *PLN* ist Widerstand der Sprache, nicht nur Flucht in sie, die einer angewidert von dem, was da in Großhalykonien vor sich ging, vollzieht.

Sprache als Waffe, die trifft, sticht, teilt, zerlegt, aufspießt, so daß ein bloßes Zitat schon zur Satire wird. Wichtig: zu unterscheiden zwischen Krauss und seinem »Helden«, der keiner ist; der, hätte er diese Sprache und dieses Bewußtsein gehabt, nicht so tumb ins Unheil getaumelt wäre.

Dieser Aloys von Schnipfmeier (das klingt fast nach Schicklgruber) ist ein feinsinniger, frommer (angesichts des Vornamens bedarf es keiner näheren Konfessionsbezeichnung), zölibatärer Edelmann österreichischer Herkunft; Philatelist, Uhrenfan, gebildet – er wird Postminister in diesem halykonischen Reich, das sich ihm allmählich entpuppt; er erinnert an die wohl halbwegs noch anständigen Konservativen im ersten Kabinett Hitler, »Restposten« aus Papens »Kabinett der Barone«, die wohl glaubten, sich ein paar Chargen engagiert zu haben, die den Bolschewismus bekämpfen würden; nicht ahnend, daß sie die Chargen waren, während die Hauptrollen längst besetzt waren mit blutrünstigem Gesindel, für das Uhrenfans, feinsinnige Aristokraten, fromme Junggesellen eine ausgezeichnete Dekoration abgaben. Man müßte das erste Kabinett Hitler noch einmal analysieren, um herauszufinden, aus welchen Vorbildern sich Krauss diesen netten, feinen Aloys von Schnipfmeier herausstilisiert hat.

Die Spannung ist gegeben, indem man diesen Menschen in die blutrünstige Aura und Arena hineingeraten sieht, wo Muphti-Hitler, Oleander-Göring, Koben-Goebbels den Großhalykoniern zu zeigen beginnen, was Macht in der Version absoluter Macht ist. Von vornherein weiß man: Unheil droht diesem anständigen Menschen, und obwohl man ja weiß, welcher Art dieses Unheil ist und war, bleibt man gespannt, *was* aus diesem Menschen in diesem Reich werden könnte. Zum Schluß, als er nach fürchterlicher Haft (sogar sein Name, seine Identität wird ihm genommen) aus dem Gefängnis »entführt« wird – weiß er nicht, »ob die Entführer seine Befreier waren oder seine Mörder...«

Mir scheint der Vergleich Schnipfmeier – Don Quichote, der bei einem Hispanisten und Literaturprofessor wie Krauss (1900 in Stuttgart geboren, 1976 in Berlin-Ost gestorben) nahezuliegen scheint, nicht zutreffend: Schnipfmeier begeht einige »Don Quichotterien«, indem er als Minister den Postzusteller macht, sich blindlings mit der verdienten Postbeamtin Rosa Bayer verlobt; und doch ist er nicht der »Ritter von der traurigen Gestalt«. Ich habe den Eindruck, daß Schnipfmeier eher der Prototyp des anständigen, blinden Bürgers sein sollte, der noch nichts davon gehört hat, daß auch »Citoyen« Bürger bedeutet; ein Bürger, der besten Willens, aber ahnungslos in blutiges Unheil hineintappt, und – nicht ganz so ahnungslos, weil eben der alte Anstand in ihm wittert, daß er dort seine Heimat haben könnte – in jene Widerstandsgruppe hineingerät, die sich, dem Abkürzungswahn der großhalykonischen Zeit angemessen, BFUL (»Bund für unentwegte Lebensfreude«) nennt – und in einer Trümmerkatakombe Verschwörung betreibt, Umsturz vorbereitet.
Schnipfmeier begreift zwar, begreift aber nie ganz, was der Autor Werner Krauss wohl von Anfang an begriffen hat: daß blutiger Terror, totale Willkür auf jene Eigenschaften der halykonischen Seele bauen können, die eben nicht Schnipfmeier, sondern Krauss so beschreibt:
»Die Untertanen waren allezeit beflissen, ein jedes Gesetz in solchen Tiefen ihres Gemüts zu verankern, daß es mit allem lästigen Zwang zur unentbehrlichen Gewohnheit wurde . . . diesem Volk war auch darum jedes Opfer abzudingen, weil seine Leidensfähigkeit begrenzt war, weil es jederzeit den Anblick des Leidens in den Frieden seiner Innerlichkeit zurückzunehmen verstand« – und so ständig in einer »Atmosphäre verlegener Unterwürfigkeit« existierte. Außerdem: »Die Halykonier lieben es nicht, sich erraten zu müssen – aber sie strahlen sich an, sobald sie einander in ihren Fehlern erkennen.«

Diesen Halykoniern kann man dann auch eine Verfassung geben, deren erstes Gesetz lautet: »Jeder Halykonier hat das Recht gebührenfreier Sauerstoffaufnahme aus der Luft, bei Tag und Nacht.« Juristischen Schmuckwerks entkleidet heißt das: ES DARF GEATMET werden – sollte man hinzufügen: NOCH?

Ein weiteres Gesetz: »Das Begehen aller nicht als verboten gekennzeichneten Wege und Straßen auf halykonischem Staatsgebiet ist nicht zu beanstanden!« Wiederum des Beiwerkes entkleidet heißt das: WAS NICHT VERBOTEN IST, IST ERLAUBT. Zusatzfrage: was ist nicht verboten?

Krauss wußte, was sein »Held« erst spät zu ahnen beginnt: was Faschismus ist.

Schnipfmeier steigt also fast blind in dieses Labyrinth ein, verwirrt sich, verliert sich, bricht aus, erkennt einiges, nähert sich der Widerstandsgruppe, die am Personal der Roten Kapelle analysiert und identifiziert werden müßte. Der strahlende energische Offizier Arthur, die menschliche Katja und Gedon: »starkknochiges, regelmäßiges Gesicht, in dem der Ausdruck hilfloser Brutalität mit einer versengten Schönheit zusammenfloß« und der »eine hintergründige Ahnung« hat, »daß der Glücksfall der Revolution nur am Abgrund von grenzenlosem Betrug gelingen konnte«.

Schnipfmeier selbst, in seiner Anständigkeit ahnend, daß er bei den richtigen Leuten ist, bleibt doch nur ein Vehikel, und, ohne sich klar darüber zu werden, auch wohl Informant. Dem Großhalykonischen Reich gegenüber schuldig wird er durch etwas, was den Numerierungs- und Abkürzungsfreudigen doch imponieren müßte: eben durch die PLN, die Erfindung der Postleitzahl; sie wird ihm zum Verhängnis, weil sie Spott herausfordert – und, was Tyrannen am wenigsten mögen: Lächerlichkeit. Dann wird die PLN auch noch zum Hauptvehikel der »Postfrevler«, die im Reich erhebliche Unruhe verursachen, die »innere Sicherheit« Halykoniens und seiner Seelen erheblich aus dem Gleichgewicht bringen.

Es ist einer der Glanzpartien in *PLN,* fast ein eingebauter Krimi, wie Krauss den fingierten Brief eines Karl Maier erfindet, aus Neudorf (deren gibt es fünfunddreißig!), ein Brief voll offener Verhöhnung von *»law«, »order«,* Kriegsmoral, ökonomischen Vorschriften, ein Solo für Anarchie, den der unglückselige Kommissar Krummacher nachzuspüren ausfährt und elend am Hohn und der totalen Abwehr der Bevölkerung scheitert – ja, zu Tode kommt, weil ihn aufsässige, mit Hamstergut reichlich ausgestattete (Post?)-Beamte aus dem Zug stürzen.

In diesen Passagen, bei Bauern, in Wirtschaften, angesichts von Zügen, die im Fahrplan stehen, aber nicht fahren, geht Krummacher an seiner Phantasielosigkeit zugrunde und an der unnachahmlichen Plumpheit seiner Fragen. In diesen Szenen werden die Halykonier fast halkyonisch – seelenruhig weisen sie den Schnüffler ab.

Das ist kein leichtes Buch, nichts für GeBILDete, die Weisheit und Information eben aus jenem unsäglichen Blättchen beziehen, wo selbst »wahre Nachrichten« im Sumpf sprachlicher Verlogenheit faulig werden. Nichts auch für TV-Verwöhnte, denen alles rasch in Bildern vorgeführt werden muß. Es ist ein intellektuelles Buch, von einem scharfsinnigen Intellektuellen geschrieben – und doch spannend, wenn man sich an sprachlichen Kostbarkeiten noch erfreuen kann.

Es gibt Szenen, wo einem der Atem stehenbleibt, wo auch die Satire stillsteht: etwa die Stunde, da Schnipfmeier vom Verrat seines Freundes, des Freiherrn von Geishaber, erfährt; wo am Polizeiminister Himmlers Blick und Brille definiert werden: »Niemand hatte je den Eindruck, von ihm angesehen zu werden, aber alle fühlten sich beobachtet« – von demselben Polizeiminister gesagt, der wenige Szenen später wieder ganz nett, fast anständig ist – wie die anständigen Eichmann und Barbie; derselbe Polizeiminister, der Diskussionen ablehnt, denn »Diskussionen waren noch allemal der Anfang vom Ende jeder organisch gefügten Gemeinschaft gewesen«. Da gibt es mitten in den Trümmern eine Elendsbehausung mit dem Namen »Villa Wahnfried«, da wird »Ziegelmehl umsonst abgegeben« und der verräterische Freiherr »nimmt seine Blicke in die eigene Innerlichkeit zurück«. Die Stadt entwickelt eine neue Art Höflichkeit: »Eines Morgens begrüßten ganze Häuserreihen die Bewohner mit abgenommenen Hüten« und »eine Öllampe flackerte vor einem aufgerissenen, metertiefen Bombentrichter, die wie eine Ohrmuschel zu lauschen scheint«. Da wird vorgeschlagen, nicht vom »Volk in Waffen«, sondern vom »Volk in Waffenröcken« zu sprechen. Denn »der Typus ist schon fertig, wenn er den Waffenrock trägt«. Fast auf jeder Seite eine sprachliche Perle vergleichbarer Präzision.

Krauss ist deutlich von Schnipfmeier zu unterscheiden, der mit seinem Anstands-Kompaß zeitweise hilflos trottelt. »Schnipfmeier besaß ein Repertoire charakteristischer Gesten einer vergangenen Generation, liebenswerte Züge einer Vorzeit, die bei ihm aufgehoben waren« – das ist nicht Schnipfmeiers Zeit, in der es »keineswegs in den Zwecken des Staates (lag), an das Mitleid zu rühren, ... nur das Grauen die volle Abschreckung erreichen konnte«. Da schaukeln dann »die mit großhalykonischen Farben und Hoheitszeichen geschmückten Leichen erhängter und abgestorbener Postfrevler, wie aufgebauschte Wimpel an den überall rasch improvisierten Triumphtoren«, im »unüberbietbaren Figurenreichtum eines protzenden Kasperletheaters, und andächtige Kinderscharen erfahren von mit Stökken bewaffneten Lehrern an den Leichen den ersten anatomischen Anschauungsunterricht«. Da wird ausführlich das pompöse Nichts von Empfängen geschildert, die man heute Partys nennt, und es gibt eine subtile Analyse des Militarismus, die eine Parodie auf Jünger sein könnte.

Nein, kein leichtes Buch und doch nicht nur Lektüre für Intellektuelle: wer Proust noch von *BILD-BILD*ung zu unterscheiden weiß, könnte Sprache als Widerstand wiederentdecken.

Dieses Buch hat nun wirklich sein Schicksal gehabt: Es war eins der wenigen, die in der »Schublade« waren: In Gefängnissen und Zuchthäusern geschrieben, erschien es 1946 in einer Auflage von 5000 Exemplaren – von denen noch welche vorrätig sind! Nach siebenunddreißig Jahren ist es nun neu aufgelegt, nicht zu spät für diese Wendezeit, die den Sinn für Sprachwiderstand schärfen sollte – in einer Gesellschaft, in der »Antifaschist« fast zum Schimpfwort degradiert, weil es doch Kommunisten waren, diese Antifaschisten. Werner Krauss war einer, Antifaschist und Kommunist – hierzulanden nennt man sich dann doch lieber gut bürgerlich: Nazigegner – à la Filbinger. Da haben sich die Großhalykonier getrennt – oder trennen lassen. Und es taucht in der glatten Rede von Wolfgang Mischnick ein Wort auf, das einmal das Leben hätte kosten können: »Miesmacher«. Das waren doch die, die angebrannten Kakao angebrannten Kakao nannten; die den Krieg schon ab 1942 verloren sahen. Da haben wir ja auch einen Pressesprecher, Mitglied der Regierung, der mir allzu schmunzelnd akzeptiert wurde, den BILD-Macher, der jetzt für die Regierung Bilder macht. *BILD* macht ja Sprach- und Denkvorschriften, praktiziert »Verführtes Denken«, ganze Kontinente von Problemen zu Schlagzeilen plattgehauen. Wir wollen uns nicht einbilden, daß wir nicht dem Einfluß von Sprach- und Denkvorschriften unterliegen und ihnen, wenn auch noch mit leisem Widerstreben, gehorchen.

Der Schluß von *PLN* ist überraschend, still, ohne Satire, ohne Phantasiesprünge, auf eine schmerzliche Weise fast halkyonisch die Konfrontation eines Gefangenen mit der Zeit, mit der Ewigkeit von Stunden und Minuten, mit der Langeweile – und es gibt da Sätze, die eben still sind und: religiös, wo der Gefangene, der die Nahrungsaufnahme verweigern will, sich Gedanken darüber macht, daß er mit der Verweigerung des Brotes sich Christus verweigert – erstaunliche Gedanken für einen Kommunisten, denn in diesen letzten Schlußseiten spricht gewiß Krauss über sich und seine Leiden – die er angesichts so »anständiger Kerle« wie seiner Schergen erfährt.

»Anstand«, »anständig« sind ebenfalls Schlüsselwörter in diesem Buch, sie signalisieren: Entsetzen, aber »offenbar ist der Mensch meist stärker als die, die sein Menschsein anfechten«, und da gibt es irgendwo bei Krauss »die behütete Unterwelt des Feuilletons« der Großhalykonischen Allgemeinen Zeitung, dieselbe »behütete Unterwelt«, in der auch wir uns hier befinden. Dem Verlag Klostermann ist zu danken, der in dieser Zeit, wo manche Verlage in Panik geraten, *dieses* Buch neu auflegt, das seine Aktualität nicht verloren hat. Ob wir Großhalykonier je den Zustand halkyonischer Ruhe erreichen? Es sieht nicht so aus.

Es lohnt sich, anständig zu sein

Über den Lebensbericht des polnischen Autors und Widerstandskämpfers Wladyslaw Bartoszewski

Ein Pole, der bei Kriegsausbruch 1939 siebzehn Jahre alt war, Katholik, Patriot, nicht antisemitischen Klischees erlegen, was seiner Herkunft nach durchaus möglich gewesen wäre; ein Warschauer Autor, Publizist, Historiker, Wladyslaw Bartoszewski, der von 1939 bis auf den heutigen Tag, also vierundvierzig Jahre lang, widerständig gewesen ist, legt seinen ersten Lebensbericht vor. Vierundvierzig Jahre Widerstand, neun Jahre Haft, Demütigungen, Folter auch, viele Aktivitäten und Aktionen während der Nazizeit und nach 1945 – da wäre ein vielbändiges Kompendium möglich, hier aber sind nur 130 Seiten anzuzeigen, die auf eine rare Weise gänzlich unromantisch und unsentimental sind; die Sprache – im Original deutsch gesprochen und geschrieben – ist schlicht, stellenweise spröde, in Ansätzen schroff, schmucklos-unliterarisch. Bartoszweski, dem die Einübung in Widerstand zum Lebenselement geworden ist, widersteht in diesem Lebensbericht der Verführung zu ausschweifenden Details, widersteht dem Bramarbasieren, wie es Helden – und er ist einer, obwohl er es nicht wahrhaben will – wohl gelegentlich zugebilligt werden könnte. Ein einfaches Buch? Gerade seine scheinbare Einfachheit macht es schwierig, darüber zu referieren.

Bei seiner letzten Verhaftung im Dezember 1981, am Tag der Verhängung des Kriegsrechts, als er sich von seiner Frau verabschiedet, fallen die Worte:

»Es wird alles gut werden. Was einzig und allein zählt, das ist die Würde, unsere Ehre, nicht mehr!«

Und das Buch hat den Untertitel: *Es lohnt sich, anständig zu sein.* Anstand, Ehre, Würde, Widerstand – sie gehören zusammen.

Siebzehn Jahre alt, junger Abiturient, noch unentschieden, ob er Schriftsteller, Schauspieler oder Jesuit werden sollte: »Warschau war vor dem Krieg als Stadt ziemlich angenehm. Die Stadt hatte 1,3 Millionen Einwohner. Wir waren lustig, gastfreundlich, hatten Sinn für Humor. Mein Leben wäre

unter normalen Umständen anders verlaufen. Meine Familie konnte es sich leisten, mich studieren und ein glückliches, ruhiges Leben führen zu lassen.«
Es kam anders, wie es für so viele, für unzählige junge Europäer anders kam, und für einen jungen Polen war es auf eine besondere Weise anders. Wir vergessen zu leicht, daß Polen 1939 wieder einmal geteilt worden war: zwischen Deutschen und Sowjets, eben jenen Sowjets, die bis 1941 als Besatzer dort blieben und 1944, als sie Warschau hätten befreien können, so lange verhielten, bis Warschau zerstört und ausgeblutet war und die ehemaligen Besatzer, die dort wohl geblieben wären, wenn Hitler nicht Krieg mit ihnen angefangen hätte, als Befreier einrückten.
Bartoszewski war während des Warschauer Aufstands als junger Offizier in einem Nachrichtenstab der Heimatarmee, und er sah Warschau untergehen.
»Warschau, das war die Stadt meiner Kindheit. Nicht das Warschau von heute, das Warschau, das 1939 durch Bomben zerstört wurde und das nach dem Warschauer Aufstand dem Erdboden gleich gemacht wurde. Es war das Warschau, in dem fast jeder dritte Einwohner Jude war. Markante Punkte waren nicht nur Kirchen, sondern auch Synagogen. – Warschau war für Polen aber noch aus einem anderen Grunde wichtig. Die Stadt wurde zum Symbol der Unabhängigkeit, zum Inbegriff der zentralen Macht der Regierung, die schon 1920 in der Schlacht an der Weichsel ihre Bewährungsprobe bestanden hatte. In diesem Kampf ging es um unser Überleben und um die Zukunft Europas.«
Wir vergessen zu leicht, wenn wir nur die augenblicklich sichtbare Situation Polens zu beurteilen versuchen, daß Pole sein und Widerstand leisten fast identische Begriffe sind. Schon die zaristische Politik glich der der Nazis, in einem Punkt jedenfalls: die Polen sollten ungebildet, sie sollten dumm bleiben. Unter zaristischer Herrschaft gab es bis zum Beginn des 20. Jahrhunderts keine Volksschulen auf dem Land. Dieses Warschau, in dem der siebzehnjährige Bartoszewski über seine Zukunft nachdachte, war seit vielen Generationen die erste Hauptstadt eines freien Polens, und er überschreibt das Kapitel, in dem er Herkunft und Werde-

gang bis 1939 beschreibt: »Glückliche Kindheit in einem freien Land«.

»Ich wuchs an der Grenze zwischen dem polnischen und dem jüdischen Teil der Stadt auf. Keine 200 Meter von unserer Wohnung entfernt stand die große Synagoge von Warschau. In die andere Richtung führte die Nalewkistraße, die allen Juden in der ganzen Welt bekannte jüdische Zentralstraße. Das war der jüdische Broadway. Dort wohnte kein einziger Nicht-Jude. Es waren Wohnhäuser mit zwei, oft sogar drei Höfen und vier oder fünf Stockwerken. Riesige Wohnstätten mit Tausenden wimmelnden Juden im Kaftan – und am Sabbat auf der Straße totale Leere. Am Sabbat war das eine tote Stadt – wie Meà Shearim in Jerusalem.«

Erste Verhaftung und Abtransport nach Auschwitz schon im September 1940, da war Bartoszewski 18 Jahre alt. Dem Achtzehnjährigen hatten mitinhaftierte Juden in Auschwitz gesagt: »Schade für dich, Junge, uns werden die Amerikaner freikaufen. Wir werden bald heimkehren, aber was wird aus dir ...«

Erst eineinhalb Jahre nach Bartoszewskis Entlassung wurde Auschwitz eines der großen Judenvernichtungslager, eingerichtet war es, um die polnische Intelligenz zu vernichten, zu der auch der Klerus gehörte.

Er hatte Glück, der Junge, der achtzehnjährig dann in den Widerstand ging. Ein abenteuerliches Leben beginnt, das aber nicht abenteuerlich beschrieben wird; trockene Aufzählung seiner Tätigkeiten im Jahre 1942, als er zwanzig Jahre alt war: »Ich kann mir heute nicht mehr vorstellen, wie ich das alles gemacht habe – Judenhilfe, Hilfe für polnische Häftlinge und Sammlung von Material im Untergrund, das Verfassen von Berichten und Dokumenten, Tätigkeit im Nachrichtendienst, Abwehr gegen die deutschen Sicherheitsdienste, Aktivitäten in kirchlichem Zusammenhang, journalistische Arbeiten und schließlich der Dienst in der Heimatarmee. Ohne Waffen diente ich in einem Stabsbüro der Heimatarmee und übernahm nachrichtendienstliche Tätigkeiten. Daneben schrieb ich noch Artikel und studierte illegal.«

In jeder einzelnen dieser Tätigkeiten – bedenkt man die

Umstände, unter denen sie ausgeübt wurden: unter strengster Überwachung durch die Nazis – steckte Stoff für einen umfangreichen Roman, aber Bartoszewski berichtet das meiste fast im Stil eines Protokolls, trocken; kein Stoff für eine Hollywood-Verfilmung, in der wenigstens eine halbentblößte Polin, möglichst Jüdin, nicht fehlen dürfte. Alle diese Tätigkeiten, löste man sie wortreich auf, gäben wohl Stoff her für einige umfangreiche Krimis, und doch wirkt gerade diese Trockenheit, die in jeder Zeile die Phantasie in Bewegung setzt, spannend in einem ganz anderen Sinne, als sogenannte »action« sie hervorruft. Die Aktionen sind hier mit einer inneren Verhaltenheit geschildert, die die Vorstellungskraft des Lesers in Bewegung setzen sollte. Es ist, als habe der Historiker Bartoszewski den Zeitgenossen Bartoszewski abstrahiert, dem er innerhalb der Geschichte Polens und seiner vielen Widerstandsbewegungen nur einen kurz gefaßten Lebenslauf zubilligt und nur soviel persönliche Bemerkungen und Bekenntnisse erlaubt, wie notwendig sind, um diesen Zeitgenossen zu charakterisieren.

Gerade der Verzicht auf ausschweifende Schilderungen, diese knappe Schilderung eines sechzigjährigen Lebens, in dieser Verhaltenheit wird die Leidenschaft spürbar: leidenschaftlicher Pole, leidenschaftlicher Katholik, leidenschaftlicher Humanist, der in Israel zu den Gerechten gezählt wird. Es ist wohl der Historiker in ihm, der ihm diese Zurückhaltung auferlegt, wo andere sich genüßlich ausbreiten und sich in bramarbasierendem Erzählungsstil verlieren würden; oder auch: erzählerische Enthaltsamkeit, weil ja alles, das meiste jedenfalls, schon erzählt worden ist, von anderen. Eben diese knappe, trockene Art, die so gar nicht dem Klischee des Slawischen entspricht, macht dieses Buch so überraschend. Als er noch keine sechzig war, hatte Bartoszewski neun Jahre Haft hinter sich, lebte, wenn er nicht in Haft war, immer unter der Drohung neuer Haft, neuer Folter, ständig mußte er mit Gefängnis, Zuchthaus rechnen; Verhöre, Haussuchungen, Verdächtigungen gab es genug.

Als im Dezember 1981 in Polen das Kriegsrecht verhängt wurde, zeigte sich die westliche Welt, besonders der Teil, den man die Linke und auch Linksliberale nennen könnte, verwirrt und hilflos; arrogante Töne kamen auf, alte Klischees kamen wieder zu Leben – von den arbeitsscheuen, unzuverlässigen Polen; man hätte ihnen so gern Gehorsam und Bravsein verordnet, ihnen angeraten, was man in den eigenen Ländern strikt ablehnte: »law and order«, ein kommunistisch regiertes Land im kommunistisch bestimmten Warschauer Pakt – da blieb doch nur eins: Anpassung. Daß es in diesem kommunistisch regierten Land weniger Kommunisten gibt als in den meisten westlichen Ländern; daß das Verhalten der Roten Armee – Verhalten im doppelten Sinne – vor Warschau im Jahr 1944, daß die Erfahrung mit der sowjetischen Besatzung nach dem Stalin-Hitler-Pakt zwischen 1939 und 1941, daß all das wenig geeignet war, moskau-hörige Kommunisten aus den Polen zu machen, daß Widerstand ihre Geschichte und ihr Leben bestimmt hat – wurde im Westen nicht *wahrgenommen.* Da war auch manche Krokodilsträne fällig, besonders von denen, die jahrelang gegen die Ostverträge – für Polen *lebenswichtige* Verträge – polemisiert hatten, auch von denen, die in ihren Ländern nicht gerade gewerkschaftsfreundlich sind, wurden plötzlich *Gewerkschaften* gelobt, und es gab peinliche Hilfsangebote für ideologische Hilfe, eine Hilfe, die die Polen am wenigsten brauchten. Was sie brauchten, war Solidarität, auch Sympathie und jene materielle Hilfe, die ihnen zuteil wurde – und letzteres war es, das ihnen wirklich half. Völlig verwirrend für die westliche Intelligenz war die Tatsache, daß in Polen Arbeiter, Intellektuelle, darunter sogar sozialistische Intellektuelle *und* Kirche sich einig waren. Wie konnte nach den oberflächlichen laizistischen Vorstellungen der westlichen Linken etwas gut sein, bei dem die Kirche so massiv mitwirkte? Lauter Irrtümer, lauter Mißverständnisse über Polen. Eingeklemmt zwischen den protestantischen Preußen mit klassischer Polenverachtung und den orthodoxen Russen mit klassischer Polenverachtung, die sich, inzwischen beide sozialistisch verbrämt, in gemeinsamer Verachtung und Unterdrückung nach 1945 wiederfanden, übte der *intellektuelle* Westen sich in rechter wie linker Herablassung und Verkennung, die nur von den Privatpersonen und Organisationen nicht geteilt wurde, die materielle Hilfe sofort organisierten und auf den Weg brachten.

Nur ein kurzer Blick in die polnische Geschichte, nur ein Blick auf die Karte Europas *vor* 1939 – *während* des Krieges – und *nach* 1945 hätte genügt, um zu begreifen, was die Verhängung des Kriegsrechts bedeutete, *nachdem* das Danziger Abkommen unterzeichnet worden war.

Ein Polen, das nicht mehr im Widerstand leben müßte? Das ist einer der Träume, die nicht nur Bartoszewski träumt: »In Auschwitz und nach Auschwitz, vor allem in Auschwitz habe ich gezweifelt. Ich stellte die ewige Frage, die heute noch die Überlebenden bewegt: Wie kann der Herrgott das alles zulassen? Ich war nicht fromm genug, nicht gläubig genug, um dies zu begreifen. Für mich existierte Gott trotzdem. Ich konnte mir aber nicht erklären, wie das passieren konnte, auf eine schreckliche und geheimnisvolle Weise. Im Gefängnis und im Lager habe ich gelernt, daß Toleranz sich lohnt. Es ist besser, das Gute zu behalten und das Schlechte zu vergessen, was einem die Menschen angetan haben. Sonst kann man nicht überleben. Ich will bewußt alles Negative verdrängen. Ich will das mit Absicht, nicht, weil ich ein Heiliger bin, sondern weil ich leben möchte. Ich will nicht mehr unter dem ständigen Druck stehen, unter dem ich jahrelang stand. Andere Leute haben sicher weit Schlimmeres mitgemacht. Aber ich fühle, für einen durchschnittlichen Europäer ist es genug!«

Das ist geschrieben in Erinnerung an die letzte Verhaftung, die von Dezember 1981 bis April 1982 dauerte. Und in diesem Zusammenhang ist auch geschrieben: »Auf die Dauer können weder Parteifunktionäre noch Generäle ein Volk von 36 Millionen in die innere Emigration und damit in die Resignation treiben. Die Grenzen des Möglichen müssen immer wieder neu erkundet werden. Niemand kann diese Grenzen jetzt bestimmen. Sie sind fließend. Wenn nicht diese, dann wird die nächste Generation es schaffen. Der Boden dafür ist bereitet. Wir wußten, wir hatten für eine gerechte Sache gekämpft. Wir wußten, die Jugend wird sie weiterführen.«

Wer hier so optimistisch hoffnungsvoll spricht, ist kein emphatischer Pathetiker, der sich selbst Mut macht. Es ist der Historiker Bartoszewski, der die polnische Geschichte und alle ihre Widerstandsbewegungen kennt. Es spricht ein Katholik, der sich gläubig, aber nicht fromm definiert, jemand, der die wichtige Rolle der katholischen Publikationen, vor allem des *Tygodnik Powszechny*, kennt, dessen Mitarbeiter er jahrzehntelang war und dessen Herausgeber er besonders in der Person ihres Chefredakteurs Jerzy Turowicz bewundert. Der polnische Katholizismus ist *polnisch*, geschichtsbestimmt und im permanenten Druck zwischen Orthodoxie und Protestantismus, die sozialistisch verbrämt in der Verachtung der DDR und sozialistisch verbrämt in der imperialen Anmaßung der Sowjetunion wiederzuentdecken sind. Unabhängig davon sollte der polnische Katholizismus nicht im Zusammenhang internationaler innerkatholischer Kontroversen und Entwicklungen ausgespart oder verschont werden: auch das wäre gegen seine Ehre und seine Würde. Die Polen sind sich ihrer geopolitischen Lage bewußt, sie wären lieber von Engländern und Amerikanern befreit worden, und wäre Polen, was nicht nur ihm, auch anderen Ländern des Warschauer Paktes nach ihrer Geschichte *zustände*, eine westlich geprägte Demokratie geworden, so wären auch dort wohl theologisch kirchengeschichtliche Kontroversen und Entwicklungen in Gang gesetzt worden. Es wäre zuviel von einem Volk verlangt, gegen zwei Mächte Kritik und Widerstand zu üben, politisch gegen die Sowjetunion und kirchenkritisch gegen die katholische Kirche, die ihren Beistand in der polnischen Geschichte nie versagte. Ein *freies* Polen – der Traum von 36 Millionen, von denen Bartoszewski nur einer ist, würde sich wohl anders darstellen.

Wenn ich mir erlaube, Bartoszewski, so wie er sich in diesem Buch darstellt, als tapferen Menschen zu bezeichnen, so muß ich ausdrücklich betonen, wieviel Ängste er ausgestanden hat; Tapferkeit ohne Angst und Furcht ist ja die Tapferkeit des Dummen.

»...und Fritsch (der damalige Kommandant von Auschwitz) fuhr fort, es ist der einzige Weg ins Freie – durch den Kamin. Das war schön und offenherzig. Gute Aussichten für uns durch den Kamin – (es gab schon 1940 in Auschwitz ein Krematorium). Da wurden wir bleich, und ich habe gezittert. Ich hatte Angst, das war für mich [Bartoszewski war achtzehn Jahre alt] die schwerste Zeit meines Lebens, schwerer als Warschau im Krieg und nach dem Krieg. Jahrelang träumte ich von diesem Morgen, trat jede Nacht wieder an, sah den Kamin, hörte Fritsch, es gibt nur einen einzigen Weg ins Freie – durch den Kamin. Und im Traum wurde ich noch bleich.«

Und bei der Entlassung aus Auschwitz am 8. 4. 1941 wird ihm gesagt: »Wenn jemand zurückkommt, kann er nur durch den Kamin befreit werden, das möchte ich Euch ganz einfach sagen. Wir Polen hatten Angst, Angst vor der eigenen Vernichtung und der Vernichtung unserer Sprache, unserer Kultur, unseres Volkes, unseres Landes... Natürlich hatte ich eine schreckliche Angst, riesige Angst. Es gab Tage, an denen ich fast zerbrochen bin vor Angst.«

Und später sagt Bartoszewski: »Ich sehe heute alles relativ, obwohl meine Frau immer wieder sagt: Du kannst nicht alles mit Auschwitz vergleichen. Meine Antwort: Ja sicherlich, aber hier gibt es doch keine Gaskammern.«

Dieses Buch ist, wenn es auch für die übrige Welt wichtig und lehrreich ist, als Einblick in polnische Geschichte und Gesinnung, für Deutsche geschrieben. Fast möchte ich sagen: an Deutsche gerichtet. Was Bartoszewski und wohl die meisten seiner Landsleute über ihre Erfahrungen mit der Sowjetmacht und ihre Schergen und Helfershelfer denken und möglicherweise auch schreiben: Es wird in diesem Buch nur angedeutet, wenn Bartoszewski die fürchterlichen Bedingungen seiner drei Verhaftungen nach 1945 schildert: »Ich war (am 15. November 1946) endgültig wieder in der Haft eines Warschauer Gefängnisses. Eineinhalb Jahre ohne Anwalt, ohne Familienbesuch, ohne Zeitungen, ohne Bücher, total isoliert...«

Und noch einmal sechseinhalb Jahre Haft ab Dezember 1949, zeitweise in einer Zelle mit dem Abt von Tschenstochau und dem SS-Hauptsturmführer Engels, der später hingerichtet wurde und offenherzig Details der Gestapopraktiken erzählte. Und von Dezember 1981 bis April 1982 die Verhaftung bei Verhängung des Kriegsrechts, die am Anfang dieses Berichts steht. Viele internationale Appelle, öffentliche und diskrete, hatten Bartoszewski nicht zur Freiheit verholfen. Buchstäblich aus dem Gefängnis geholt wurde er vom Präsidenten des Weltkomitees jüdischer Kämpfer, Partisanen und Lagerhäftlinge, Stefan Grayek: »Ein Warschauer wie ich, der jetzt in Israel lebt, kam zu den Feierlichkeiten des Ghetto-Aufstandes am 19. April 1982 nach Warschau. Er sagte den polnischen Behörden einfach und klar: ›Wenn Bartoszewski nicht bis zum 19. April entlassen wird, dann werde ich nicht teilnehmen und einfach wieder abreisen.‹ Diese Tatsache hat auch der Innenminister bei dem Gespräch in Warschau zugegeben: ›Sie haben seltsame, merkwürdige Freunde in der Welt, Herr Bartoszewski...‹ Ich sage: ›Ja, Herr Minister, auch Bischöfe und Rabbiner.‹ Ich wurde am 19. April mit dem Hubschrauber vom Lager abgeholt.«

Und er schrieb an seinen deutschen Freund Reinhold Lehmann, nachdem er am 28. April auch formell entlassen worden war: »Selbstverständlich bin ich derselbe, und ich habe nichts unterschrieben und nichts zugesagt. In der weiteren Aktivität werde ich mein Leben nur noch nach meinem Gewissen und meinem Verstand richten.«

Und doch, nach mehr als acht Jahren Haft unter kommunistischer Herrschaft, dieses Buch ist, so scheint mir, an Deutsche gerichtet. Das Schicksal Polens, wie es sich uns heute darstellt, begann 1939 mit dem Stalin-Hitler-Pakt und dem Kriegsbeginn. Ein Traum, sich vorzustellen, was aus Polen geworden wäre, wenn..., was aus Polen hätte werden können, wenn... Im Verlauf der deutschen Geschichte ist Polen in die Lage gekommen, in der es heute ist.

»Uns Polen hat dies am meisten geschockt an den Deutschen, diese schreckliche Grausamkeit der Nazizeit – diese Manifestationen der Stärke, der Stiefel, der Wachen, Propaganda, brutalen physischen Übermacht« [und wenig später:] »Die Deutschen, die haben noch Zeit, darüber nachzudenken – und sie werden hart genug getroffen werden. Sie sollen gerechterweise bestraft werden, aber uns steht es nicht zu, Rache an ihnen zu nehmen. Wir haben auf Gottes Gerechtigkeit vertraut. Wir erinnern uns der Menschen, die in Warschau im Schlaf gefallen waren, bei den ersten Bombardierungen 1939 im Blitzkrieg. Wir erinnern uns, in Warschau wurden Menschen umgebracht, wahllos aus den Geschäften herausgeholt – keine Politiker, keine Soldaten – einfache Frauen und Männer, auch Kinder...«

Bartoszewski betont an verschiedenen Stellen dieses kurzen Lebensberichts, daß er nicht fromm sei; ich will ihm nicht widersprechen, aber er wird wohl nicht widersprechen, wenn ich behaupte, daß er ein religiöser Mensch ist.
»Vielleicht verdanke ich den Gebeten meiner Mutter viel, die im Krieg schon tief gläubig war, die nun ihre Zuflucht bei Gott und im Gebet gesucht hat. Es kann schon sein.«
Und über sich selbst sagt er an einer Stelle: »Ich war nie sehr fromm gewesen, zumindest nicht in einem traditionellen Sinn, aber Gott existierte für mich. Für mich war die Nächstenliebe wichtig – das Evangelium, die Bergpredigt – das war die Grundsubstanz meines Lebens.« – »Ich habe Glück gehabt. Ich habe niemanden getötet. Ich habe niemanden geprügelt. Ich habe niemanden geohrfeigt. Aber ich bin geprügelt worden. Ich wurde auf den Kopf geschlagen. Ich habe in Auschwitz die Brille verloren, und ich bin sehr kurzsichtig. Ich war also Opfer, ein unschuldiges Opfer, aber kein hilfloses Opfer, auch wenn ich hilflos war.« – »Ich habe ein ganzes Jahr gebraucht, um eine Lösung für mich zu finden: gegen Haß, gegen Gewalt, gegen jeden Haß, gegen jede Gewalt – das ist das Geheimnis dessen, was das Neue Testament verlangt: umkehren.«
Gegen jeden Haß, gegen jede Gewalt, das gilt wohl auch für die Schergen, Spitzel, für alle Helfershelfer der Macht, denen er in Gefängnissen nach 1945 ausgeliefert war.
Niemand, der diesen Krieg und die ihm zugehörigen Greuel überlebt hat, weiß, welchen Umständen, welchen Fügungen, welchen Personen, Gesten und Opfern er sein Leben verdankt – wer würde schon angesichts der unzähligen Opfer glauben können, daß er sein Leben *verdient* habe? Von *einer* kleinen Geste, die ihm *einmal* das Leben gerettet hat, weiß Bartoszewski zu berichten: von einer ihm bis heute unbekannten Frau, die im Warschauer Postamt einen Brief an die Gestapo öffnete, in dem Bartoszewski wegen seiner Hilfe für die Juden denunziert wurde. Die Frau schickte den Brief nicht an die Gestapo, sondern an ihn – und er konnte sich in Sicherheit bringen. Es sind nicht immer große Worte und spektakuläre Taten, die Hilfe bedeuten – und Lebensrettung. »Darum verstehe ich auch«, schreibt Bartoszewski, »was die kleine Geste bedeutet, die kleine Geste, die man

ungestraft unterlassen kann. Sie hat mein Leben gerettet.«

Dieses kleine Buch entfaltet sich erst, wenn man hinter der knappen, stellenweise spröden Sprache die Verhaltenheit, die Leidenschaft spürt, die sich den Ausbruch versagt, Romantik vermeidet, Sentimentalität scheut. Der Untertitel: *Es lohnt sich, anständig zu sein,* bedarf wohl noch einer Einweisung ins Deutsche. Mit Anstand ist hier auch Würde, Ehre, Widerstand gemeint; standhalten, sich nicht untreu werden, der aufrechte Gang eines Zeitgenossen, der nichts widerstandslos hinnimmt und des Opportunismus unfähig ist. *Nicht,* so scheint mir, ist gemeint – der *bloße* bürgerliche Anstand, der alles hinnimmt und alles mit sich geschehen läßt, der sich beugt und verbeugt. Es wäre einer besonderen Abhandlung würdig, diese beiden Sorten Anstand miteinander zu konfrontieren, über sie zu meditieren. Was manche Deutsche unter einem »anständigen Deutschen« verstehen, ist nicht das, was Bartoszewski unter einem »anständigen Polen« versteht. Kurz gesagt: Dies ist kein Anstandsbuch – es ist das leidenschaftliche, wenn auch stellenweise trockene Bekenntnis eines Polen, eines polnischen Katholiken, für den etwas »Schwarzhandel« keineswegs als unanständig galt und vieles, bei dem manchem »anständigen Bürger« die Haare zu Berge stehen würden.

Rede zur Verleihung des Robert-Bosch-Preises an die polnische Übersetzerin Teresa Rzadkowska-Jetkiewicz

Sehr geehrter Herr Oberbürgermeister,
verehrte Gräfin Dönhoff,
lieber Karl Dedecius,
meine Damen und Herren!

Spontan und doch mit einer gewissen Bangigkeit habe ich Karl Dedecius zugesagt, hier ein paar Worte zu sprechen, als Übersetzter und als Übersetzer. Als ich dann darüber nachdachte, was ich hier wohl sagen könnte, stieg die Bangigkeit. Zu Polen über Polen zu sprechen, traue ich mich nicht. Ich traue es mir auch nicht zu. Da ich nicht Polnisch kann, kann ich die Übersetzungen von Frau Rzadkowska-Jetkiewicz nicht beurteilen. Ich kann nur auf eine generelle Weise danken, ihr persönlich dafür danken, daß sie nach dem Krieg – nach welch einem Krieg, das wollen wir nicht vergessen – deutsche Literatur ins Polnische übersetzt hat, in die polnische Sprache eingebracht hat. Manchmal denke ich, daß Autoren, die dem oberflächlichen politischen Denken der Zensoren zunächst genehm erscheinen, ohne es zu ahnen, sich später als Trojanische Pferde erweisen, weil sie Gedanken einbringen, die verborgen, aber doch vorhanden sind, Nachdenklichkeit hervorrufen, die gar nicht gewünscht ist. Diese Wirkung beruht nicht immer auf der Schlauheit der Autoren oder der Dummheit der Zensoren. Sie ergibt sich daraus, daß Literatur doch fast immer widerständig, sprachwiderständig ist. In der Eroberung nicht nur des Stoffes, sondern, was wichtiger ist, der Eroberung der Sprache für diesen Stoff, ist der Widerstand wirksam. Das ist einer der Gründe, warum ich selbst, gemeinsam mit der Dame, mit der ich verheiratet bin, mit Vergnügen mich als Übersetzer versucht habe.

Stellen Sie sich vor, es gäbe keine Übersetzer. Wir wüßten nicht nur nichts von der Bibel, von der Botschaft, die für uns bestimmt war, wir wüßten fast nichts über die Welt, die uns umgibt. Was wüßten wir von Nordamerika, von Südamerika, von Afrika, von Asien? Ein paar geschichtliche

Daten, ein paar ökonomische Auskünfte. Ich halte Autoren und damit auch die Übersetzer der Autoren für die einzig wahren Vermittler von Wissen über die Welt. Man gewinnt bei dieser Arbeit Sprache, vor allem die eigene Sprache gewinnt man. Sie wird erweitert, indem man in die Räume der fremden Sprachen eindringt und feststellt, daß fast nichts unübersetzbar ist. Deshalb verstehe ich bis heute nicht, warum so wenige Autoren sich mit Übersetzen beschäftigen. Es bedeutet ja Welt erobern, Welt erlangen, in Welt eindringen und Welt einbringen. Und der Briefwechsel, den ich mit meinen Übersetzern führe und den auch wir mit den von uns übersetzten Autoren führen, ist der schönste Teil unserer Korrespondenz; denn auch, wenn jemand die Sprache, in die er übersetzt und aus der er übersetzt, zu kennen glaubt, tauchen immer wieder Räume auf, die erobert werden müssen. Darüber könnte man sehr lange sprechen. Jedenfalls finde ich, daß das Übersetzen von Literatur immer wieder und immer noch unterschätzt wird. Ich möchte hier, wenn ich Frau Rzadkowska-Jetkiewicz danke, die leider nicht hier ist, und auch den übrigen Eingeladenen, die absurderweise, was den Zustand Europas bezeichnet, nicht hier sein können – wir feiern ja Menschen, die nicht anwesend sind –, ich möchte also meinen Dank an Frau Rzadkowska-Jetkiewicz und ihre Kollegen in Polen meinen Dank an die verstorbene Frau Maryla Reifenberg hinzufügen, die uns Czesław Miłosz, einen großen, einen ganz großen polnischen Autor nahe und ins Deutsche gebracht hat.

Meine Bangigkeit verringerte sich, als ich die Bücher von Miłosz noch einmal aus dem Regal nahm. Ein stiller Autor. Ob ich ihn ruhig nennen sollte, weiß ich nicht. Zu still, um in dem Lärm der literarischen Märkte Auffallen zu erregen. Und sein Werk enthält doch alles, alles, was Europa und die Welt seit dem Jahre 1917 bewegt hat.

Meine Bangigkeit, wie ich denn, ohne mit der Zauberflöte ausgestattet zu sein, den Melos, den Wohllaut finden könnte, Chopin und Rakowski, Miłosz und Jaruzelski, Michnik, Glemp, Bartoszewski, Gomułka, Wałesa und noch einmal Rakowski, wie ich die polnischen Juden, die Szlachta, die polnischen Bauern, wie ich sie alle im freundlichen Wohl-

klang vereinen könnte oder auch in gut organisierter Dissonanz, diese Bangigkeit wurde geringer, als ich intensiv Miłosz noch einmal las. Da kam dann noch Jadwiga hinzu, die wir Hedwig nennen. Sie, die die immer noch Ungetauften aus den mythisch-nebelhaften, sagenumwobenen Weltgegenden, an der Ostseeküste, aus denen dieses erstaunliche Juwel, der Bernstein, in die Welt vorgedrungen war; sie also brachte die Ungetauften, via Hochzeit und Massentaufe, spät für europäische Verhältnisse, im Jahre 1386, in den wahren Glauben ein, den die Kreuzritter nicht hatten vermitteln können. Ich zitiere Miłosz über die Kreuzritter: »Die Epopöe der christlichen Sendung war wesentlich eine Epopöe des Mordes, der Gewalt und des Banditentums. Und das schwarze Kreuz ist für lange Zeit das Symbol der Heimsuchung, schlimmer als die Pest, geblieben.«
Heute, 600 Jahre später, ist Litauen eines der frömmsten Länder im östlichen Europa. Es leidet nicht mehr unterm Kreuz, sondern am Kreuz. Und später kam ja dann das schwarze Kreuz, zum Hakenkreuz verunstaltet, beziehungsweise das verunstaltete Sonnenrad, zum Hakenkreuz verunstaltet, noch einmal über Polen und das Baltikum. Und auch ein zweites Symbol, ein säkulares, Hammer und Sichel. Es kam aus der anderen Himmelsrichtung. Ich erlaube mir anzunehmen, daß Polen und das Baltikum der Missionare, der Heilsbringer, überdrüssig sind. Miłosz nennt das »Abscheu vor der Gewalt, die sich mit Ideologie maskiert, einer Art Skepsis gegenüber der Legitimation jeglicher Art von Zivilisation«. Ich betone: Ich schließe daraus, Polen bedarf keiner Belehrung, weder von der internationalen Rechten noch von der internationalen Linken. Sie werden sich fragen, und auch die polnischen Gäste, die hier sind, wieso jemand, dessen Vorfahren fast alle westlich des Rheins geboren sind – zwei meiner Vorfahren sind östlich des Rheins geboren, meine Großmutter und mein Vater, aber auch nur 12 Kilometer östlich, in Essen –, wieso also so jemand über das Interesse, das ihn mit dem Kontinent, auf dem er lebt, verbindet, das ihn mit der Welt, in der er lebt, verbindet, über dieses Interesse hinaus leidenschaftliche Sympathie für Polen empfinden kann. Ich will versuchen, Ihnen das zu erklären:

Nicht allzu weit, sehr weit, aber nicht allzu weit hergeholt ergeben sich da ein paar kleine Gemeinsamkeiten zwischen Polen und dem Rheinland. Als die Rheinländer preußisch wurden – ein Teil des Niederrheins war ja schon preußisch – im Jahre 1814 Preußen zugeordnet wurden, – es wäre ein Anlaß, darüber nachzudenken, wie auf Konferenzen und Kongressen durch Federstriche einfach über Länder, Völker und Religionen verfügt wird –, da kamen also ins Rheinland preußisch-protestantische Beamte – ich bitte Gräfin Dönhoff um Verzeihung, wenn ich möglicherweise, was ich nicht will, ich will nur historische Dinge erklären, verletzend auf ihr preußisches Herz wirke –, in dieses Land, das seit dem vierten Jahrhundert christlich, noch früher jüdisch war – die jüdischen Siedlungen im Rheinland sind älter als die christlichen Siedlungen –, kamen also diese preußisch-protestantischen Beamten, und sie berichteten nach Berlin über Trier, die Stadt, in der einige Jahre vorher ein gewisser Karl Marx geboren wurde, und aus Köln, und was sie da zu berichten hatten über die Reste des Heiligen Römischen Reiches Deutscher Nation nach zwanzigjähriger französischer Herrschaft, war nicht viel Positives. Ich nenne nur vier Vokabeln, die die Gesamtberichte zusammenfassen: verkommen, unzuverlässig, faul und katholisch.

Ich glaube, unseren polnischen Gästen kommt das bekannt vor, nicht gerade polnische, aber rheinische Wirtschaft. Verrückterweise ging die preußische Arroganz, sie ist bis heute spürbar, so weit, uns eher für mißglückte Franzosen als für geglückte Deutsche zu halten: Und wir empfanden diese Arroganz, weil sie doch aus der Kolonie kam, als Anspruch an das Mutterland, die wahre Nation zu sein. Uns aber war die Muttersprache, die viel älter ist als jede Nation und jeder Staat, zuverlässiger und vertrauter als irgendeine Sorte Vaterland, mit der wir je zu tun hatten. Dieses merkwürdige Gemisch aus Juden, Kelten, Germanen, Römern, fußkranken Deserteuren – seine Muttersprache war deutsch. Und letzten Endes sind wir ja dann über die Kolonie ins Fadenkreuz des Hakenkreuzes geraten. Ich rate Ihnen, einmal die Wahlergebnisse der Jahre 1932 und 33 im Rheinland nachzusehen. Und die armen kleinen Gendarmen, die sich unbeliebt machen mußten unter preußischer

Herrschaft, die die Drecksarbeit machen mußten, verhöhnt, verspottet wurden, die hatten polnische Namen und hießen entsprechend die Polacken. – Ich will die Vergleiche nicht überstrapazieren, nur als Andeutung über mögliche Vergleichbarkeit. Manchmal denke ich, daß die Iren die Polen Großbritanniens sind. Denn auch ihnen werden diese Adjektive angehängt: verkommen, faul, katholisch. Das ist einer der Gründe – ich betone *einer* –, warum ich auf das Beiwort »katholisch« nicht gern verzichten möchte.

In Köln auch fanden die ersten Kommunistenprozesse statt, nicht einmal gegen Marx, sondern gegen Einwohner der Stadt Köln. Und an einer der heiligsten Stätten Kölns, im Chor der Martinskirche, ist ein gewisser Robert Blum geboren, der nicht *wie*, sondern *als* Robert Blum erschossen wurde.

Noch bis in die segensreiche Einrichtung hinein, die sich deutsche Wehrmacht nannte, habe ich dieses Mißtrauen gegen den Rheinländer empfunden: katholisch, Rheinländer – höchst verdächtig, bestenfalls exotisch. Und das Merkwürdige ist, daß die Franzosen, immer wenn sie Deutschland sagen wollen, l'outre Rhin sagen. Das heißt, Deutschland fängt für sie auf dem rechten Rheinufer an. Leider, Gott sei Dank nicht zutreffend.

Vielleicht wäre es nützlich, sich der Worte, die Miłosz über die Kreuzritter gesagt hat, zu erinnern. Wenn man bedenkt, daß das Kreuz für viele Völker bis heute ein Schreckenskreuz gewesen ist und daß sie anderswo Erlösung suchen von ihren Zuständen, die ihnen das Kreuz nicht gebracht hat. Vielleicht wäre darüber nachzudenken. Ich fand diese Formulierung von Miłosz über die Kreuzritter so einleuchtend, so schlagend, daß ich sofort an die Völker dachte, denen jahrhundertelang von Kreuzrittern anderer Nationen das Kreuz gepredigt worden ist und denen wir heute gerne beibringen möchten, was sie zu wählen haben, welches System das beste für sie wäre. Vielleicht überlassen wir das diesen Völkern.

Ich kann natürlich nicht die polnische Geschichte, nicht einmal kürzest gefaßt, hier berücksichtigen. Ich verlasse mich noch einmal auf Czesław Miłosz. Er beschreibt im *West- und östlichen Gelände* eine Jugendgruppe, eine Studentengruppe, der er zugehörte. Er ist in Litauen groß geworden, als Pole. Und ich zitiere oder referiere einfach sieben Lebensläufe aus diesem Buch:

»Die späteren Abenteuer des männlichen Teils unserer Schar zeugten von ausgesprochen starker Individualität. Jan Rutski versprach eine Berühmtheit auf dem Gebiet der Mathematik zu werden. Er fiel als Infanterieoffizier unter nicht näher bekannten Umständen in dem Gebiet, das durch den Molotow-Ribbentrop-Pakt an die Sowjetunion abgetreten wurde.

Stanisław Stomma, Jurist, ist ein Publizist und katholischer Politiker geworden, dem Vatikan, aber nicht der Rechten treu ergeben.

Józef Świecicki – ich bitte um Verzeihung, wenn ich die Namen falsch ausspreche –, er endete in einem Konzentrationslager, und auf seinem anonymen Grab wächst das Moos des sowjetischen Nordens.

Ein anderes Schicksal war dem rundlichen, stets lachenden und witzigen Dichter Teodor Bujnicki beschieden. Er stellte seine Feder in den Dienst der Sowjetbehörden, die unsere Stadt besetzt hatten, und wurde von Mitgliedern der Untergrundbewegung erschossen.

Antoni Gołubiew überlebte den Krieg und schrieb und wurde durch dicke Romane berühmt, denen die Zensur nichts vorwerfen konnte, da er vorsichtshalber die mittelalterliche Epoche zum Thema gewählt hatte.

Von einem anderen, Stefan Jedrychowski, wird berichtet, daß er später Mitglied des Zentralkomitees wurde, Zentralkomitees der KP, und einer der Wirtschaftsführer in Volkspolen.

Wieder ein anderer treuer Diener der Kirche, Propagandist der Katholischen Aktion, tauchte nach dem Krieg als Funktionär der Sicherheitspolizei auf; er ging, wie es hieß, vor Amtsantritt morgens zur Frühmesse.

Henryk Dembiński, Hauptstütze eines Blocks mit dem Marxismus sympathisierender Katholiken, wurde Kommunist. Seine ganz außergewöhnlichen Fähigkeiten, seine Dynamik, hätten ihn wohl für eine spätere wichtige Rolle in Polen prädestiniert. Vielleicht wäre er auch im Gefängnis gelandet, aber er wurde 1941 von den Deutschen erschossen.«

Sieben verkürzte Lebensläufe auf etwa dreißig Zeilen. Expliziert man sie, machte aus diesen zweiunddreißig Zeilen die notwendigen vier- oder fünftausend, nähme man die Lebensläufe vieler unbekannter Polen dazu, ich glaube, eins würde noch deutlicher: Kreuzritter, Missionare, Belehrungen, Ideologien, auch mit säkularen Symbolen, sind nicht mehr erwünscht, auch nicht im herkömmlichen Sinne hochgeputzte Delegationen. Küsse auf Bahnhofen und Flugplätzen – geschenkt, weil sie nichts einbringen.
Ich hätte gerne noch ausführlich, und werde es bei anderer Gelegenheit tun, über ein Buch von Miłosz gesprochen, das mich sehr bewegt hat, vor Jahren schon, noch einmal *Verführtes Denken.* Es wurde für mich zum Trojanischen Pferd, dieses Buch. Es wurde hier eines der Hauptkampfmittel im Kalten Krieg, in dem man versuchte, uns zu bekehren, wovon wir gar nicht bekehrt werden mußten – ich jedenfalls nicht –, von der Verführbarkeit durch den Kommunismus. Und auch das, wenn ich umdenke, macht die Verführbarkeit unserer Welt klar, weil es auch in unserer Welt vorgeschriebenes Denken, vorgeschriebene Sprache für bestimmte Vorgänge gibt, die ich gerne anders als vorgeschrieben ausdrücken möchte. Wir werden verführt zu einem Schwarz-Weiß-Mechanismus, einer Art von Antikommunismus, die nicht in Reflexion, sondern in Reflexen besteht und ein neues Kreuzrittertum zu gebären scheint.
Das sind die wenigen Dinge, die ich über Polen, polnische Literatur, sagen möchte. Und ich schließe jetzt abrupt undiplomatisch, auch gegen meine Gewohnheit vielleicht unhöflich. Ich möchte nur daran erinnern, daß es verschiedene Dimensionen der Höflichkeit gibt. Es gibt die alltägliche, die ich sehr wohltuend finde. Es gibt aber auch eine Höflichkeit gegenüber dem Zeitgeschehen und dem Zeitgeist, die über die – sagen wir diplomatische – Höflichkeit hinausgeht. Und in diesem Sinne unhöflich, möchte ich nicht versäumen, zu erinnern an die vielen politischen Gefangenen in Polen, möchte vor allem erinnern an die Gruppe um Kuroń, Michnik und andere, möchte hier öffentlich plädieren dafür, daß deren Prozeß vor der Weltöffentlichkeit stattfindet und nicht im geheimen.

Ich danke.

Über Wladimir Bukowski,
Dieser stechende Schmerz der Freiheit

Es wäre schade, wenn auch dieses Buch denen, die sich rechts oder auch nur konservativ definieren, zum reinen Triumph, und denen, die sich links oder auch nur progressiv definieren, zum reinen Greuel würde. Lehrreich wäre das Buch für beide. Erst auf Seite 99 fand ich die Sätze, die manches erklären, Selbstzweifel wenigstens anklingen lassen: »Es gibt wohl nichts Aussichtsloseres als den Versuch, das Leben in zwei entgegengesetzten Systemen, im Totalitarismus und in der Demokratie, zu vergleichen. So sehr man sich auch müht, das Problem wird immer verworrener. Was man vorbringt, ist gleichzeitig richtig und falsch. Ich habe es nicht einmal geschafft, mir eine gelungene Metapher einfallen zu lassen.« Nicht zu vergessen: Bukowski ist ein Opfer des nachstalinistischen Terrors. Zwölf Jahre in Gefängnissen und Lagern haben aus ihm einen Experten gemacht, der kaum zu widerlegen wäre. Er hat bemerkenswerte Details und auch Analysen der Haftbedingungen publiziert, klug, voller Sarkasmus auch; unvergessen seine Publikationen über die Form der psychiatrischen Folter; wer daran zweifeln möchte, sei an frühere Emigrationswellen auch aus anderen Ländern, etwa Argentinien, erinnert, auch an gegenwärtige: Folter in der Türkei, in Chile. Es ist schwer genug für Flüchtlinge, Emigranten und Exilierte, Glauben zu finden, und manchmal werden ihre Erfahrungen spät, oft genug *zu* spät bestätigt. Bukowskis bittere Mitteilungen und Analysen sollten auch von denen nicht einfach abgetan werden, die sich möglicherweise wirklich »Freunde der Sowjetunion« nennen, Delegationstäuschungen, auch Schmeicheleien erliegen und geblendet zurückkommen. Bukowski hat recht, wenn er solche Erscheinungen sarkastisch beurteilt, und doch sollte auch er wissen: daß kein politischer Flüchtling je an die Sowjetunion ausgeliefert wurde, jedenfalls nicht nach 1946, während solche an die Türkei heute noch ausgeliefert werden. Bukowski überschätzt die Anzahl dieser »Freunde der Sowjetunion«, auch ihren Einfluß. Natürlich trifft es zu, daß es der Sowjetunion bis zu einem gewissen Zeitpunkt und zu einem gewissen Grade gelungen ist, einen Teil der intellektuellen Elite des Westens zu korrumpieren, nicht unschuldig daran aber sind gerade Autoren wie Bukowski, der intelligent, sensibel und analytisch begabt genug ist, auch wenn er keine Vergleichsmetapher findet – wer fände die schon! – nicht alle Probleme und Konflikte der nichtkommunistischen Welt in bloßer Konfrontation mit den sowjetischen Verhältnissen zu beurteilen. Meuternde, aufmüpfige Studenten etwa – natürlich würden sie in der Sowjetunion eingesperrt und möglicherweise malträtiert – hier eben nicht, wenn sie nicht in Mexiko, Chile, Guatemala oder gar Haiti wohnen. Freiheit *ist* Freiheit, und den stechenden Schmerz der Freiheit, den Bukowski in manchen Partien seines Buches auf bezwingende Weise schildert – diesen stechenden Schmerz der Freiheit bekommen eben in parlamentarischen Systemen gelegentlich die Regierenden zu spüren. Freiheit tut weh, dem, der sie hat – und Freiheit, die sich etwa demonstrierende Studenten *nehmen*, tut denen weh, gegen die sie gerichtet ist: den oft genug eingeschläferten und übersättigten Parlamentariern und der jeweiligen Regierung.

»Mancher Leser mag den Eindruck haben, daß ich alle diese ›Ismen‹ ernst nähme, den Kapitalismus verteidigte, ihn für ein Allheilmittel hielte. Das trifft natürlich nicht zu. Ich beobachte nur in meiner Umgebung, daß der Sozialismus große Sympathien genießt, als etwas Gutes angesehen wird. Im Grund weiß niemand genau, was Sozialismus ist. Es gibt genau so viele Sozialismen wie Sozialisten, und mich erzürnt, daß so viele Menschen auf der Welt glauben, man könnte alle Probleme durch eine einfache Umgestaltung der gesellschaftlichen Strukturen lösen.« Dieser Feststellung kann man zustimmen, besonders, wenn man ein weiteres Zitat aufmerksam liest: »Vielleicht sind wir, die wir im Sozialismus gelebt haben, gebrannte Kinder. Vielleicht ist der wirkliche Sozialismus anders und erzielt andere Ergebnisse. Aber wir konstatieren eine unheilvolle Ähnlichkeit der menschlichen Charaktere, der Irrtümer und Experimente, und unsere Besorgnis wächst ständig.« Auch dem könnte man mit einigen Einschränkungen zustimmen: den neuen Menschen jedenfalls hat die Sowjetunion nicht geschaffen, es ist der alte Mensch, der der Bestechung erliegt, Korruption übt – wäre nur zu fragen, was aus dem *alten* kapitalistischen Menschen, der nie auch nur dem Traum, der Utopie oder gar Illusion des Sozialismus erlegen war, werden soll, aus den Opfern dieses Kapitalismus – und welche Hoffnung man ihnen anbieten kann? Das Modell Manila – oder das Modell Paraguay – oder gar das Modell Haiti? Was wollte Agostinho Neto in Angola, was wollte Fidel Castro auf Cuba – keiner sehnte sich nach dem sowjetischen Modell – ja, sie träumten von einem demokratischen Sozialismus – aber eben den, den *durfte* es nicht geben, und sie wurden, da sie eben den *nackten* Kapitalismus nicht wollten, ins sowjetische Lager hineingetrieben – *von* den Kapitalisten, deren Antikommunismus nicht eine Geisteshaltung, sondern eine ansteckende Krankheit ist. Es ist bedauerlich, daß so viele sowjetische Emigranten und Exilierte – so wenig die Konflikte und Probleme der Länder außerhalb des Ostblocks wahrnehmen. Mein Respekt vor Bukowski, seinem Schicksal und seinen früheren Publikationen, auch vor seiner sarkastisch eingefärbten Intelligenz ist zu groß, als daß ich unkritisch und unbewegt hinnehmen könnte, was er, wenn er politisch argumentiert, einfach so hinsagt, wenn er den Westen kritisiert. Wer will hier schon die sowjetische Form des Sozialismus, ich bezweifele, daß auch nur einige hundert Mitglieder westlicher kommunistischer Parteien, die, wenn auch möglicherweise innerlich errötend oder gar schaudernd, in die Exiliertenliteratur hineingeschaut haben, sowjetische Verhältnisse für ihre Länder anstreben. Ihnen würde die Lektüre von Solschenizyn, von Jewgenia Ginzburg, auch von Bukowski und vielen anderen guttun – nur wird diese Lektüre eben gelegentlich so peinlich, anmaßend und herablassend, wenn der Westen analysiert und ihm Ratschläge gegeben werden. Nicht das, was sie über die Sowjetunion mitzuteilen haben, sondern ihre allzu flotte Kritik am Westen macht für viele das, was sie über die Sowjetunion mitteilen, unglaubwürdig. Es ist schon tragisch. Die wirklichen Gefahren, die von der sowjetischen Propaganda, von ihren imperialistischen Absichten, ausgehen – sie geraten in Gefahr, nicht erkannt zu werden, wenn die Probleme des Westens auf eine gelegentlich zynische Weise bagatellisiert werden. Es ist tragisch, ja verhängnisvoll, daß Emigranten und Exilierte aus den verschiedenen politischen Terrorsystemen sich immer nur in Konfrontation zueinander begeben: das Gespräch zwischen einem türkischen Gewerkschaftler etwa, möglicherweise gar einem Kommunisten und einem gebrannten Kind des realen Sozialismus, wie Bukowski sich mit Recht nennt. Warum kann das nicht ohne Beschimpfungen und Denunziationen abgehen? Droht dem einen, der den Folterern einer rechten Militärdiktatur mit knapper Not entgangen ist und das politische System in der Türkei ändern möchte, tatsächlich ein System à la Sowjetunion? Die Frage ist doch, was man einem Menschen in dem System *zumutet*, welche Wahl man ihm läßt, und diese Wahl kann nur getroffen werden, wenn der eine versucht, sich in den anderen zu *versetzen* und ihn nicht per se der Hetze und Propaganda beschuldigt. Wäre es dem phantasiebegabten Bukowski nicht möglich, sich vorzustellen, er wäre anstatt 1942 in Moskau im selben Jahr in Managua geboren – und hätte sein ganzes Leben in nicht privilegierter Position unter Somoza gelebt, in einer mörderischen Diktatur, gegen die sogar Konservative sich auflehnten? Und würde er dann so herablassend von einer »trivialen Diktatur in einem kleinen, niemand gefährdenden Land« sprechen? Sind 50000 Opfer trivial, ist es trivial, wenn eine Diktatur Blutspenden, die ihrem Land nach einer Erdbebenkatastrophe gespendet werden, auf dem internationalen Markt *verkauft?* Ist es trivial, wenn täglich 40000 Kinder in der Welt, wenn nur *ein* Kind verhungert – und ist daran der drohende, der latente oder herrschende Sozialismus schuld? Der russische Gigantismus relativiert so in reziprok-dialektischer Weise Leid, Elend, Kummer, Tod und Leben in der nichtkommunistischen Welt.

Kluge Einsichten vermittelt Bukowski: diesen »stechenden Schmerz der Freiheit«, der jeden befallen muß, der aus der Sowjetunion und nach zwölf Jahren Haft in den Westen kommt: das Konsumangebot, die Reklame, die Publicity; aber ob es angebracht ist, von einem »ständigen Feiertag oder Jahrmarkt« zu sprechen und dann festzustellen: »*Sorglosigkeit* – das ist wohl die treffendste Bezeichnung der hier herrschenden Atmosphäre«? Das mag wohl auf ein paar

Straßen in der Umgebung des Züricher Bahnhofs zutreffen, wo die Flaneure nicht mit dem Einkauf notwendiger Lebensmittel und Kleidungsstücke, sondern mit »shopping« – Kaufen als Tätigkeit – beschäftigt sind, aus Langeweile, Überdruß und weil sie nicht wissen, was sie mit ihrem Geld anfangen sollen, nicht weil sie den stechenden Schmerz der Freiheit in ihrer Brust fühlen. Im Zusammenhang mit seinem Versuch einer Analyse westlicher Lebensbedingungen wird das Wort »Sorglosigkeit« dann doch zu dem, was er nicht gefunden hat: zu einer Metapher, die selbst die nachdenklich machen sollte, die Bukowskis Buch im antikommunistischen Triumph feiern. Er unterliegt dem gleichen Fehler wie mancher Besucher der Sowjetunion, der aus seinem ausgesuchten Hotel zur Besichtigung ausgesuchter Sehenswürdigkeiten oder zu einer Diskussion mit ausgesuchten Beamten geführt wird. Ist Sorglosigkeit – von Bukowski betont und unterstrichen – das Merkmal der westlichen Welt? Frankreichs, Perus, der Philippinen, der USA – der Bundesrepublik? Und wäre die einzige Sorge, wenn man sie entdecken könnte, die Angst vor dem Sozialismus? Oder ist da eine große Bangigkeit gegenüber dem eigenen System, das brüchig zu werden scheint, in kaum zählbaren Nullenkolonnen hinter Dollarmilliardensummen, die man Schulden nennt – sich selbst ad absurdum zu führen in Gefahr ist? Und wenn Bukowski angesichts des Überangebots an Spielzeug und Unterhaltungsmöglichkeiten für Kinder im Westen die bittere Feststellung trifft: »Im Vergleich mit den Kindern und Jugendlichen hier haben wir nie eine Kindheit gehabt« – dann ist diese Bitterkeit glaubwürdig, aber ob sie auf den Mangel von elektronischem und anderem technischen Spielzeug allein zurückzuführen ist, und ob er nicht an die Millionen Kinder denken könnte, die innerhalb ihres ersten Lebensjahres zu Greisen werden und als Greise sterben, bevor sie eine Kindheit gehabt haben?

Und welche Kindheit haben die Kinder in den Slums der nord- und südamerikanischen Riesenstädte? Ist es der drohende Kommunismus, der ihnen die Kindheit vorenthält? Mit Kopfschütteln stellt Bukowski fest, wie die Slumbewohner in amerikanischen Großstädten ihre Häuser verkommen lassen – das mag für manche Städte – für New York, Chicago und Boston zutreffen – wobei ja dann noch über die Besitzverhältnisse gesprochen werden müßte –, aber die wahren, die wirklichen, die gigantischen Slums in Lima, Mexiko, Caracas – in fast allen südamerikanischen Riesenstädten, wo die Behausungen aus Pappe und Blechbüchsen bestehen, sind daran die Slumbewohner schuld – oder der drohende Kommunismus? Ich wiederhole: mein Respekt vor Bukowski ist zu groß, als daß ich solche oberflächlichen, solche unmenschlichen Feststellungen hinnehmen könnte. Völlig verfehlt, leichtfertig und an der Grenze zur zynischen Verleumdung liegen auch Feststellungen wie diese: »Wer krank ist, macht die Gesunden dafür verantwortlich; wer arm ist, sucht natürlich die Schuld bei den Reichen. Es handelt sich um eine rein infantile Egozentrik und die genauso infantile Weigerung, irgendwelche Beschränkungen hinzunehmen.« Kennt er die Beschränkungen, die zwei Drittel der Menschheit hinnehmen müssen? Oder wenn er glaubt, feststellen zu können, daß wir hier im Westen die Caritas, die Pflicht, sich um die Bedürftigen zu kümmern – wieso eigentlich, wo die doch in »infantiler Weigerung« keine Beschränkungen hinnehmen wollen! – wenn er also festgestellt zu haben glaubt, die Caritas werde hier ausschließlich dem Staat überlassen, indem er behauptet: »Das ist nicht meine Angelegenheit, ich bezahle schließlich Steuern. Die moralische Pflicht, den Armen zu helfen, hat sich in eine juristische Verpflichtung verwandelt.« Also soll man doch den Armen, diesen infantilen Egozentrikern, helfen? Bukowski sollte sich einmal anschauen oder erzählen lassen, was bei Spendenaufrufen – und es gibt deren wöchentlich einige – zusammenkommt, ohne jede juristische Verpflichtung. Solche Seitenhiebe sind nicht nur leichtfertig und oberflächlich, sie grenzen auch an Zynismus. Schade, daß ein so intelligenter Mensch nach einem so leidvollen Leben solcher Entgleisungen fähig ist; er sollte doch einsehen können, daß der stechende Schmerz der Freiheit, den er so eindringlich und überzeugend beschreibt, ein permanenter Schmerz ist, auch für jene, die immer in dieser Freiheit gelebt haben.

Es ist völlig einsichtig, daß die, die unter dem realen Sozialismus gelebt haben, das Wort Sozialismus nicht mehr hö-

ren mögen, aber wäre es zu schwer, einzusehen, daß die, für die das reale Christentum seit Jahrhunderten aus Kapitalismus und Ausbeutung bestanden hat, das Wort Christentum kaum noch hören mögen, daß jene Christen möglicherweise jetzt erst, wo Teile der Kirche anfangen, nicht mehr nur die Mächtigen zu schützen, eine Chance bekommen, eben durch jene Bischöfe, Nonnen und Priester, die ständig verdächtigt werden, Kommunisten zu sein? Bei Czeslaw Milosz, der gewiß unverdächtig ist, las ich neulich im »Westöstlichen Gelände«, auf Litauen bezogen: »Die Epopöe der christlichen Sendung war wesentlich eine Epopöe des Mordes, der Gewalt und des Banditentums, und das schwarze Kreuz ist für lange Zeit das Symbol der Heimsuchung, schlimmer als die Pest geblieben.«
Bukowski beklagt sich mit Recht darüber, daß die Ermahnungen und die Literatur der exilierten sowjetischen Autoren nicht überall auf volle Zustimmung trifft; könnte es sein, daß ihre Glaubwürdigkeit, soweit sie sowjetische Verhältnisse betrifft, verringert wird, durch leichtfertige Urteile über unsere Welt? Es ist schon nicht mehr naiv, es ist, wenn man es nicht zynisch nennen wollte, einfach Blindheit, wenn Bukowski die amerikanischen Verteidigungsversuche als »schüchtern« bezeichnet; feststellt, die US-Politik sei nicht aggressiv, ihr Unentschlossenheit und Pragmatismus vorwirft, den Entwicklungsländern mehr oder weniger offen stabile Diktaturen rechter Provenienz empfiehlt. »Die Menschen, die unter der Gewalt eines ›stabilen Diktators‹ aufgewachsen sind, begreifen all das nicht und sind in ihrem revolutionären Eifer auch gar nicht fähig, es zu begreifen... Auf der einen Seite stehen die ›schlechten‹ Amerikaner, auf der anderen Seite die ›guten‹ sowjetischen Kommunisten.« So simpel eben sehen weder die Revolutionäre noch die Bewohner »stabiler Diktaturen« das Problem – nicht einmal die philippinischen Kommunisten wollen ein System à la Sowjetunion – sie wollen ein *anderes* als das System, das vom »eisernen Schmetterling« geprägt ist. Und die Ratschläge, Mahnungen und Predigten sowjetischer Autoren, die ihnen die Hinnahme der Diktatur des eisernen Schmetterlings empfehlen, weil sie dem sowjetischen Modell vorzuziehen sei, helfen ihnen nicht weiter. Die »stabilen Diktaturen«

werden eben von den USA immer wieder stabilisiert – und das bekommt die Bevölkerung durchaus als Aggression zu spüren. Da hilft ihnen das Schreckensbild der sowjetischen Diktatur wenig. Bukowski entwertet seine Analyse des sowjetischen Systems, wenn er stabile Militärdiktaturen als Alternative anbietet. Hungertod, Elend, Folter sind direktere Bedrohung als eine entfernte Variation des Stalinismus.

Immerhin schildert Bukowski auch einige Fälle, wo sich im sowjetischen System Menschlichkeit erhalten hat: beim Umgang mit den Alten, und er berichtet Erstaunliches über eine Diskussion im Gefängnis von Wladimir, wo nur einer von elf Diskutanten die Todesstrafe für die Parteiführer vorschlug.

Witzig, klug und zutreffend analysiert er eine Dimension unserer westlichen Welt, die für einen sowjetischen Autor völlig verwirrend und undurchsichtig ist und sein muß – selbst den klügsten, den einsichtigsten, den begabten Analytikern unter ihnen ist schwer klarzumachen, daß Verlage in unserem System notwendigerweise sind, was sie in der Sowjetunion nicht sind: kommerzielle Unternehmen, die eine schwer erkennbare Form des Idealismus – das Publizieren von Büchern – sich zum Ziel gesetzt haben. Denn Bücher müssen ja, sollen ja auf den *Markt* – und dort verkauft werden: das ist ein verwirrendes Unterfangen, verwirrend nicht nur für Autoren aus sozialistischen Ländern, wo die Auflage, meist von der Papierzuteilung abhängig, nicht von kommerziellen, sondern von politischen Erwägungen bestimmt wird; wo also die Memoiren von Breschnew eine Riesenauflage genehmigt bekommen – die in den Regalen verstauben –, wo jedes Buch, das mehr verspricht als erstickende Funktionärslangeweile sofort vergriffen und verschlungen wird – wo es eben den freien Markt nicht gibt.

Dann wird er konfrontiert mit der kaum absehbaren Fülle von Publikationen, er ahnt nicht, was die Produktion eines Buches kostet, ist gekränkt, erstaunt, wenn der Verlag eine Auflage von nur 7500 Exemplaren riskiert – und ahnt nicht, daß manche Verleger froh sein können, wenn sie von einem Buch, das nicht nur sie für gut befunden haben, das auch von der Kritik für gut befunden wurde, 3000 Exemplare verkaufen. Das ist verwirrend, kaum überschaubar, selbst für Insider – aber auch das ist ein Phänomen jener *Freiheit,* die gelegentlich als stechend empfunden wird.

Wer je erfahren hat, welche Mühe es kostet, welche oft jahrelange Anstrengung öffentlicher und privater Initiativen – vieler Helfer –, wieviele unbeantwortete Briefe und Telegramme oft notwendig sind, um auch nur *einen,* einen einzigen Menschen aus der Sowjetunion herauszubekommen, während die routinierten beamteten Staatslangweiler munter und spesenträchtig hin und her reisen – der macht sich keine Illusion über das sowjetische System, das die Menschenrechte knapp hält, um sie stückchenweise gelegentlich teuer herauszurücken. Wohltuend ist an Bukowskis Buch, daß er sich des pathetisch-religiösen Tons enthält. Nur einmal erwähnt er das Christentum: Die Christen wollten ihren eigenen Besitz freiwillig verteilen. Immerhin gibt es in der Apostelgeschichte den Bericht über Hananias und Saphira, die tot umfielen, weil sie der Gemeinschaft Eigentum vorenthalten hatten. Es ist nicht nur bedauerlich, es ist eine Tragödie, daß die meisten der exilierten Sowjetautoren in bloßen Reflexen auf das verhaßte System verharren – das wäre ihr Recht, solange sie sich nicht leichtfertig über die westlichen Probleme äußern.

Obwohl Bukowski dies ausdrücklich für unmöglich erklärt, hat er Metaphern formuliert: die Metapher von der *Sorglosigkeit,* Metaphern von der Schädlichkeit des Wohlfahrtsstaates, den diese verfluchten Sozialisten hier zu verantworten haben. Fast ungerührt empfiehlt er, der mit knapper Not den Schrecken eines totalitären Systems entronnen ist, »stabile Diktaturen«, also Systeme, deren totalitäre Schrekken jedermann täglich erfährt. Die Menschen, die auf Haiti leben müssen, werden wohl so bald den »stechenden Schmerz der Freiheit« nicht zu spüren bekommen, solange die USA weiterhin den famosen Baby Doc stabilisieren als aufrechten Kämpfer gegen den Kommunismus. Es ist traurig, daß intelligente, sensible, der Einsicht und Analyse fähige Autoren mit einer langen Leidenszeit so blind bleiben können gegenüber den Leiden, dem Tod, dem Hunger in nichtkommunistischen Ländern. »Im Grunde weiß niemand genau, was Sozialismus ist. Es gibt genauso viele Sozialismen wie Sozialisten«, schreibt Bukowski. Darin hat er wohl recht. Aber zuzustimmen ist ihm auch, wenn er hinzufügt: »Vielleicht ist der wirkliche Sozialismus anders und erzielt andere Ergebnisse.«

Nachruf auf Friedrich Heer

Er war beides für mich: Freund und Verbündeter – wenn ich auch selten Gelegenheit hatte, mit ihm zusammenzusein. Er hat – und da wir fast gleichaltrig waren, fühlte ich mich besonders intensiv mit ihm verbunden – versucht, die einzig wahre Wende herbeizuführen, die nach 1945 notwendig war: eine Wende im traditionellen Katholizismus, der freilich in Österreich anderer Prägung war als der deutsche. Geschichte war ihm ein Mittel dazu, *Zeit*geschichte der Anlaß; unerschrocken als Historiker, als Essayist, als Romanautor, als leidenschaftlicher *Zeit*genosse hat er versucht, die verhängnisvolle Dauerkoalition von Thron und Altar, Altar und Hochfinanz, aufzubrechen, er hat gewußt, daß die, die uns regieren, nicht immer die sind, die uns *beherrschen* – daß auch sie, die Regierenden, beherrscht werden. Aufzuzeigen, wie Herrschaft entsteht, darin bestand seine Arbeit als Historiker – Herrschaft zu brechen, darin bestand sein leidenschaftlicher Eifer als Zeitgenosse. Ich habe ihn selten getroffen, hatte wenig Gelegenheit, mit ihm zu sprechen, und wußte doch: Da gibt es – fern in Wien – nicht nur einen Freund, auch einen Verbündeten. Ein Freund, ein Verbündeter weniger? Ich hoffe nicht nur, ich bin sicher, daß er *Erben* hat, aus denen neue Freunde und neue Verbündete entstehen. Der Tod – ich habe Friedrich Heer zuletzt vor eineinhalb Jahren in Wien gesehen – war wohl auch, was er für viele von uns sein wird: eine Erlösung.

Rede auf der Bonner Friedensdemonstration vom 22. 10. 1983

Denken Sie zurück, zwei Jahre nur zurück, an unsere erste größere Veranstaltung hier, als wir als verdächtige und verächtliche Minderheit betrachtet wurden, als einige SPD-Abgeordnete sich schamhaft hier in der Nähe der Tribüne zeigten, die nicht gerne fotografiert oder gar gefilmt wurden. Ich will das gar nicht ironisieren, nur darauf hinweisen, daß sich etwas Erhebliches verändert hat. Wir haben inzwischen eine Partei im Parlament: die Grünen, 5 %; eine Gott sei Dank ärgerliche Minderheit. Es sieht so aus, ich deute die erfreuliche Gegenwart von Willy Brandt so, als wenn auch die SPD gegen die Raketen stimmen würde. Seien wir nicht so optimistisch und rechnen mit 25 bis 30 % im Parlament gegen die Raketen, und halten Sie das gegen die Urteile, die über uns im Bundestagsprotokoll vom 9. Oktober 1981 nachzulesen sind. Die Basis der CDU bröckelt; hoffen wir, daß es zum Bruch wird. Immerhin sollte eine Partei, die sich – ich weiß nicht, ob ich sagen soll, schamhaft oder schamlos – metaphysisch definiert, ansprechbar sein für die Tatsache, daß Rüstung, Weiterrüstung die einzig wahre Blasphemie ist. Frieden, Frieden in Freiheit, Freiheit in Frieden, der wird ja auch erkauft durch den täglichen Hungertod von 40 000 Kindern. Ich weiß nicht, wie viele Kinder man mit dem satt kriegen könnte, was eine Rakete kostet. Ich weiß nur, daß der Rüstungsetat der Vereinigten Staaten im nächsten Jahr pro Tag 1 ½ Milliarden Mark betragen wird. Ich habe mir am Telefon von einem Freund erklären lassen, was für eine Summe das ist. Es bedeutet, 30 Jahre lang jede Woche im Lotto 1 Million gewinnen, das sind 1 ½ Milliarden. Und die zu verwandeln in Brot, Suppe, Kleider, überlasse ich denen. Und trotzdem möchte ich darauf hinweisen, daß wir die besten Verbündeten in den USA haben. Es gibt kaum eine gesellschaftliche Gruppe in den Vereinigten Staaten, die nicht unserer Meinung ist, unserer Ansicht ist; und die Zahl der Politiker, die gegen Nachrüstung sind, wächst. Ich habe die Berichte des Zentrums für Verteidigungsinformation genau gelesen. Ich

kann mir ersparen, darauf hinzuweisen, weil Herr La Roque[1] hier sprechen wird, manche, die nach mir reden, darauf hinweisen werden. Ich möchte nur noch darauf hinweisen, noch einmal betonen, daß die besten Verbündeten der Friedensbewegung in der Bundesrepublik in den Vereinigten Staaten sind. Die schwächsten haben wir in Europa. Es könnte die Regierung, unsere jetzige Regierung und das Parlament, die Tatsache recht nachdenklich machen, daß Herr Mitterrand und Herr Chirac, insgeheim wahrscheinlich sogar Herr Marchais, auf eine verdächtige Weise einig sind in ihrer Liebe zu Deutschland, Freundschaft für und Sorge um Deutschland. Dies Szenario eines nicht geplanten, aber möglichen Krieges macht uns eindeutig zum Vorfeld eines möglichen Krieges.
Ich möchte zum Schluß nur noch eins sagen: Ich setze voraus, daß die gesamte Friedensbewegung nicht ausländerfeindlich ist. Es fällt mir schwer, darüber zu reden, weil es für mich so selbstverständlich ist. Ich möchte nur darauf hinweisen, daß auch die Amerikaner, die hier leben, Ausländer sind. Die Soldaten, die Journalisten, die Diplomaten, die Geschäftsleute und die Touristen. Auch sie sind Ausländer, und es besteht kein Grund, die geringste Animosität gegen sie auszudrücken. Sie wissen, daß in Mutlangen aus der amerikanischen Basis heraus auch Zettel herausgereicht wurden mit der Aufschrift »Don't yield«[2].
Den Rest meiner Redezeit möchte ich dazu benutzen, einige Sätzes eines Statements vorzulesen, das ich mir in der DDR besorgt habe von den Basis-Friedensgruppen. Ich denke, das wird nicht im Widerspruch sein zu dem, was Herr Probst später sagen wird.
»Wir stoßen bei uns in der DDR auf große Unterschiede zwischen den verbalen Beteuerungen der Regierung und der Praxis. Der Stellenwert des militärischen Verhaltens wächst in der DDR von Jahr zu Jahr. Das ist friedensgefährdend. In Halle sitzen Rochau, Funke und Kathrin Eigenfeld im Gefängnis, weil sie ein Papier zu Friedensfragen geschrieben haben. Das Papier schöpft seine Informationen nur aus

1 Ex-Admiral Gene La Roque, USA.
2 »Gebt nicht auf«.

öffentlichen Quellen, nicht um Staatsgeheimnisse geht es. Im wesentlichen geben die drei aus Halle nur Ratschläge, wie man gesetzlich korrekt Bausoldat wird oder den Wehrdienst verweigert.«
Ich kann das Ganze, den ganzen Text nicht vorlesen, ich lese den Schluß.
»Wir bitten Euch«, das soll ich hier vorlesen, »achtet auch darauf, was hier geschieht. Nehmt so dazu Stellung, wie wir von hier aus auch Stellung nehmen gegen amerikanische Friedensgefährdungen. Vielleicht wichtiger als Proteste ist ein wirkliches Interesse an den Vorgängen im Osten. Man muß sich schon ein wenig Mühe geben, wenn man verstehen will, was hier geschieht. Weder die antikommunistische noch die verklärend-freundlich rosarote Brille helfen da bei der Betrachtung. Die Friedensaktivitäten hierzulande sind von verschiedenen Quellen geprägt. Religiösen und sozialistischen, liberal-demokratischen und radikalen. Gedichte, Lieder, Theaterstücke, Bilder, Fotografien und politische Bücher spielen bei uns eine große Rolle. Besonders die Literatur, die in ihrer kritischen Wahrheit die Friedensbewegung vorbereiten half.«
Der Text ist authentisch, aus verständlichen Gründen anonym. Ich grüße seine Verfasser von hier aus. Und ich danke Ihnen allen, Ihnen allen, daß diese Woche so, so ohne Gewalt verlaufen ist, und wünsche mir, daß der Rest dieses Tages ebenso verläuft.
Ich danke Ihnen.

Quellennachweis

Erstveröffentlichungen der Arbeiten in diesem Band

1. *Vorwort zu Walter Warnach, Wege im Labyrinth*
   In: *Wege im Labyrinth. Schriften zur Zeit.* Hg. Karl-Dieter Ulke, Verlag Günther Neske, Pfullingen, 1982. 938 S., S. 9–16

2. *Vorwort in eigener und anderer Sache*
   In: Heinrich Böll / Frank Grützbach (Hg), *Ein Artikel und seine Folgen – Immer noch und immer wieder: Springer.*
   © Lamuv Verlag, Bornheim-Merten, Februar 1981
   (Das Buch konnte wegen Einspruch von Matthias Walden bzw. Springer Verlag nicht erscheinen)

3. *Wer demonstriert in Port-au-Prince?*
   In: Heinrich Böll / Freimut Duve / Klaus Staeck (Hg), *Verantwortlich für Polen.* Rowohlt Verlag, Reinbek. rororo aktuell 5017. April 1982. 213 S., S. 47–51

4. *In memoriam Paul Schallück*
   Rede anläßlich der Gedenkfeier zu Paul Schallücks 60. Geburtstag am 15. Juni 1982 im Forum der Volkshochschule in Köln.
   In: Nachwort zu Paul Schallück, *Köln – Porträt einer Stadt.* 1. Jahresgabe der Literarischen Gesellschaft Köln / Freunde der Stadtbücherei e.V., 1982. 23 S., S. 16–19

5. *Vorwort zu Vilma Sturm, Mühsal mit dem Frieden.*
   In: Radius Verlag, Stuttgart, 1982. 108 S., S. 5–7

6. *Brief an Walter Jens*
   In: W. Barner, M. Gregor-Dellin, P. Härtling, E. Schmalzried (Hg), *Literatur in der Demokratie – Für Walter Jens zum 60. Geburtstag.* Kindler Verlag, München, 1983. 90 S., S. 14–15

7. *Nur ein »Schnäppchen«?*
   Leserbrief zu Henry Kissinger, *Memoiren I. SPIEGEL,* Nr. 9/1982
   In: *DER SPIEGEL* Nr. 14 vom 5. April 82, S. 10–12

8. *Was ist aus uns geworden?*
In: Vorwort zu Tisa von der Schulenburg, *Was ist aus worden? – Skizzen und Notizen vom Kriegsende.* Verlag Herder, Freiburg, 1983. Herderbücherei Band 1024. 94 S., S. 7–10

9. *Drei Episoden.*
„Gespräche im Weltraum", „Atombunker", „Kill your sister"
In: *Krieg und Frieden,*
Film von Heinrich Böll, Alexander Kluge, Volker Schlöndorff, Stefan Aust, Axel Engstfeld. Gemeinschaftsproduktion der Pro-jekt Filmproduktion im Filmverlag der Autoren, Bioskop-Film, Kairos-Film, München, 1982.

10. *Feindbild und Frieden*
Rede auf der Großveranstaltung vom 4. Mai 1982 in Wien, zu der das Dr.-Karl-Renner-Institut eingeladen hatte
In: Heinrich Böll, Lew Kopelew, Egon Bahr, Lydie Schmit, *Friedenspolitik.* Verlag der SPÖ, Wien, 1982. 32 S., S. 5–10

11. *Warnung vor Deutschblütlern*
Rezension von Ralph Giordano, *Die Bertinis.* S. Fischer Verlag, Frankfurt, 1982
In: DER SPIEGEL Nr. 16, 19. April 1982, S. 219–224

12. *Der Spiegel 1950*
Vorwort zu *DER SPIEGEL 1950.* Reprint des 4. Jahrgangs. Band I, Nr. 1–26/1950, Band II, Nr. 27–53/1950. Athenäum Verlag, Königstein. 1982

13. *Die Wende zum Ende?*
Eine Umfrage der ZEIT: »Zwischen Trauer und Trotz: Deutsche Künstler zum Bruch der sozial-liberalen Koalition«
In: *DIE ZEIT* Nr. 39, 24. September 1982. S. 39

14. *Abschied vom Zorn*
In: Norbert Sommer (Hg), *Zorn aus Liebe – Die zornigen alten Männer der Kirche.* Kreuz Verlag, Stuttgart, 1983. 317 S., S. 49–52

15. *Ein paar Worte über ein paar Wörter, die uns da dauernd um die Ohren fliegen*
In: Vorwort zu Petra K. Kelly, *Um Hoffnung kämpfen – Gewaltfrei in eine grüne Zukunft.* © Lamuv Verlag, Bornheim-Merten, 1983. 207 S., S. 7–11

16. *Ich han dem Mädche nix jedonn, ich han et bloß ens kräje*
Dankrede zur Verleihung des Ehrenbürgerrechts der Stadt Köln am 29. April 1983 im Kölner Rathaus
In: *Dokumentation der Stadt Köln,* September 1983. 83 S., S. 43–56

17. *Mordnachweis*
Über Joe J. Heydecker, *Where is Thy Brother Abel – Wo ist dein Bruder Abel – Onde está abel, tue irmo.* Atlantis Libros Limitada, Sao Paolo, 1981. 80 S.
In: *DIE ZEIT,* Nr.: 5, 28. Januar 1983, S. 36

18. *Die Juden von Drove*
In: Jutta Bohnke-Kollwitz, u. a. (Hg), *Köln und das rheinische Judentum – Festschrift Germania Judaica 1959–1984* J. P. Bachem Verlag, Köln. Juni 1984. 528 S., S. 487–499

19. *120 Zweite Weltkriege?*
Rezension von Franz Alt, *Frieden ist möglich.* Piper Verlag, München, 1983
In: *DER SPIEGEL* Nr. 9, 28. Februar 1983. S. 197–199

20. *Kain oder Kabel, oder: Sehnsucht nach dem Lieben Bruder*
In: Johano Strasser (Hg), *Der Orwell Kalender 1984,* Bund Verlag, Köln, 1983. 183 S., S. 125–134

21. *Widerstand muß heute darin bestehen, von seiner Freiheit Gebrauch zu machen*
Laudatio anläßlich der Verleihung des Fritz-Sänger-Preises an Franca Magnani in Bonn am 7. April 1983
In: *Vorwärts* Nr. 17, 21. April 1983. S. 14–16

22. *Sole MIO. Zur Ästhetik diskreter Geldübergaben*
In: Hans Werner Kilz / Joachim Preuss (Hg), *Flick – Die gekaufte Republik.* SPIEGEL-Buch Nr. 48, Rowohlt Taschenbuch Verlag, Hamburg, 1983. 381 S., S. 327–334

23. *Ein unbekannter Held*
Vorwort zu Lew Kopelew, *Der heilige Doktor Fjodor Petrowitsch. Die Geschichte des Friedrich Joseph Haass – Bad Münstereifel 1780 – Moskau 1853,* Hoffmann und Campe Verlag, Hamburg, 1984. 231 S., S. 9–11

24. *Radikaler in Gottes Dienst*
Über Thomas von Aquin
In: *DIE ZEIT* Nr. 38, 16. September 1983. S. 47

25. *Wir müssen die Sitzredakteure wieder einführen*
Freie Rede auf dem »Kulturforum« der SPD am 16. September 1983 in Bonn
In: Peter Glotz (Hg), *Ziviler Ungehorsam im Rechtsstaat.* Suhrkamp Verlag, Frankfurt, Edition Suhrkamp 1214, 1983. 149 S., S. 144–146

26. *Undertakers for Peace*
In: *DIE ZEIT* Nr. 33, 12. August 1983. S. 29

27. *Der Mut zum Widerstand*
Rezension von Jiri Grusa (Hg), *Verfemte Dichter.* Bund Verlag, Köln, 1983
In: *STERN,* Heft 35, 25. August 1983. S. 196–197

28. *Wir gefährden die Demokratie nicht, wir machen Gebrauch von ihr*
Ein Offener Brief an Oberst Kluss
In: *FAZ,* 7. September 1983. S. 9
Antwort auf den folgenden Appell von Oberst Heinz Kluss: *Wenn das Einsperren von Soldaten zum Volkssport wird.*
Ich wende mich zunächst an Sie, weil gerade Ihrem Beispiel viele Menschen nacheifern werden, vor allem junge Leute. Hinter dem breiten Rücken des Nobelpreisträgers wird sich mancher verstecken. Ich wende mich aber auch zunächst an Sie, weil ich denke, daß der Dichter vielleicht noch am ehesten erreichbar ist für eine verzweifelte Bitte: die Bitte, einen Augenblick einzuhalten, ein paar Minuten nachzudenken über die Folgen des eigenen Tuns, auch über die ungewollten Folgen. Politikern traue ich eigentlich eine solche selbstkritische Ein-

kehr nicht zu. Die haben es schwerer, ihre Motivlage ist komplexer, sie sind vielfältigen Einflüssen ausgeliefert. Da ist die Basis, da ist die Ideologie, da ist die Taktik, da gibt es Erwartungsdruck. Und schließlich winkt die Chance, in die Tagesschau zu kommen: auf den Armen von Polizisten, für den Frieden strampelnd. Der Dichter hingegen, keinen Zwängen ausgeliefert, mutig genug, in menschliche Abgründe zu schauen, ist, so hoffe ich, für nachdenkliche Argumente erreichbar.

Zuerst sollten Sie wissen, daß als Ziel von Blockaden in erster Linie Militäranlagen ausgewählt werden, in denen Soldaten und Zivilbedienstete unter besonders schwierigen Arbeitsbedingungen ihren Dienst versehen, oft in maschinell belüfteten und künstlich beleuchteten Räumen. Eine 60-Stunden-Woche ist nichts Ungewöhnliches. Die Soldaten, zum größten Teil Wehrpflichtige, sitzen vor Bildschirmen und Schaltpulten, sie sind hohen nervlichen und körperlichen Belastungen ausgesetzt. Die nächste Truppenunterkunft, also die Küche, die Kantine, die Betten, ist fünf oder mehr Kilometer entfernt.

Ferner sollten Sie wissen, daß eine Blockade für die, die gerade auf »Schicht« sind, zusätzliche Mühsal bedeutet. Wie immer die Friedensbewegung ihre Aktionen nennt – Sitzblockaden und Kasernenumarmungen bedeuten ja nicht, daß irgendein militärischer Verkehr lahmgelegt wird, sondern sie bedeuten, daß Familienväter nicht zum Abendessen erscheinen, daß Wehrpflichtige ihre schichtfreien Tage in den Wind schreiben, daß Arztbesuche verschoben werden müssen, daß Verabredungen ausfallen, daß Freundinnen vergeblich warten. Lauter Kleinigkeiten, gewiß, aber wer die menschliche Natur kennt, begreift die Wut der Betroffenen.

Natürlich könnte man die Polizei rufen, damit sie die Soldaten befreit. Dann werden die Blockierer weggetragen, es kommt zu Rangeleien, da gibt es Kratzer und Schrammen. Die verantwortlichen Offiziere muten das den Polizisten deshalb nur zu, wenn es anders nicht geht. Um die unvermeidlichen Konfrontationen auf ein Minimum zu beschränken, zieht man es vor, während der Blockade auf die planmäßige Ablösung der jeweiligen Schichtbesetzungen zu verzichten. Ebenso verzichtet man auf die frische Verpflegung, die in der Regel aus der nächsten Kaserne herantransportiert werden muß. Ein würdeloses Schauspiel gibt es dann, wenn doch – ungeplant – »militärischer Verkehr« notwendig wird, etwa weil ein Soldat wegen akuter Schmerzen zum Zahnarzt fahren will. Es kommt dann zu stundenlangem Feilschen, bis dem wachhabenden Offizier (der meist ein junger Leutnant ist) der Geduldsfaden reißt und er die Polizei ruft.

In Mutlangen werden Sie solches Chaos kaum erleben, da werden alle Seiten um Ordnung bemüht sein. Es wird edelmütig zugehen, damit die Prominenz der Friedensbewegung nicht die profane Wirklichkeit wahrnimmt und sich vielleicht genieren müßte. Daraus darf aber nicht auf die Folgeaktionen im Herbst geschlossen werden, wenn das Einsperren von Soldaten zum Volkssport zu werden droht. Was ich bis jetzt an kleinlicher Inhumanität gesehen habe, ist schon schlimm genug, ganz abgesehen davon, daß häufig nicht nur die Friedfertigen, sondern auch die Böswilligen auf den Plan treten. Nun wird behauptet, diese kleinen Erschwernisse müßten in Kauf genommen werden, gehe es doch um Höheres, nämlich darum, durch symbolische Aktionen und zivilen Ungehorsam auf den »Wahnsinn des Wettrüstens« aufmerksam zu machen. Man muß also anderen Menschen das Leben erschweren, damit der Lauf der Welt gewendet werde?

Es gibt viele junge Menschen, die verzweifelt nach Ausdrucksformen suchen, um ihre Kriegsangst zu zeigen, ihren Friedenswillen zu demonstrieren und ihr Engagement anzubieten. Ihnen dabei zu helfen ist notwendig. Ihnen klarzumachen, daß es dem äußeren Frieden nicht dient, wenn man den inneren Frieden zerstört, ist wichtig. Aber nicht dadurch, daß Schriftsteller und Politiker, ehemalige Minister und Parteiführer, geschützt durch Immunität und hohen Bekanntheitsgrad, sich vor ein Kasernentor hocken und Soldaten einsperren, die den heutigen Zustand der Welt nicht zu vertreten haben und die im übrigen überzeugt sind, ihre Einsatzbereitschaft sichere Freiheit und Frieden. (Ich bin gleichfalls davon überzeugt.)

Lassen Sie uns dagegen kämpfen, daß man – für welches hehre Ziel auch immer – andere Menschen in ihrer persönlichen Freiheit einschränkt. Daß dies durch die Friedensbewegung geschieht, obwohl sie das eigentlich, wie ich annehme, nicht will, erkläre ich mir zunächst mit dem Mißbrauch der Sprache. Da redet man von der Blockade »öffentlicher und militärischer Einrichtungen«. In Wirklichkeit sperrt man Menschen ein. Auch der Satz, Regelverletzungen müßten in Kauf genommen werden, wenn existentielle Fragen auf dem Spiel stehen, klingt so, als würden tatsächlich allein Regeln verletzt. In Wirklichkeit aber wird der Mensch verletzt. Der Paragraph, gegen den man verstößt, spürt das nicht, wohl aber der Mensch, dem man Rechte nimmt. Die Worte verharmlosen die Tat. Also sagt man nicht: Wir verhindern, daß der fünfundzwanzigjährige Feldwebel Eberhard Richter an diesem Wochenende seine kranke Mutter besucht; sondern man sagt: Wir machen eine Kasernenumarmung oder ein Friedensfest. Sagte man wirklich, was man tut, würde sich vielleicht das Gewissen melden.

Noch ein Beispiel für den Mißbrauch der Begriffe: Heinrich Albertz hat die Teilnahme an der Aktion in Mutlangen unter anderem damit begründet, daß die Deutschen sich nicht noch einmal – wie im Dritten Reich – des Schweigens schuldig machen dürften. Welch ein schiefer Vergleich. Niemand verordnet irgend jemandem Schweigen. Der SPD-Politiker Lafontaine, Gegner der Nachrüstung, hatte vor kurzem 45 Minuten der besten Sendezeit im Fernsehen. Unter dem Tyrannen kostete ein falsches Wort die Freiheit und das Leben. Ungehorsam und Widerstand brachten damals Folter und Tod. Wie kann man diejenigen, die damals unter Lebensgefahr Flugblätter druckten und verteilten, vergleichen mit denen, die vor Fernsehkameras ein Spektakel vorbereiten und rechtfertigen, das jungen Soldaten ein paar Stunden oder auch ein paar Tage Freiheit nimmt, ihnen aber Publizität bringt?

Aber sind es nicht amerikanische Soldaten, die »belagert« werden? Versetzen wir uns einmal in die Situation dieser GIs, die zum großen Teil Farbige sind. Sie wohnen in tristen Kasernen, leben ziemlich isoliert in einem fremden Land, sind besorgt wegen der nahezu hundert Brandstiftungen und Sprengstoffanschläge der letzten Zeit. Daß Sie, Herr Böll, mit solchem Antiamerikanismus nichts im Sinn haben, das kann den schwarzen Sergeanten, der dort hinter dem Zaun sitzt, der Angst um das Leben von Frau und Kind hat, nicht beruhigen. Er mag eher fürchten, daß Ihr Beispiel nicht nur diejenigen bestärkt, die wirklich gewaltfreien Widerstand vorhaben, sondern auch diejenigen, die ihren Willen mit Steinen, Feuer und Bomben durchsetzen wollen.

Wie man den Frieden in einer konfliktreichen Welt am besten sichert, darüber gibt es viele Meinungen. Niemand besitzt ein Patentrezept. Auch die Wege, von denen die Friedensbewegung träumt, sind voller Risiken. Nach meiner Überzeugung sind es gefährliche Irrwege. Verhängnisvoll aber scheinen mir die Methoden, mit denen man diesen Kurs erzwingen will. Was Sie und Ihre Freunde tun, Herr Böll, gefährdet Frieden und Freiheit. Und dennoch verspreche ich Ihnen, mich niemals vor Ihre Haustür zu setzen, um Sie gewaltsam von Ihrem abendlichen Spaziergang abzuhalten. Können Sie mir erklären, auf welch vertrackte Weise es dem Frieden dient, wenn solches meinen amerikanischen Kameraden und den Soldaten der Bundeswehr angetan wird?

Ich blockiere Sie nicht und auch sonst niemanden, weil ich nicht glauben kann, was offenbar Sie glauben: daß dabei etwas Gutes herauskommt. Vor allem aber blokkiere ich Sie nicht, weil ich dann dies jedem zubilligen müßte: das Recht zur Peinigung des Nächsten um höherer Ziele willen. Schon haben die Neonazis ihre Aktionen angekündigt, auch sie werden politische Streitpunkte zu Existenzfragen der Nation oder der Menschheit erklären und das Widerstandsrecht in Anspruch nehmen. Wir sollten uns aber mindestens darin einig sein, keine Gesellschaft zu wollen, in der die politische Auseinandersetzung durch gegenseitiges Blockieren stattfindet, nicht durch Argumentation und Abstimmung.

Die tiefere Weisheit der Demokratie ist es, daß es ihr nicht so sehr auf die Richtigkeit der Entscheidung ankommt als auf die humane Art und Weise der Entscheidungsfindung. In unserem Land sollten sich alle politischen Kräfte auf die Macht des Arguments und des Wortes verlassen. Es enttäuscht mich, daß gerade Sie, ein Meister des Wortes, dem Worte offenbar nicht trauen und Zuflucht zur Aktion nehmen, die Rechte und Freiheiten von Menschen einengt. Lassen Sie uns gemeinsam die Friedensbewegung auffordern, nicht mit physischer Gewalt für eine bessere Welt zu kämpfen, sondern mit der Macht des Wortes.
In: *FAZ*, 29. August 1983. S. 6

29. *Im grinsenden Swinegel-Land*
Ein offener Brief, 15. September 1983: Lieber Schwab.
In: *MERKUR* Heft 18, Dezember 1983. S. 979–984

30. *P. Alois Schuh S.J. – 65 Jahre Jesuit*
Pater Alois Schuh, Pfarrer von St. Peter, feiert am 10. Dezember 1983 in Köln den 65. Jahrestag seiner Zugehörigkeit zur Gesellschaft Jesu
In: *Canisius*, Heft 2, Weihnachten 1983, 34. Jg.

31. *Immer mehr werden merken, welchen Spaß es macht, mit eigenen Augen zu lesen*
In: *Buchreport* Nr. 41, 12. Oktober 1983. S. 62

32. *Deutscher Narrenspiegel*
Rezension von Werner Krauss, *PLN – Die Passionen der halykonischen Seele.* Verlag Klostermann, Frankfurt. 1983
In: *DIE ZEIT* Nr. 42, 14. Oktober 1983. S. 9

33. *Es lohnt sich, anständig zu sein – Über den Lebensbericht des polnischen Autors und Widerstandskämpfers Wladyslaw Bartoszewski*
Rezension von Wladyslaw Bartoszewski, *Herbst der Hoffnung.* Herder Verlag, Freiburg, 1983
In: WDR III (HF), 21. 12. 1983, 22.30–23.00 Uhr

34. *Rede zur Verleihung des Robert-Bosch-Preises an die polnische Übersetzerin Teresa Rzadkowska-Jetkiewicz.*

Gehalten am 15. 10. 1983 im Deutschen Polen-Institut in Darmstadt
In: *Ansprache zur Verleihung des Preises der Robert Bosch-Stiftung für polnische Übersetzer deutscher Literatur im Jahr 1983.* Jahresgabe 1983, Deutsches Polen-Institut, Darmstadt 1983. S. 5–14

35. *Über Wladimir Bukowski: Dieser stechende Schmerz der Freiheit*
Rezension von Wladimir Bukowski, *Dieser stechende Schmerz der Freiheit.* Seewald Verlag, Stuttgart, 1983
In: DLF, 30. Oktober 1983, 16.05–16.25 Uhr
In: *L '80*, Heft 29, Februar 1984. 176 S., S. 154–159

36. *Nachruf auf Friedrich Heer*
In: In memoriam Friedrich Heer. Matinee im Akademietheater Wien, 6. November 1983, gelesen von Achim Benning, Direktor am Burgtheater
In: Vorschauheft Burgtheater

37. *Rede auf der Bonner Friedensdemonstration vom 22. 10. 1983*
Eröffnungsrede auf der Hauptkundgebung der Volksversammlung für den Frieden in Bonn im Hofgarten, 22. Oktober 1983 ab 14 Uhr

Breyten Breytenbach
Wahre Bekenntnisse eines Albino-Terroristen

Im August 1975 wird der südafrikanische Schriftsteller und Maler Breyten Breytenbach am Flughafen von Johannesburg wegen terroristischer Aktivitäten und Vergehen gegen die Apartheidgesetze verhaftet. Breytenbach, schon seit 1961 im freiwilligen Exil in Paris, war unter anderem Namen für 3 Wochen heimlich nach Südafrika gekommen, um für die Widerstandsgruppe *Okhela* Kontakte zu den illegalen Gewerkschaften zu knüpfen. Er wird nach monatelangen Verhören und zwei Prozessen zu 9 Jahren Gefängnis verurteilt, von denen er die beiden ersten in Isolationshaft im Maximum Security Prison in Pretoria, die restliche Zeit im Pollsmoor Prison bei Kapstadt verbringt. *Wahre Bekenntnisse eines Albino-Terroristen* ist das Protokoll dieser Zeit – und mehr als das. Es ist die Geschichte eines Mannes, der mit allen Mitteln kämpft, weil er die Freiheit, weil er Südafrika liebt. Es spiegelt die seelischen Konflikte eines sensiblen Künstlers, der in der Isolierung an den Rand des Wahnsinns gerät. Es sind die Reflexionen eines politischen Menschen, der seine Vorstellungen hinterfragt, sich und seine Mitstreiter einer harten Selbstkritik unterzieht.

Dank der Bemühungen des internationalen PEN, von Amnesty International, der französischen Regierung und verschiedenen Schriftstellerorganisationen wurde Breytenbach im Dezember 1982 vorzeitig aus der Haft entlassen.

k&w
Kiepenheuer & Witsch

Charles Bukowski
Das Liebesleben der Hyäne

»Was Sie schreiben«, sagte sie jetzt, »ist so roh und direkt. Wie ein Schlag mit dem Hammer, und doch steckt viel Humor und Zärtlichkeit dahinter...« »Yeah«, sagte ich.

»Das Liebesleben der Hyäne«: Ein Roman über das Leben des Schriftstellers Henry Chiniaski, genannt Hank, erzählt von Charles Bukowski, den Sartre und Genet »den besten Dichter Amerikas« genannt haben. Und wie alles, was Bukowski schreibt, ist auch dieser Roman ein Roman über sich selbst, unmittelbar, direkt und hart. Ohne Umschweife und ästhetisches Dekor geht Bukowski auf seine Themen los: den Sex und die Frauen, die Pferderennbahn und die ewig langweiligen Dichterlesungen, den Alkohol und seine Stadt Los Angeles mit ihren Barackenvierteln und Autodieben. Aber wer richtig liest, der weiß, daß es auch ein Roman über die Liebe ist und über den Tod, über die Kunst, die Angst und über die Suche nach dem Glück. Die rohe Sprache, in der Bukowski seine Erfahrungen herausschreibt, ist keine Attitüde, sondern Teil des Lebens eines Mannes, der von sich selbst sagt: »In all den Jahren, die ich in Schlachthöfen und Tankstellen, an Fließbändern und in U-Bahntunnels geschuftet habe, ist mein Vokabular auf den letzten Rest zusammengeschrumpft, aber mit diesem Rest versuche ich rauszuhämmern, was nur drin ist...«

k&w

Kiepenheuer & Witsch

V. S. Naipaul
Der mystische Masseur

In seinem ersten Roman, der bereits alle seine literarischen Qualitäten zeigt, seine zupackenden, treffenden Schilderungen und seine sprachliche Komik, erzählt V. S. Naipaul die witzig-melancholische Geschichte von Ganesh, dem Pandit von Trinidad.
Nach einer wenig ruhmreichen Zeit auf dem College in der Stadt und dem gescheiterten Versuch, Lehrer zu werden, kehrt Ganesh in sein Heimatdorf zurück. Er genießt die Bewunderung, die man seiner Bildung zollt und gibt sich nachdenklichem Müßiggang hin. Er findet eine Frau, doch ein Mann braucht auch einen Beruf, kann nicht immer nur lesen, lesen wie Ganesh; noch langt es, daß man nur davon träumt, eines Tages selbst ein Buch zu schreiben. So entscheidet sich Ganesh, wie sein Vater, für den Beruf des Masseurs, ein Mann, der Kranke gesund macht, Heilmittel verordnet, Zuspruch erteilt. Und er schreibt auch ein Buch – ein Büchlein – über den Hinduismus. Trotzdem kommen kaum Kranke zu ihm, und er verkauft auch seine Bücher nicht. Ganesh gibt nicht auf, denn er hat Phantasie, Intuition. Die setzt er bei der Behandlung eines von einem Dämon besessenen Kindes ein, er kann den bösen Geist vertreiben, wird nun zum großen Heiler und Pandit.
Nicht nur Ganesh zieht den Leser sofort in seinen Bann, auch seine Freunde und Feinde, seine Verwandten und Nachbarn sind von unwiderstehlichem Charme, sind in ihrer Sprache und Originalität gewinnend, in ihrem Bemühen, das Beste aus einem armseligen Leben zu machen, zugleich hinreißend komisch und ernst. V. S. Naipaul schuf das liebevoll-satirische Bild eines Dorfes und seiner Bewohner, Indien auf Trinidad.

k&w
Kiepenheuer & Witsch

Márcio Souza
Mad Maria
oder
Das Klavier im Fluß

Im Herzen Amazoniens, im wildesten Urwald, verläuft am Rio Madeira eine 360 km lange Eisenbahnlinie; zu Beginn des Jahrhunderts gebaut, sollte sie während des Kautschukbooms den nicht schiffbaren Oberlauf des Flusses erschließen. *Mad Maria* ist die Geschichte der »Todesbahn am Rio Madeira« und der Männer, die wahnsinnig oder arm genug waren, sich auf dieses Abenteuer einzulassen. Während sie im Dschungel unter der Leitung des englischen Ingenieurs Collier die Strecke dem Schlamm abtrotzen, zieht in Rio de Janeiro Percival Farquhar, ein erfolgreicher amerikanischer Geschäftsmann und der Unternehmer des Baus, seine Fäden. Die schicksalhafte brasilianische Unordnung ist Farquhars beste Verbündete, während die sintflutartigen Regengüsse, Fieber und Stechmücken sowie der mörderische Hass der Streckenarbeiter untereinander Colliers Feinde sind. Unberührt von Regen und Schlamm, Mord und Totschlag, politischen Intrigen und miesen Geschäften dampft *Mad Maria,* die Lokomotive, über die langsam wachsende Strecke.

Márcio Souzas brillant geschriebener, farbiger Roman ist ein Stück irrwitziger brasilianischer Geschichte, ein sarkastisches Bild technischen Ehrgeizes und politischer Machenschaften, ein Buch über die Kunst, am Leben zu bleiben, und vor allem eine herrlich unterhaltsame Geschichte.

k&w

Kiepenheuer & Witsch